Albrecht Ritter

Panoramawege für Senioren
Pfälzerwald

Aussichtsreiche Höhenwanderungen

J. BERG

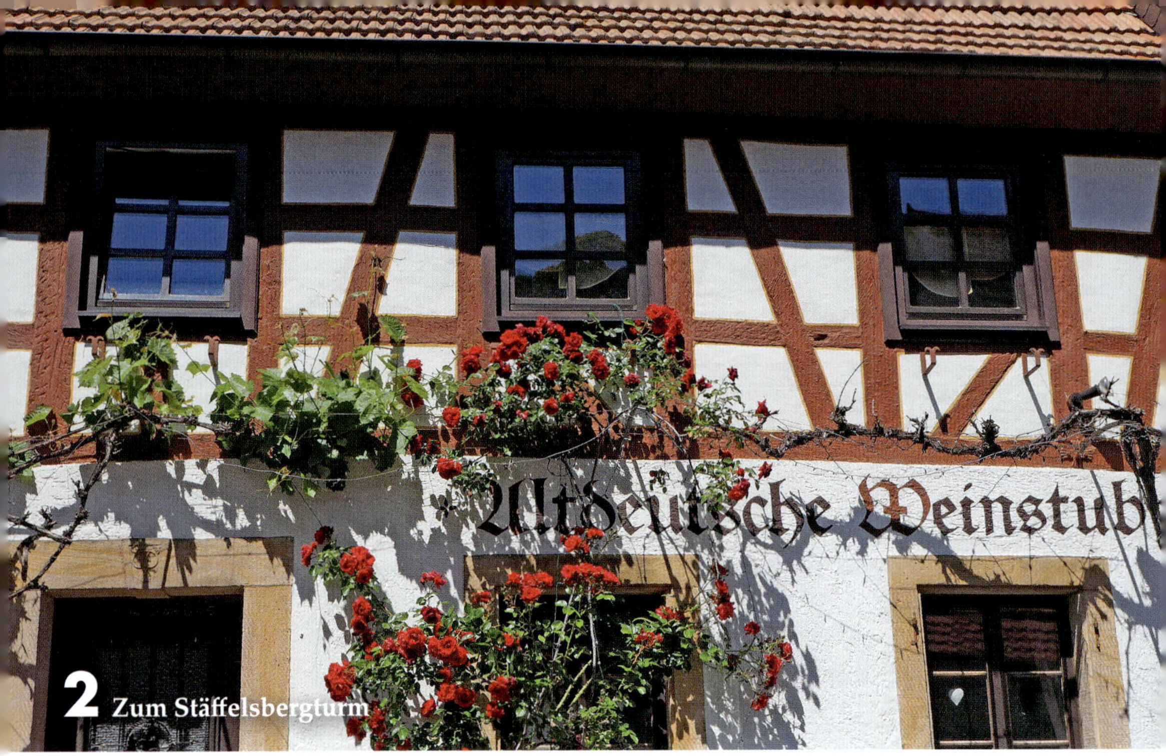

2 Zum Stäffelsbergturm

Inhalt

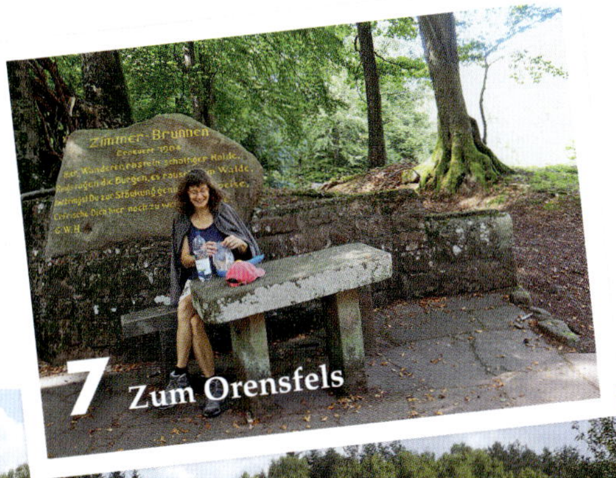

7 Zum Orensfels

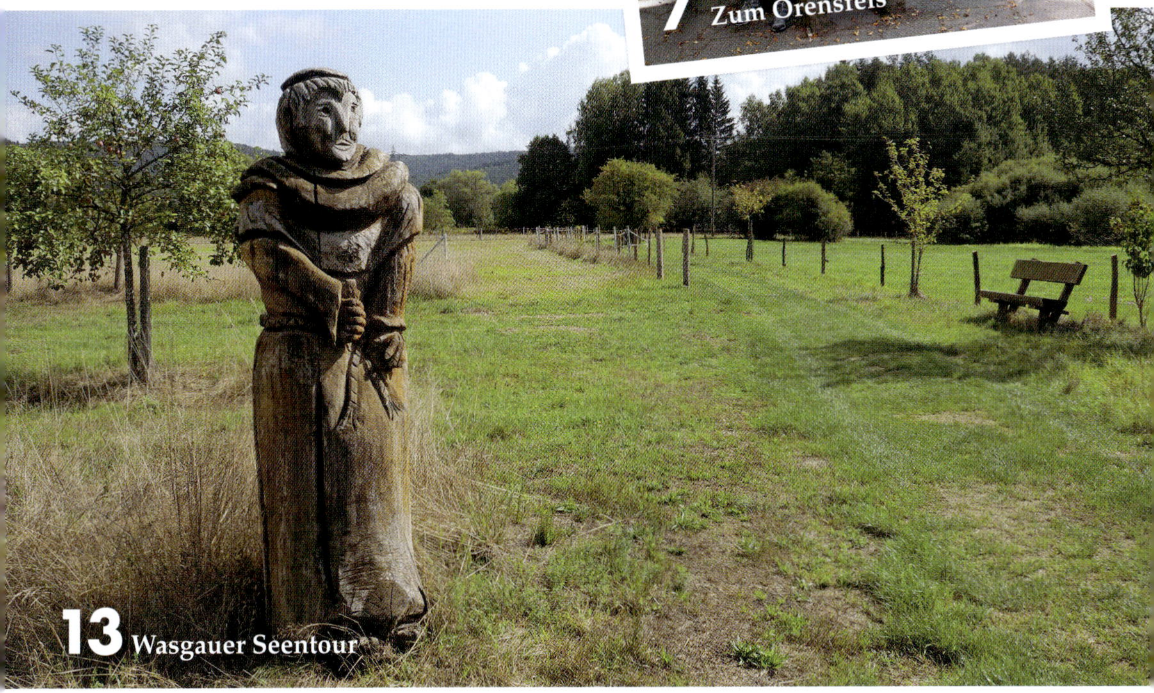
13 Wasgauer Seentour

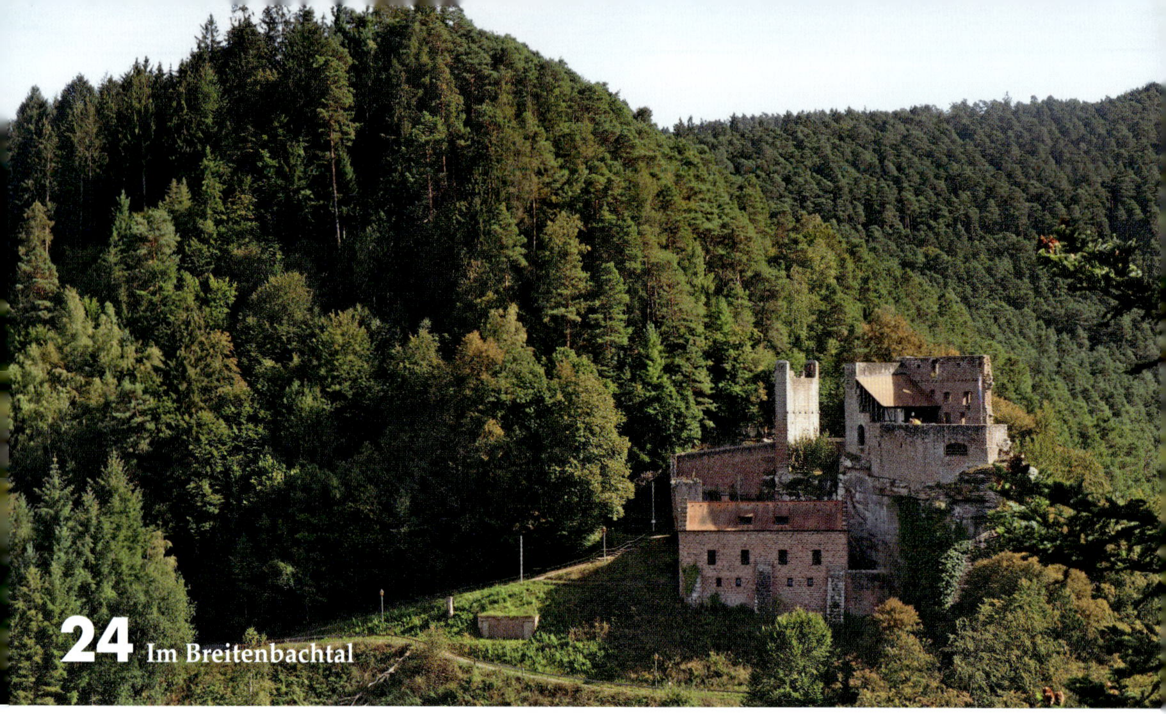

24 Im Breitenbachtal

Tourenüberblick

		Tour	km											
1	🔵	Dörrenbach–Wissembourg	9,6	150/ 280	3.15	•	•	•	•		•			•
2	🟠	Bad Bergzabern	9,5	300	3.30	•	•	•	•		•			•
3	🟠	Klingenmünster Panoramaweg	6,2	230	2.30	•	•	•	•	•				•
4	🔵	Auf dem Keschde-Erlebnisweg	6,5	210	2.30	•	•		•		•			•
5	🔵	Rebenmeer in Ilbesheim	6,1	110	2	•	•		•	•				•
6	🔵	Von Gleisweiler zur St.-Anna-Kapelle	6,7	290	2.45	•	•	•	•		•			•
7	◐	Drei Buchen–Landauer Hütte	8,2/ 11,2	240/ 360	3/ 4.30	•	•	•	•		•			•
8	🟠	Sankt Martin–Ludwigshöhe	7,9	330	3.15	•	•	•	•	•		•		•
9	🔵	Blücherweg in Kirrweiler	7,5	40	2.15	•	•		•	•				•
10	🟠	Rund um die Kalmit	6,6	250	2.30	•	•	•	•		•			•
11	🟠	Hohe Loog-Loop	7,6	240	2.45	•	•	•	•		•			•
12	🟠	Altschlossfelsen	8,4	180	3	•	•	•	•		•			•
13	🔵	Wasgauer Seentour	8,1	160	2.45	•	•	•	•	•			•	•
14	🔵	Burg Berwartstein	8	280	3.15	•	•	•	•		•		•	•
15	🟠	Busenberger Holzschuhpfad	7,6	310	3	•	•	•	•		•			•
16	🟠	Dahner Elwetritscheweg	7,4	220	2.30		•	•	•		•			•
17	🔵	Teufelstisch Hinterweidenthal	4,1	140	1.45	•	•	•	•		•			•
18	🟠	Hauensteiner Schusterpfad	9,2	280	3.15	•	•	•	•		•			•
19	🟠	Luger Geiersteine	6,8	270	2.30		•	•	•		•			•
20	🟠	Wildsauweg Gräfenhausen	8,1	340	3.15	•	•		•		•			•
21	🔵	Zum Luitpoldturm	5	110	1.45		•	•	•		•			
22	🟠	Neustadt an der Weinstraße	10,8	270	3.45	•	•	•	•	•				•
23	🔵	Breitenstein Drei-Burgen-Weg	7,1	280	2.45	•	•	•	•	•	•			•
24	🟠	Breitenstein–Elmstein	9,1	270/ 250	3.15	•	•	•	•		•			•
25	🟠	Königsbach zur Deidesheimer Hütte	6,2	220	2.30	•	•		•		•			•
26	🔵	Durch die Deidesheimer Weinberge	7,9	170	2.45	•	•		•	•				•
27	🟠	Burgruinen bei Frankenstein	9,7	210/ 190	3.15	•	•	•	•		•			•
28	🔵	Bad Dürkheim zum Schützenhaus	8	230	2.45	•	•	•	•		•			•
29	🔵	Kallstädter Rieslingweg	6,9	140	2.15	•	•		•	•				•
30	🔵	Lindemannsruhe–Weisenheimer Hütte	6,5	130	2.15	•	•		•		•			•
31	🔵	Burgenweg Neuleiningen	7	230	2.45	•	•	•	•	•				•
32	🔵	Adolf-von-Nassau-Wanderweg	8,6	110	2.45	•	•	•	•	•				•

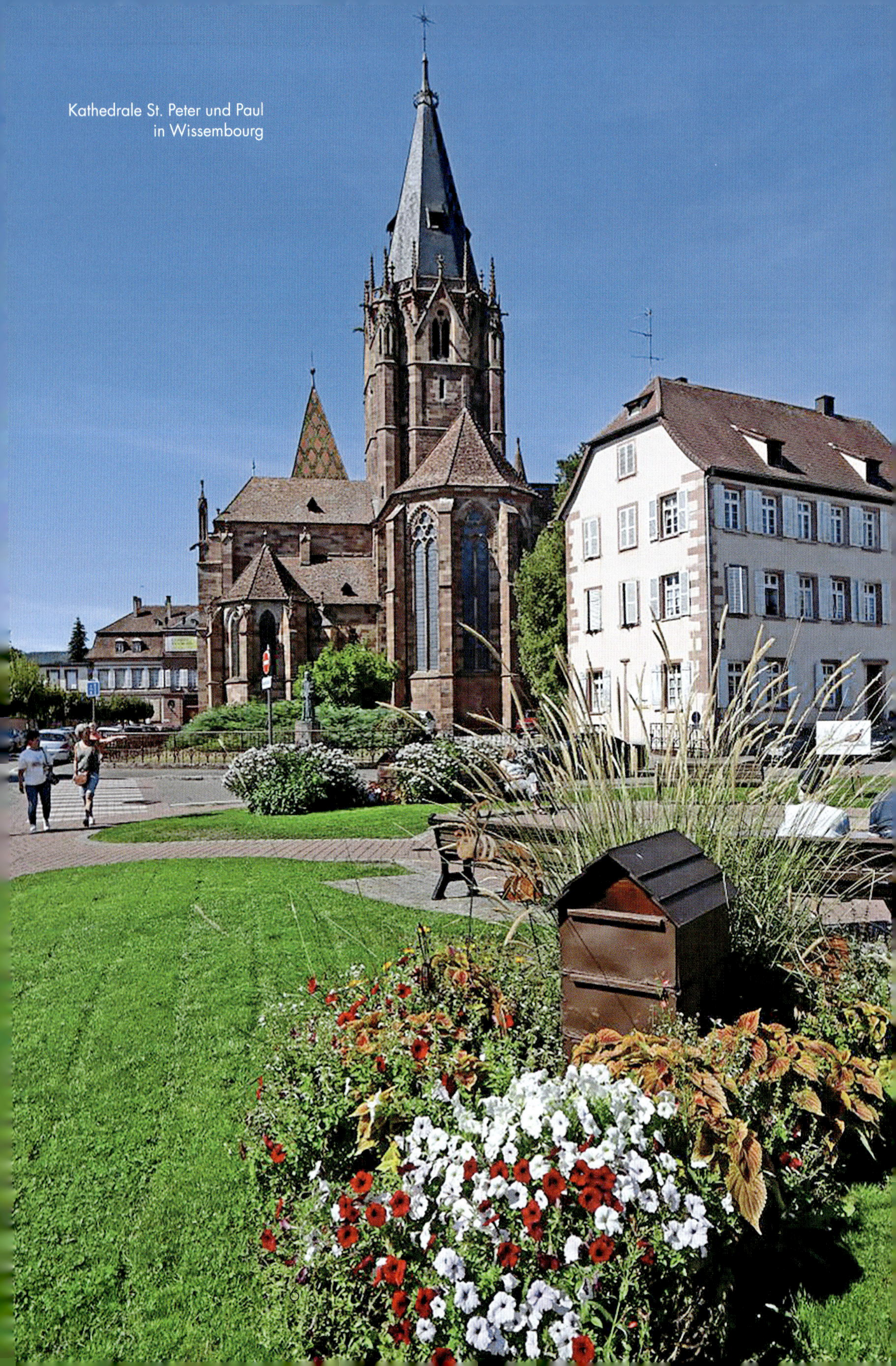

Kathedrale St. Peter und Paul in Wissembourg

Vorwort

Uff! Noch ein Wanderführer über die Pfalz. So oder ähnlich stelle ich mir manche Gedanken beim Anblick dieses Buches vor. Und ja, es stimmt, wieder einmal werden die hervorragend ausgewiesenen Pfälzer Wanderwege komprimiert und in Buchform zusammengefasst. Warum schon wieder? Der entscheidende Unterschied ist, dass dieser Wanderführer auf die Bedürfnisse von Menschen eingeht, die durch die meist dargestellten Ganztagestouren überfordert sind. Auch Senioren schnüren noch gerne die Wanderstiefel. Für sie wurden Wege ausgesucht, deren Anstieg und Längen auch in fortgeschrittenem Alter angemessen sind. Dennoch darf man nicht verschweigen, dass Panoramawege erst mal erklommen werden müssen.

Mit Bedacht wurden daher die Ausgangspunkte der Wanderungen so gewählt, dass die Aussichtspunkte auf der Höhe mit vertretbarer Mühe erreicht werden können. Und wen trotzdem der Wanderehrgeiz packt, dem wird bei der einen oder anderen Tour auch die zünftige Variante empfohlen. Ob Ü50 oder Ü80, für jeden sollte etwas dabei sein. Und bei vielen Wanderungen freuen sich auch Ihre Enkel, die sie problemlos auf diesen Distanzen mitnehmen können und für die es ein besonderes Erlebnis ist, mit Opa und Oma auf alten Sandsteinruinen herumzuklettern und in Pfälzer Hütten einzukehren. Das ist fast so schön wie Holiday Park.

Apropos Hütte, nirgendwo sonst in deutschen Wanderregionen gibt es eine solche Dichte an Einkehrmöglichkeiten im Wald wie in der Pfalz. Über 100 Pfälzer Hütten sorgen dafür, dass kein Wanderer verdurstet oder verhungert. Und am Haardtrand, längs der malerischen Weinstraße, finden sich allerorten Weinstuben oder Winzer, deren Straußwirtschaften geöffnet haben.

In diesem Buch möchte ich vor allem jene Wanderer ansprechen, die gemütlich die wunderbare Natur- und Kulturlandschaft des Pfälzerwaldes und der Deutschen Weinstraße erleben wollen.

Viel Freude beim Wandern und Einkehren wünscht

Albrecht Ritter

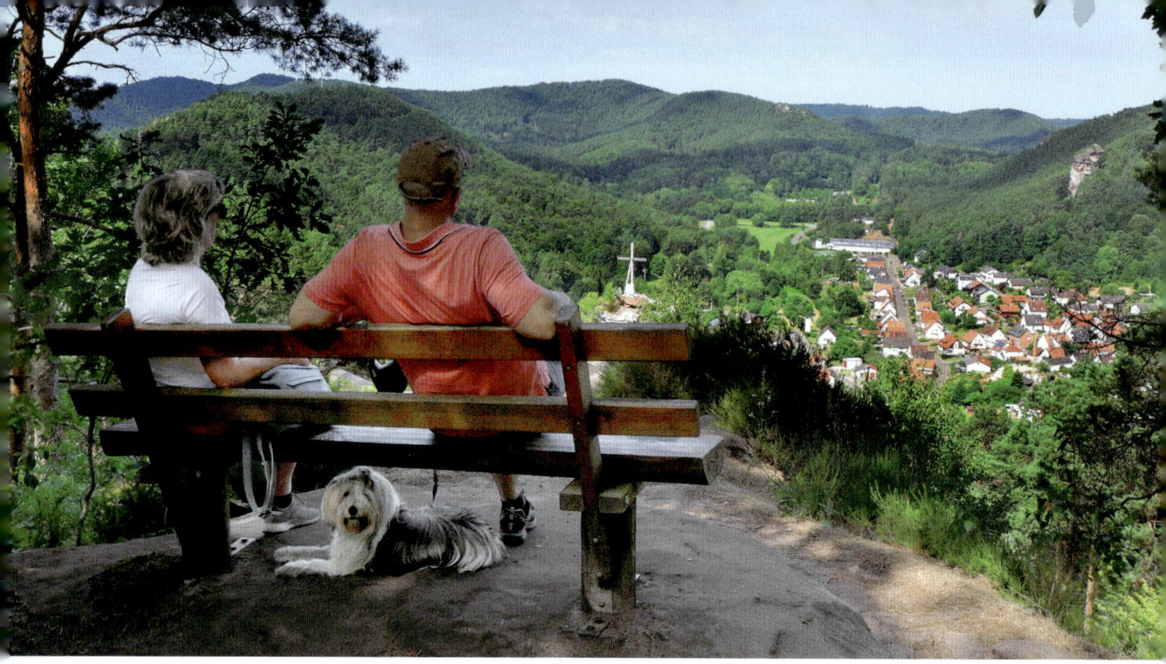

Luger Geiersteine (Tour 19)

Zu den Wanderungen

Die Pfalz, eine der beliebtesten Wanderregionen Deutschlands, verfügt über ein umfangreiches Wegenetz. Mit vielen ehrenamtlichen Helfern betreut der Pfälzerwald-Verein, im Buch als PWV bezeichnet, das Wegenetz mit farbigen Markierungen und diversen Formen (Kreuze, Rechtecke, Punkte, Striche). Überdies existieren eine Menge von eintägigen oder auch mehrtägigen Themenwegen mit eigenen Symbolen. Berühmt sind die Pfälzer Fernwanderwege, allen voran der Pfälzer Weinsteig, dem man allerorten an der Weinstraße mit der rot-weißen Welle (gelb-weiß als Zubringerweg) begegnet. Auch Pfälzer Waldpfad und Pfälzer Höhenweg zählen in diese Kategorie. Meist verlaufen die hier vorgestellten Touren auf ausgewiesenen Wanderwegen. Wenn davon abgewichen wird, ist dies im Text erwähnt. Sollten Sie auf einer Tour längere Zeit kein Wanderzeichen mehr finden, könnte es ein Hinweis sein, dass eine Abzweigung übersehen wurde. Denken Sie daran, dass sich die genannten Gehzeiten ohne Pause verstehen und nur Anhaltswerte sind. Kurze Touren, mit geringen Steigungen, sind blau gekennzeichnet. Rot sind eher längere Runden, die etwas Kondition erfordern. Um zu aussichtsreichen Panoramawegen zu gelangen, ist ein Aufstieg bei den meisten Touren unvermeidlich. Überschätzen Sie dabei nicht ihre körperliche Verfassung und drehen Sie notfalls um, wenn es sein muss. Hören Sie auf ihren Körper. Bleiben Sie immer auf den ausgewiesenen Wanderwegen und überlassen Sie der Natur und den darin lebenden Tieren die Areale abseits der Wege. Auch sie benötigen ihren Lebens- und Rückzugsraum. Leider kommt es immer wieder vor, dass Wanderwege den Holzfällerarbeiten weichen müssen oder gesperrt sind. Vor allem klimabedingte Abholzungen von Fichtenbeständen findet man heutzutage allerorten. Manchmal sind Umleitungen ausgewiesen, ansonsten erinnern Sie sich an ihre Pfadfinderzeiten und suchen Sie alternative Wege. Schlimmstenfalls bleibt natürlich nichts anderes übrig, als umzukehren. Bleiben Sie an (und auch nach) stürmischen Tagen besser zu Hause. Hier lauern in den Wäldern manche Gefahren durch umstürzende Äste und Bäume. GPS-Daten zu allen Touren finden Sie auf https://gps.bruckmann.de.

Wandern im Alter

Gestatten Sie mir, ein paar Sätze darüber zu verlieren, was Wandern in der Natur mit unserem Körper macht. Wer regelmäßig wandert, stärkt Knochen und Muskulatur, die Körperhaltung verbessert sich und das Verletzungsrisiko sinkt. Bei moderater Bewegung wird das Immunsystem gestärkt, das lebensnotwen-

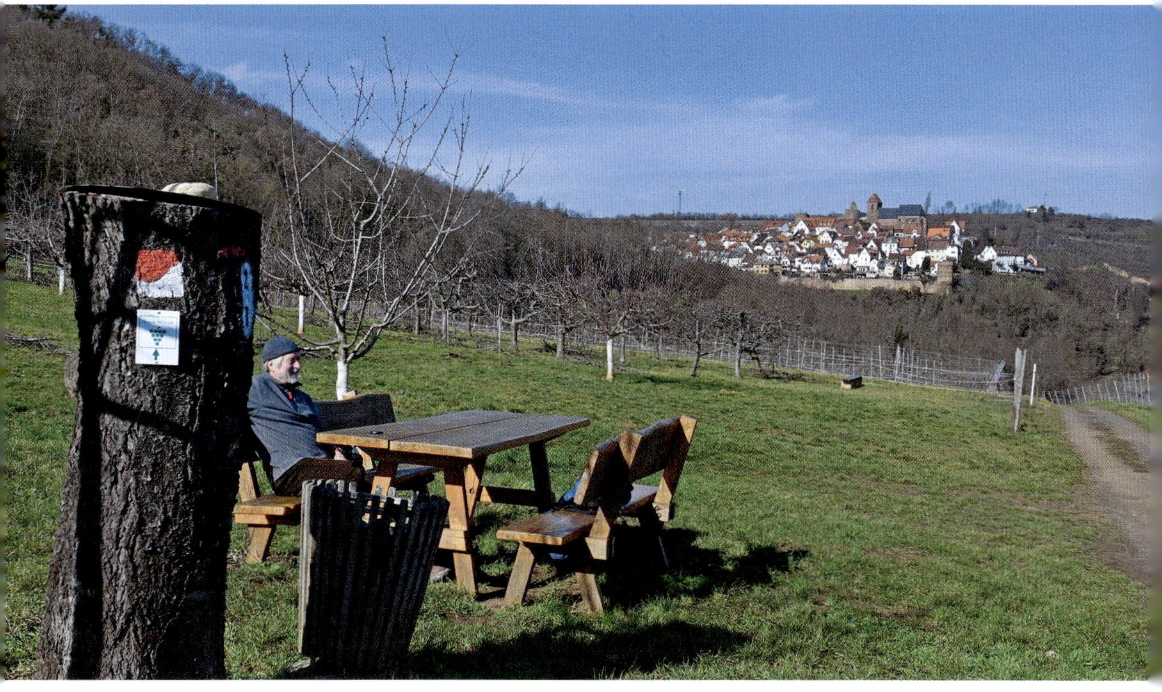

Rund um Neuleiningen (Tour 31)

dige Vitamin D und das Glückshormon Serotonin gebildet. Nach einer Studie des Deutschen Wanderverbandes fühlen sich 74% der Wanderer nach einer Tour seelisch ausgeglichener. Auch das Gehirn profitiert, indem Hirnzellen erneuert werden und der Abbau von Nervengewebe sich verlangsamt. Es gibt gerade für ältere Menschen kaum eine bessere Möglichkeit zur Erhaltung der Gesundheit als wandern, wandern und noch mal wandern. Und wenn man sich dabei nicht überfordert, kann nichts schiefgehen. »Alla dann, nix wie los«, wie die Pfälzer sagen.

Ausrüstung

Mit Ausnahme der gemütlichen Weinbergsrunden sind zu allen anderen Touren hohe Wanderschuhe mit gutem Profil zu empfehlen, die den Knöchel schützen. Sie geben den Füßen auf manchen der unwegsamen Pfade, die man oft im Pfälzerwald vorfindet, besseren Halt und vermeiden Einknicken und Verletzungen der Füße. Wanderstöcke sind generell zu empfehlen. Sie stützen und entlasten die Gelenke und verleihen zuweilen die nötige Sicherheit auf Wegen und Pfaden. Eine Kopfbedeckung und Sonnenschutz für heiße Tage sollte immer im Rucksack sein, genauso wie Regenschutz für einen unvorhergesehenen Schauer. Auch ein (Mini-)Verbandskästchen mit Pflastern und einer Mullbinde gehört zur Ausrüstung.

Fidele Wandergruppe aus Ober-Hambach a. d. Bergstraße

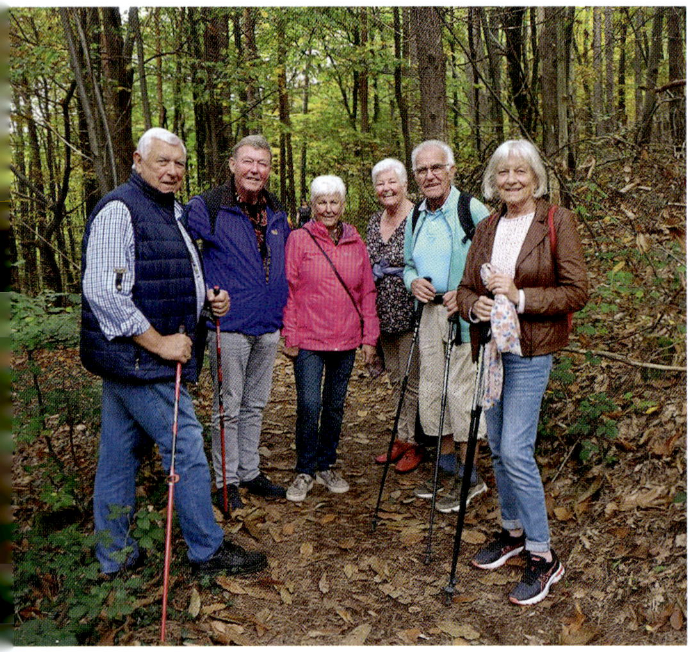

Einkehr

Für fast jede Tour wird im Text eine Einkehrmöglichkeit aufgeführt. Meist findet man sie im letzten Drittel der Tour, um sich zum krönenden Abschluss niederzulassen. Falls Sie beabsichtigen, das Angebot wahrzunehmen, überzeugen Sie sich vorab im Internet, ob die angegebenen Öffnungszeiten aktuell sind. Gerade Pfälzer Hütten sind abhängig vom Engagement und der Gesundheit ihrer ehrenamtlichen

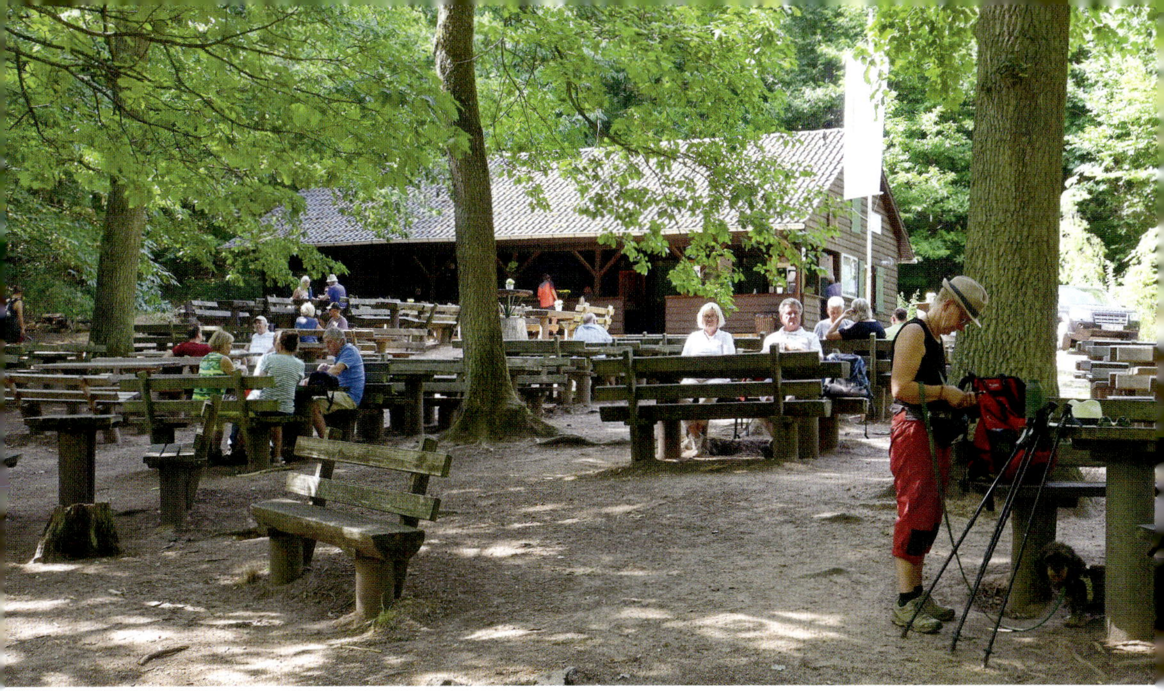

Zur Lindemannsruhe (Tour 30)

Mitarbeiter, sodass es im Einzelfall schon mal passieren kann, dass eine Hütte unerwartet geschlossen hat. Dies gilt auch für Wanderungen außerhalb der gängigen Wandersaison, wo die Öffnungszeiten schon mal abweichen können.

Wanderregion Pfälzerwald

Der Pfälzerwald ist das größte geschlossene Waldgebiet Deutschlands. Das Dorado für Wanderer bietet eine Vielfalt von Landschaftselementen. Riesige Mischwälder, an der Haardt oft mit Edelkastanien bestückt, dazwischen bizarre Sandsteinfelsen und grüne Täler sorgen für einen abwechslungsreichen Aufenthalt in der Natur. Auf den malerischen Burgen und Ruinen gibt es meist großartige Ausblicke. Allerorten sorgen gemütliche Hütten und Weinstuben für das Wohlbefinden des Wanderers. Auf der westlichen Bruchstufe des Oberrheingrabens verläuft die Deutsche Weinstraße in ihrer malerischen Umgebung inmitten des Pfälzer Rebenmeeres. Sie beschreibt zusammen mit der östlich anschließenden Waldregion den Naturpark Pfälzerwald, der seit 1998 zum UNESCO-Biosphärenreservat Pfälzerwald-Nordvogesen gehört. Das Mittelgebirge wird von Mischwäldern aus Kiefern und Buchen dominiert, die auf nährstoffarmen Sandsteinböden wachsen. An den Hängen zur Rheinebene findet man vor allem große Edelkastanienbestände. Die Römer führten die Früchte in die Region ein, die auch noch im Mittelalter als Nahrungsmittel genutzt wurden. Bis heute trifft man im Herbst Einheimische mit Körbchen auf Keschde- (pfälzisch für Kastanie) Suche. Die gut gepflegten und markierten Wanderwege des Pfälzerwald-Vereins sind immer einen Ausflug wert. Gut gepflegte historische Sandsteinkreuze, Rittersteine, Marienfiguren und historische Wegmarkierungen vermitteln einen Eindruck von der Liebe der Pfälzer zu ihrer Heimat. Berühmt sind die urigen Hütten in den Wäldern der Pfalz für ihre Gemütlichkeit. Jung und Alt sitzen hier zusammen, tauschen Tipps über neue Wanderwege aus und frönen dabei den Pfälzer Spezialitäten. Oft an herrlichen Aussichtspunkten gelegen, geben sie bei guter Sicht Blicke über die bewaldeten Pfälzer Hügel bis zum Schwarzwald und den Vogesen frei.

Ein bisschen Geologie

Die Entstehungsgeschichte der Berglandschaft des Pfälzer Waldes begann im Erdaltertum. Vor ca. 350 Millionen Jahren bildete sich durch die Kollision zweier Urkontinente und gewaltiger Kräfte im Erdinnern das Variszische Gebirge, dessen Reste heute noch als Grundgebirge aus Granit, Gneis und Schiefer im

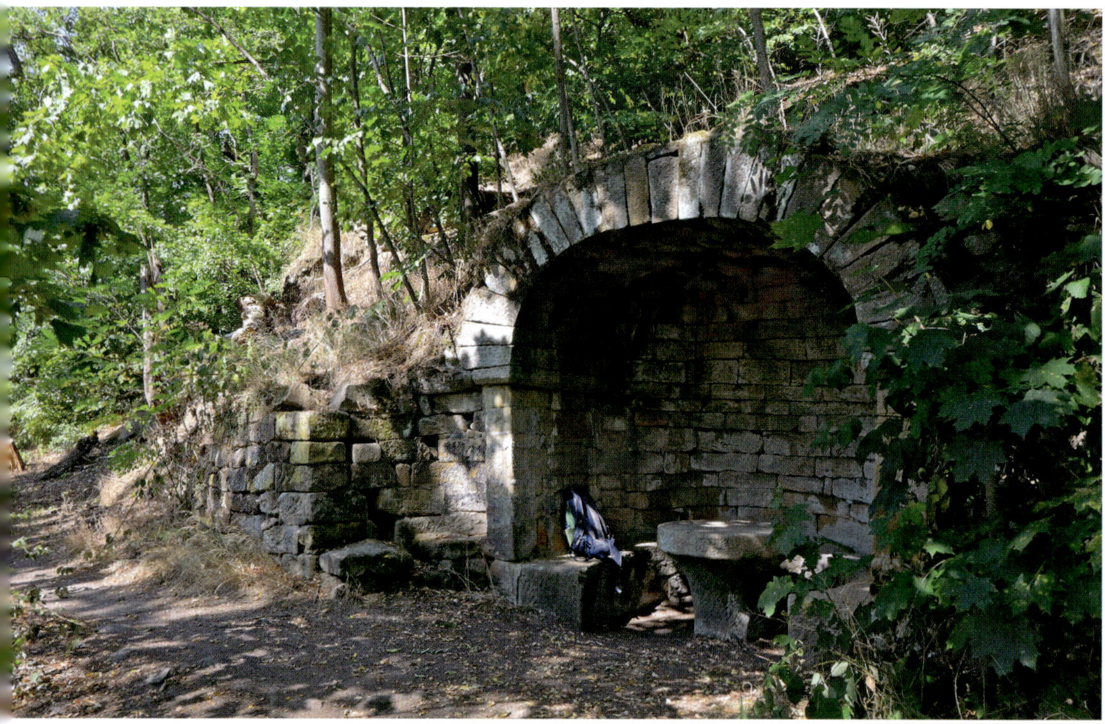

Heidenmauer bei Bad Dürkheim (Tour 28)

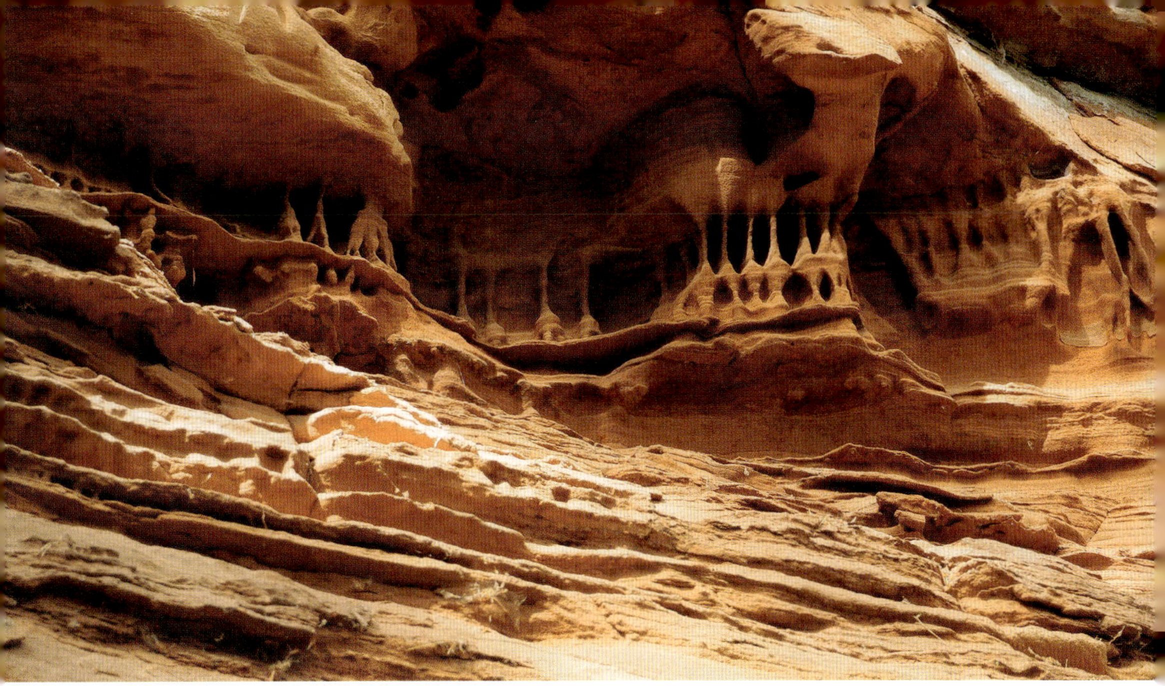

Grand Canyon der Pfalz (Tour 12)

Schwarzwald, Odenwald und Rheinischen Schiefergebirge an der Oberfläche vorhanden sind. Im Erdmittelalter wechselten sich trockene und feuchte Klimabedingungen ab. Marine Sedimente von Meeresvorschüben wechselten sich ab mit Fluss- und Seeablagerungen in Mitteleuropa. Diese komplexen Prozesse aus Abtragung und Sedimentation von Buntsandstein, Muschelkalk und Keuper, einhergehend mit vulkanischen Prozessen im Perm, bildeten die Basis der heutigen Erdoberfläche, die im Tertiär und Quartär ihren letzten Schliff bekam. Besonders der vor etwa 50 Mio. Jahren einsetzende Einbruch des Oberrheingrabens führte zur Entstehung der westlichen und östlichen Randgebirge. Gleichzeitig zur Auffaltung der Alpen im Tertiär senkte sich der Oberrheingraben in ca. 30 bis 40 Kilometern Breite zwischen Basel und Taunus längs älterer Schwächezonen ein. Beide Seiten der Grabenränder hoben sich mehrere Hundert Meter empor und gestalteten die heutigen flankierenden Mittelgebirge Schwarzwald und Vogesen im Süden, Odenwald und **Pfälzer Bergland** im Norden. Gleichzeitig mit der Anhebung erfolgte die Abtragung der mesozoischen Deckschichten in unterschiedlicher Stärke. So wurden die Schichten aus Muschelkalk und Keuper, die man auf gegenüberliegender Rheinseite antrifft, im Pfälzerwald fast vollständig abgetragen und mit wenigen Ausnahmen dominieren die unterschiedlichen Sedimente des Buntsandsteins, mit teils bizarren Auspräparierungen wie etwa die Altschlossfelsen bei Eppenbrunn oder im Dahner Felsenland.

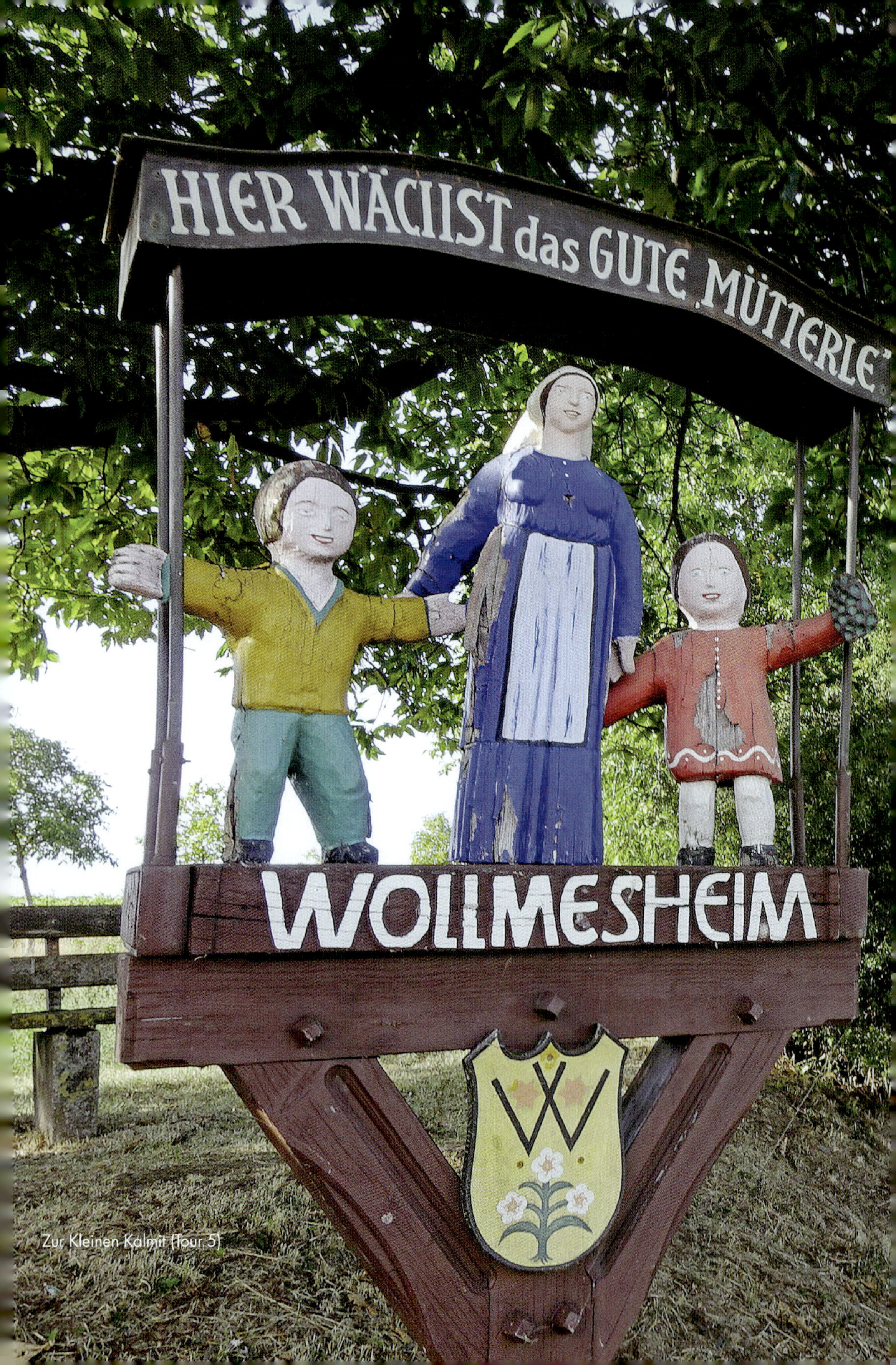

Zur Kleinen Kalmit (Tour 5)

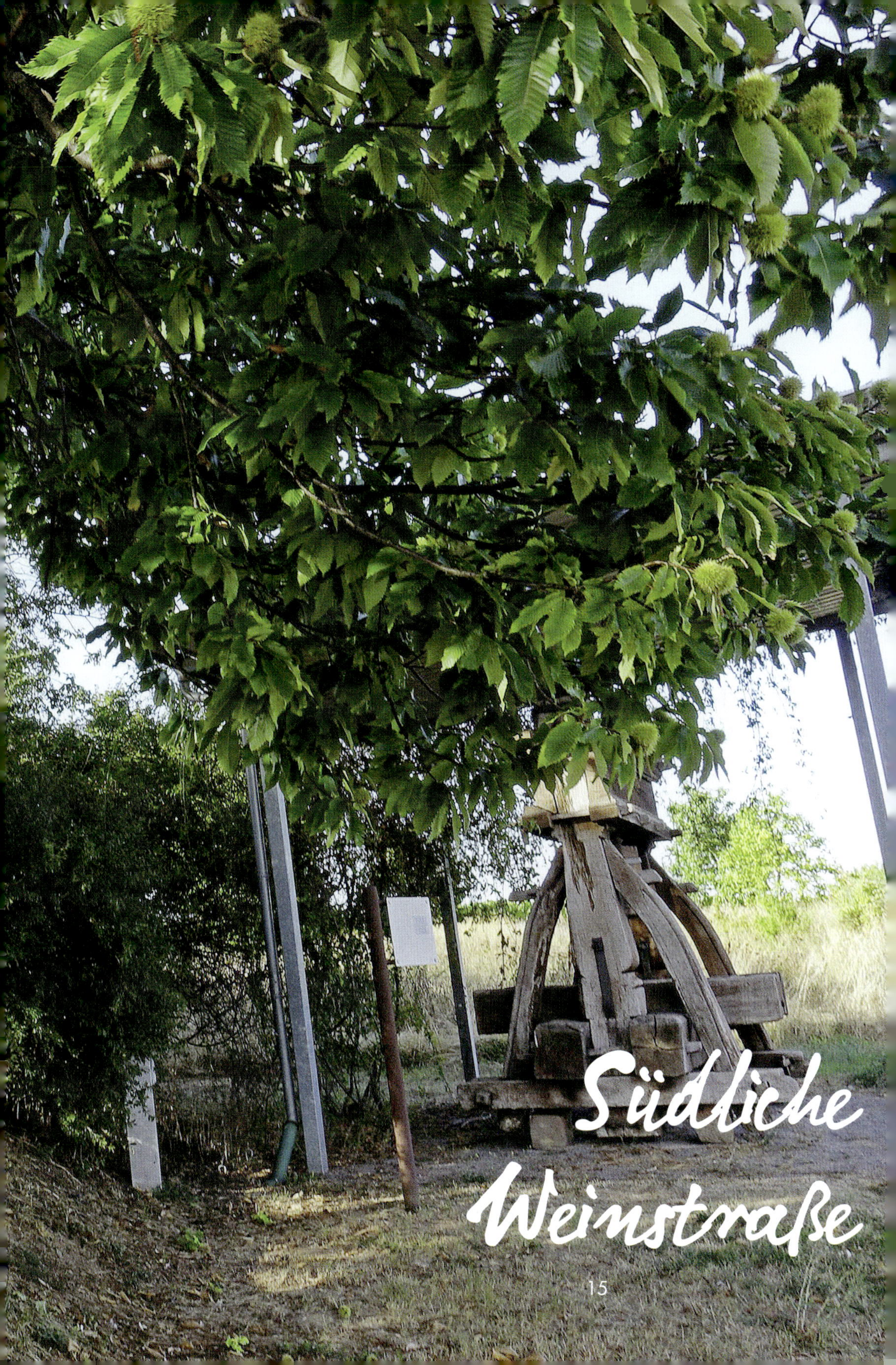
Südliche
Weinstraße

1 Zum Deutschen Weintor

Von der Südpfalz ins elsässische Wissembourg

Leicht | 9,6 km | 150/280 Hm | 3.15 Std.

Tourencharakter
Sonnige Weinbergstour mit prächtigen Ausblicken über das Rheintal hinüber zum Nordschwarzwald. Durchgehend passable Weinbergs- und Waldwege. Markierung Grüne Rebe der Deutschen Weinstraße

Ausgangspunkt
Dörrenbach Bushaltestelle, 290 m

Endpunkt
Wissembourg

Höchster Punkt
Sportplatz Dörrenbach, 330 m

Anfahrt
GPS 49.0899, 7.9654
Bus/Bahn: Bahn nach Bad Bergzabern. Von dort mit Bus 543 nach Dörrenbach
Auto: Von der B 38 nach Bad Bergzabern zur Stichstraße nach Dörrenbach abbiegen. Parkplatz am Ortseingang, oder an der Bushaltestelle gegenüber der Weinstube Unter der Linde

Einkehr
Diverse Einkehrmöglichkeiten in Oberotterbach, Schweigen-Rechtenbach und Wissembourg

Beste Jahreszeit
Ganzjahrestour

Karte
Pfälzerwald 8, Blatt 42-544, 1:25 000, NaturNavi

Information
Tourist-Information Bad Bergzabern, Königstraße 61, Tel. 06343/701601, www.bad-bergzabern.de

Vom zauberhaften Dörrenbach führt der Weg aussichtsreich entlang der Weinstraße zu deren südlichem Ende, wo es am traditionsreichen Deutschen Weintor zur elsässischen Weinstraße übergeht. Krönender Abschluss ist Wissembourg, die Perle im nördlichen Elsass.

Im Dornröschen-Dorf Vom Parkplatz in **Dörrenbach** Ⓐ aus wandern wir ortseinwärts. Unser Markierungszeichen wird zum

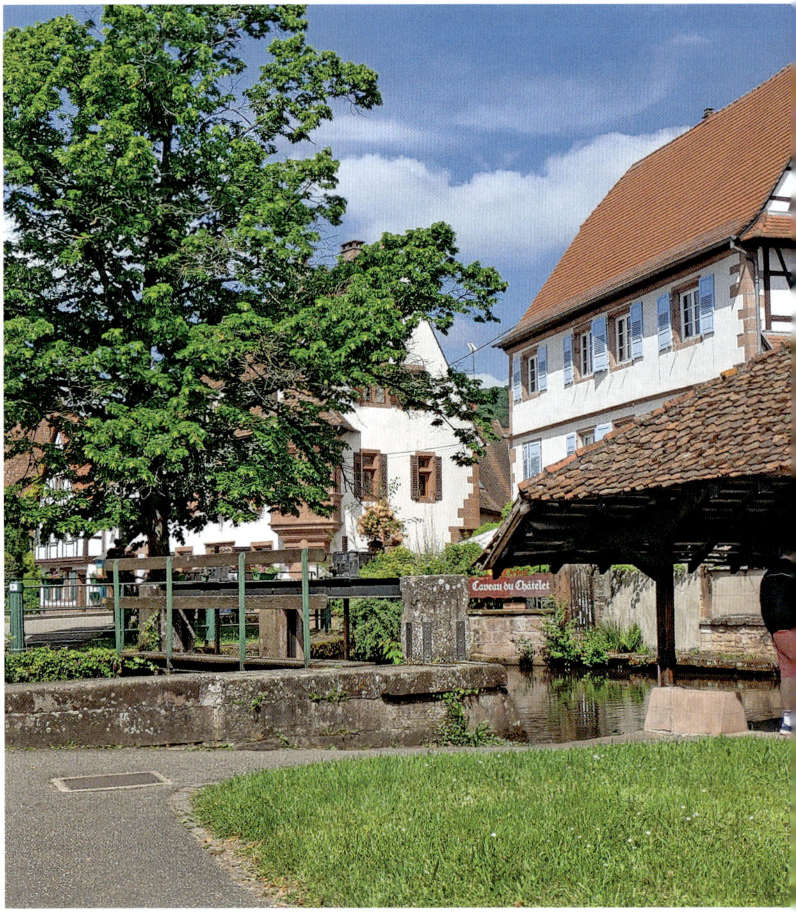

größten Teil die grüne Traube der Deutschen Weinstraße sein. Das schmucke Weindorf mit seinen pittoresken Fachwerkhäusern wurde einst zum schönsten Dorf der südlichen Weinstraße erkoren. Alle zwei Jahre wird in einer farbenprächtigen Zeremonie das Dornröschen gekürt. Im Zentrum, am Weingut Rapp, biegen wir links ab. Zuvor lohnen sich ein paar Treppenstufen nach rechts auf den Vorplatz der alten Wehrkirche, der einen schönen Blick auf das ehemalige prächtige Fachwerkrathaus gewährt. An der Verzweigung beim alten Brunnen geht es nach links. Oben am Sportplatz erwartet uns das erste Panorama mit Blick über das gesamte Rheintal bis hinüber zum Schwarzwald. Solche und ähnliche Ausblicke werden uns bis nach Wissembourg begleiten. Kurz nach dem Picknicktisch bleiben wir links auf den Spuren des Jakobsweges. Der Weg senkt sich hinab, durchquert ein schattiges Waldareal und gibt erste Blicke auf den nächsten

Am Quai du 24 Novembre

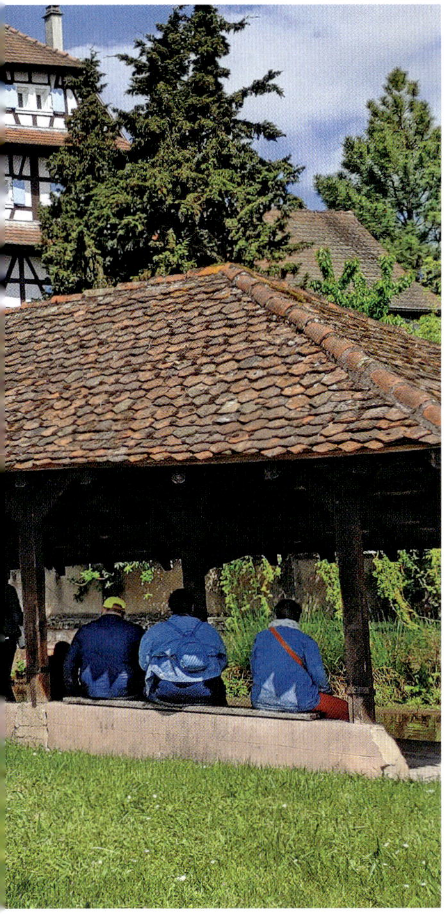

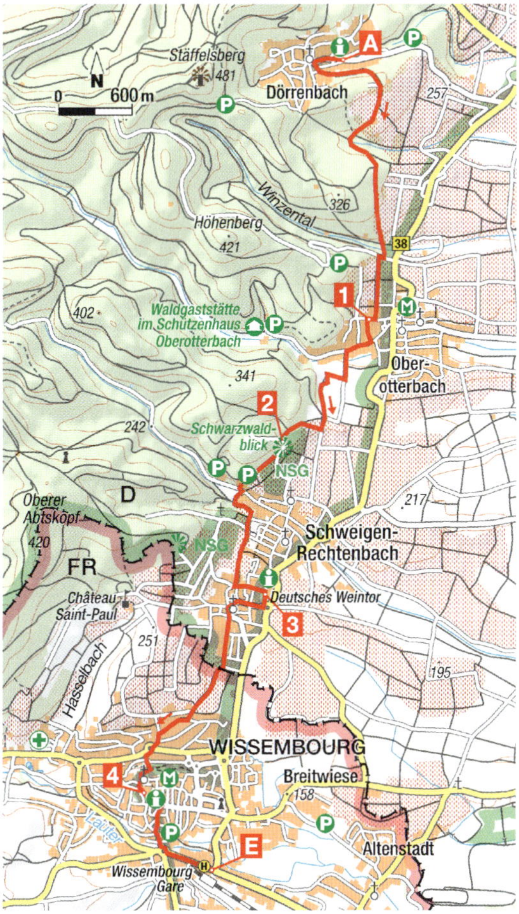

Weinort frei. Nach Überquerung des Bächleins geht es im Talgrund nach rechts und unmittelbar wieder scharf nach links. Rast- und Picknickplätze gibt es an jeder Ecke und fast alle mit prächtiger Aussicht.

Der Holzschnitzer vom Weinsteig Nach den ersten Häusern von **Oberotterbach** ❶, am Kneippbecken vorbei, führt unser Weg im Zickzack der Grünen Weintraube folgend durch den Ort. An der Tafel des Holzschnitzers Volker Dahl, der im Tal des Otterbaches zahlreiche lustige Figuren erschaffen hat (auf einem lohnenswerten Abstecher zur Ruine Guttenberg zu besichtigen), biegen wir links ab. An der »**Alten Wäschbank**« vorbei verlassen wir das zauberhafte Dorf. Um dem Anstieg auf Asphalt und herabschießenden Radfahrern auszuweichen, biegen wir vor dem nächsten Wegweiser rechts ab und folgen dem unmarkierten Grasweg. Nach einem Linksknick gehen wir am letzten Garten rechts um die Ecke und steigen auf dem Wiesenweg hoch bis zum Waldrand. Dort linkshaltend durchqueren wir Streuobstwiesen, gehen am Ende ein paar Meter nach links und sofort wieder rechtshaltend treffen wir wieder auf unsere grüne Traube der Deutschen Weinstraße. Nach 50 Metern verlassen wir den asphaltierten Weinbergsweg und biegen rechts ab. Ein Naturweg führt uns durch die Weinberge zum Wald hoch, wo es unter schattigen Kastanien und Buchen weitergeht. Am Waldaustritt beim **Schwarzwaldblick** ❷ wartet die nächste einladende Aussichtsbank auf uns.

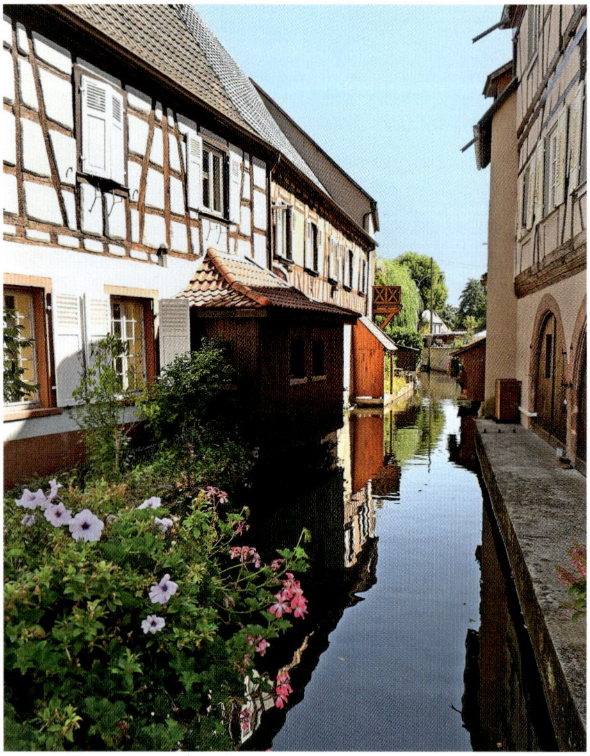

Im malerischen Viertel Le Schlupf

Zum Deutschen Weintor Über den südlichsten Weinort der Deutschen Weinstraße schweift der Blick hinüber zur Hornisgrinde, der höchsten Erhebung des Nordschwarzwaldes. Gegenüber den Bänken folgen wir weiter dem schattigen Waldpfad (nicht den Asphaltweg nehmen !). Am Wegweiser »oberhalb Rußbach«

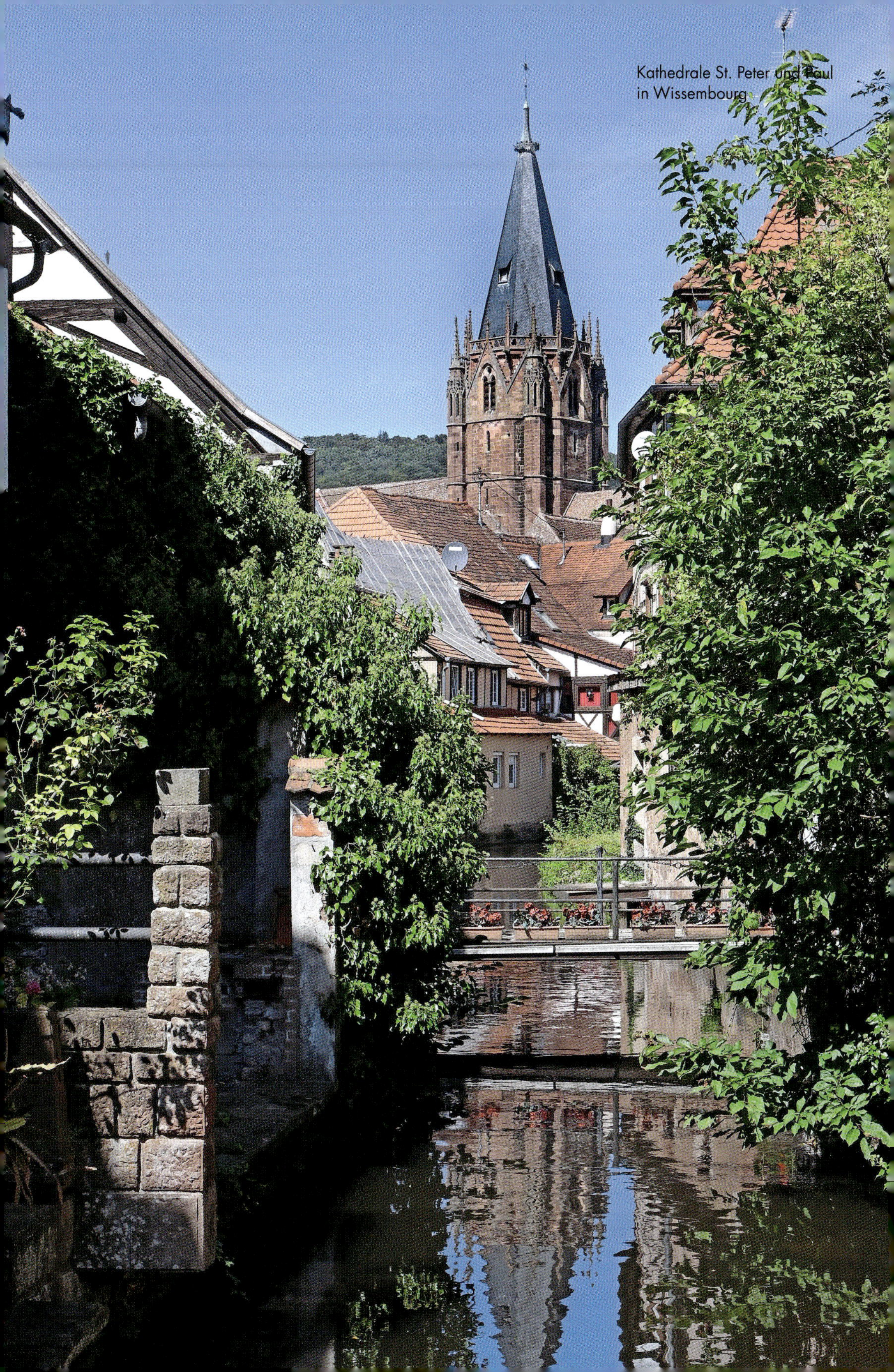

Kathedrale St. Peter und Paul
in Wissembourg

Das Deutsche Weintor

Das imposante Bauwerk am südlichen Abschluss der Deutschen Weinstraße wurde in nationalsozialistischer Zeit errichtet, um die Pfalz als Weinanbaugebiet attraktiver zu machen. Eine riesige Hakenkreuzfahne wurde damals auf französischer Seite als Provokation empfunden. Heute ist das Denkmal Ziel von Weinfreunden aus aller Welt.

geht es links auf steilem Pfad hinab (Weintor 1,2 km). Unten bei den ersten Häusern von Rechtenbach verbirgt sich rechts hinter dem Damm ein idyllischer Fischteich, an dessen Ufern sich auch ein kleines Päuschen lohnt. An der antiken Wandertafel wie aus dem vorigen Jahrhundert geht es links bergauf und am Friedhof geradeaus weiter. An Wochenenden im Sommer lohnt ein kurzer Umweg nach rechts zum Weinstand am Sonnenberg. Bei erster Möglichkeit leitet uns die Markierung an der nächsten Kreuzung nach links. Schöner ist jedoch der Weg geradeaus weiter, der etwas länger durch die Natur führt. Im Ort stoßen wir wieder auf die Wanderwege und biegen an erster Möglichkeit links ab. Die Straße führt uns direkt zum berühmten **Deutschen Weintor** 3. Nach Besichtigung oder Einkehr in einer zünftigen Weinstube gehen wir rechts bis zum Kreisel und gehen am Restaurant Schweigener Hof erneut nach rechts. Versäumen

Das Deutsche Weintor in Schweigen-Rechtenbach

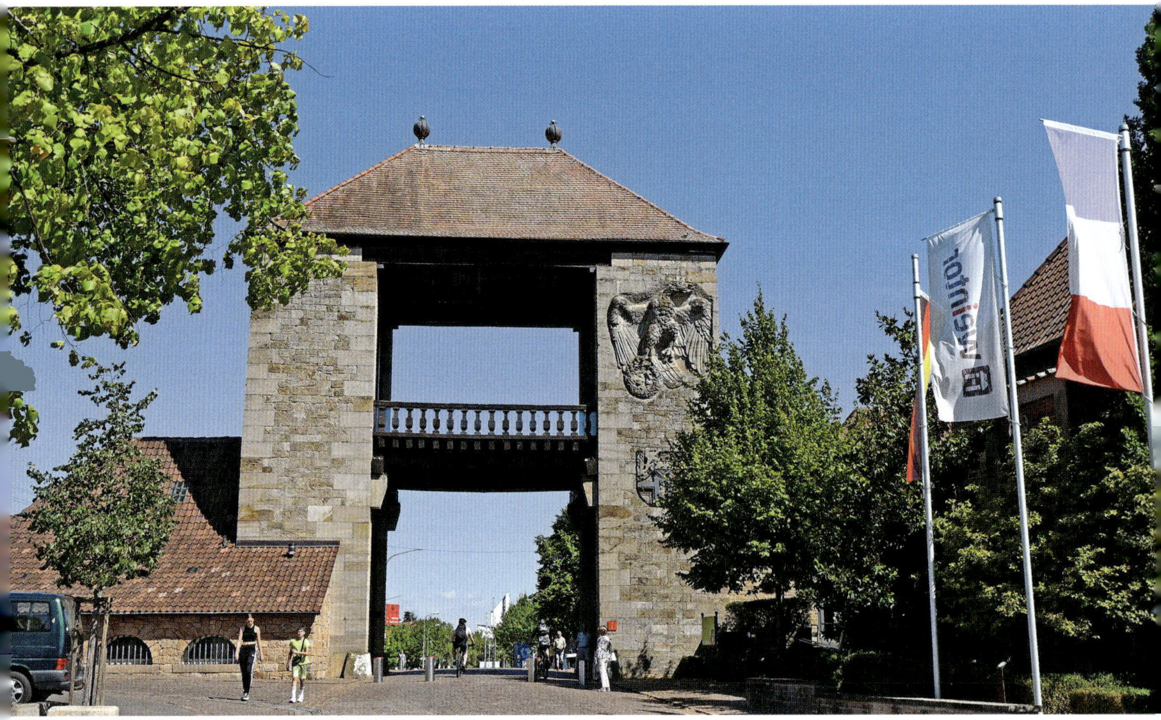

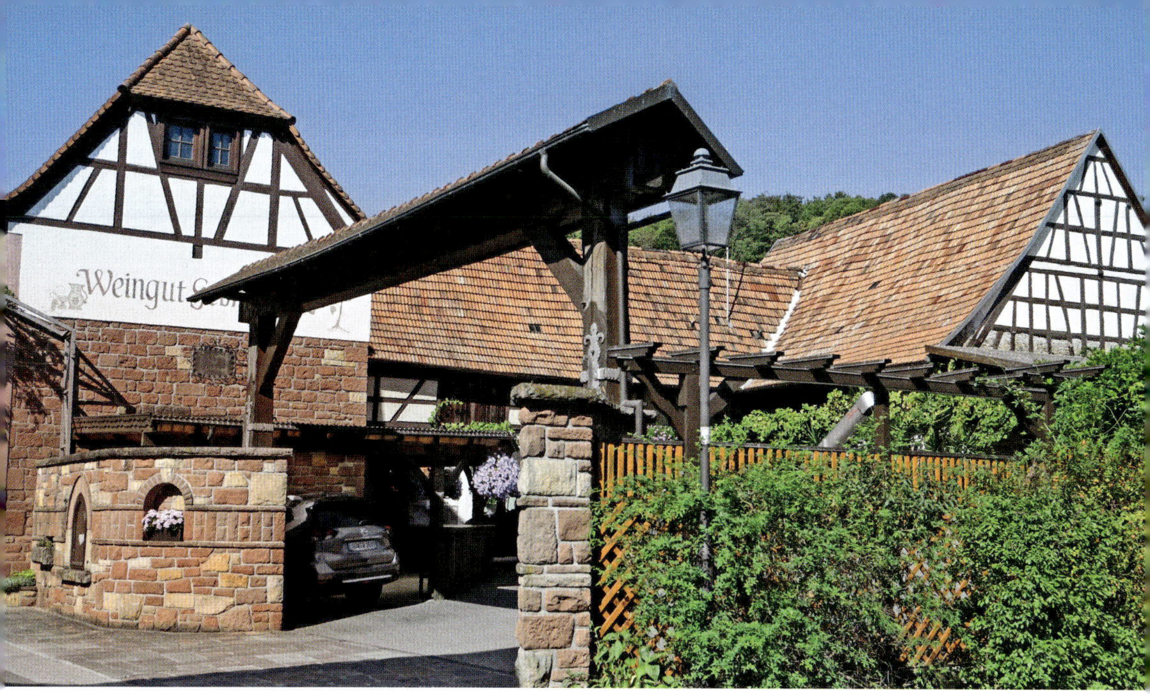

Weingut in Oberotterbach

Sie nicht, 100 Meter danach einen Blick in den Skulpturengarten zu werfen. Zahlreiche Kunstobjekte sind im kleinen Park aufgerichtet. Im Linksbogen an der Kirche vorbei geht es weiter. Interessant ist auch der Napoleonsbrunnen von 1811 mit der französischsprachigen Inschrift »erigé par la Comune de Schweigen 1811«. In einer kurzen Periode nach der Französischen Revolution gehörte die Pfalz zu Frankreich.

An den Ufern der Lauter Am Ortsende führt der Weg geradeaus durch die Weinberge hinüber nach **Wissembourg** 4. Da wir inzwischen über die Grüne Grenze in Frankreich angelangt sind, leitet uns der rote Punkt des Vogesenklubs weiter. Im Ort, nach der ovalen Verkehrsinsel, geht es nach links in Richtung Centre Ville. Geradeaus durchschreiten wir den ehemaligen Stadtgraben und die Wallanlagen und stoßen ins Herz des elsässischen Kleinods vor. Nach Überquerung der Lauter biegen wir links ab in Richtung **Salzhaus** *(maison du sel)*. Dort halten wir uns abermals links und biegen am prächtigen Rathaus, am Place de la Republique, rechts ab. Auf Höhe der Rue de Passerelle lohnt sich ein kleiner Abstecher ins Lauter Viertel Le Schlupf zum Fotostopp am Kanal. Danach halten wir uns links in die Rue du General Leclerc, biegen nach Überquerung der Lauter am Kreisel links ab und wandern gut 300 Meter an der Straße entlang bis zur Bushaltestelle bei **Wissembourg Gare** E. Mit der Buslinie 543 geht es zurück nach Dörrenbach.

2 Zum Stäffelsbergturm

Auf Märchenwegen zum Weindorf Dörrenbach

Mittel | 9,5 km | 300 Hm | 3.30 Std.

Tourencharakter
Schattige und waldreiche Tour für heiße Sommertage, die an ein paar Stationen des Gebrüder-Grimm-Märchenweges und mit moderater Steigung zu einem Aussichtsturm auf dem Stäffelsberg führt. Gut begehbare Wanderwege

Ausgangs-/Endpunkt
Bad Bergzabern Südpfalz-Therme, 170 m

Höchster Punkt
Stäffelsberg, 470 m

Anfahrt
GPS 49.0986, 7.9908
Bus/Bahn: Von Landau mit Buslinie 541 nach Bad Bergzabern. Von Karlsruhe aus fährt die Regionalbahn mit Umstieg in Winden in den Kurort.
Auto: Auf der A 65 nach Landau. Vom Autobahnkreuz Landau-Süd führt die B 38 nach Bad Bergzabern. Parken an der Südpfalz-Therme oder anderen Parkplätzen im Ort

Einkehr
Weinstube Unter der Linde, Mi–Sa, 12–14 und ab 17 Uhr, So ab 12 Uhr. Im Winter Mi geschlossen

Beste Jahreszeit
Ganzjahrestour

Karte
Pfälzerwald 8, Blatt 42-544, 1:25 000, NaturNavi

Information
Tourist-Information Bad Bergzabern, Königstraße 61, Tel. 06343/701601, www.bad-bergzabern.de

Vom Kurpark in Bad Bergzabern aus führt die Runde um das »Dornröschen der Pfalz«, wie der Weinort Dörrenbach gern genannt wird. Wer die Märchen der Gebrüder Grimm noch kennt, ist hier genau richtig und kann den Enkelkindern spannende Geschichten erzählen.

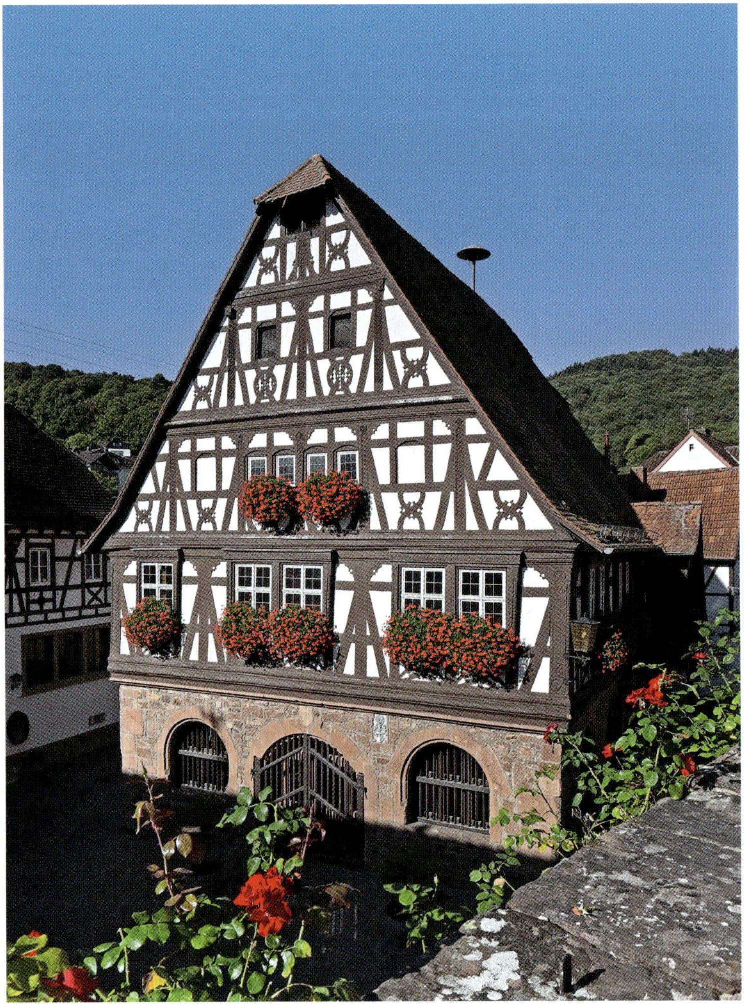

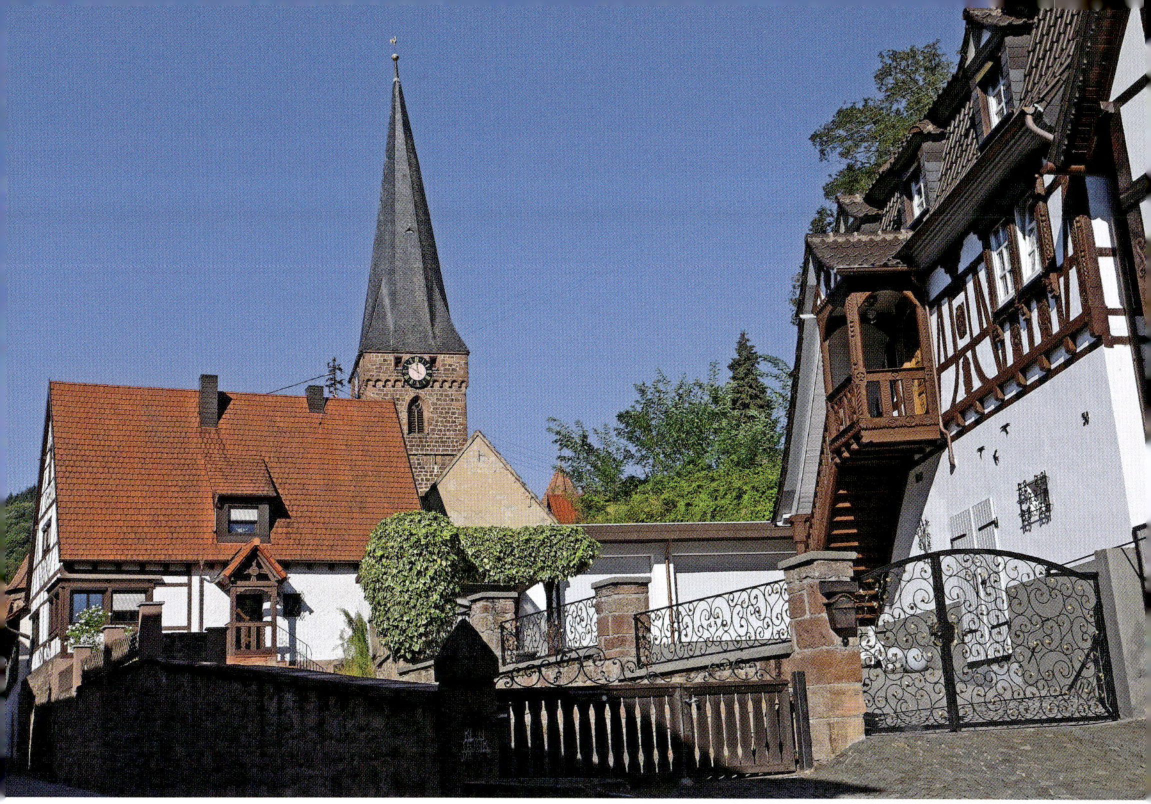

Dörfliche Idylle im Weinort Dörrenbach

Linke Seite: Prächtiges Fachwerk am ehemaligen Rathaus von Dörrenbach

Zum Gebrüder Grimm Märchenweg Direkt vor dem Gebäude der Südpfalz Therme von **Bad Bergzabern** Ⓐ/Ⓔ finden wir mehrere Wanderwegweiser. Wir orientieren uns am Pfälzer Weinsteig in Richtung Stäffelsbergturm (5,1 km) und durchqueren den Kurpark talaufwärts entlang des Erlenbaches. Am Parkplatz des Hotels Luisental gehen wir links und sofort wieder rechts die sanft bergan führende Straße hoch. Am griechischen Restaurant folgen wir den Wanderwegen nach rechts am **Schwanenweiher** entlang. Kurz nach der Gedenktafel des Arztes und Naturforschers Tabernaemontanus steigen wir links ein paar Stufen hoch und verlängern nach links auf dem Teersträßchen. Auf der Rückseite der Parkklinik folgen wir nun dem Wanderpfad mit dem blauen Kreuz bergauf (Bollenbornweg) an der zukünftigen Ortsumgehung von Bad Bergzabern vorbei. Wir erreichen einen befestigten Weg, biegen rechts um die Kehre und ziehen anschließend am Kreuzungspunkt **Finstertal** ① auf dem Waldpfad nach links in Richtung Ruine Guttenberg. Der stetig bergan führende Pfad an der Flanke des Kohlbunnenberges überquert zwei Forstwege und führt uns zur Wegspinne mit dem Ritterstein **Am Bild**. Nun wird es wahrlich märchenhaft und falls Sie Ihre Enkel dabei haben, gibt es einiges zu erzählen, sofern Sie noch die Märchen Ihrer Kindheit parat haben. An der Sterntaler

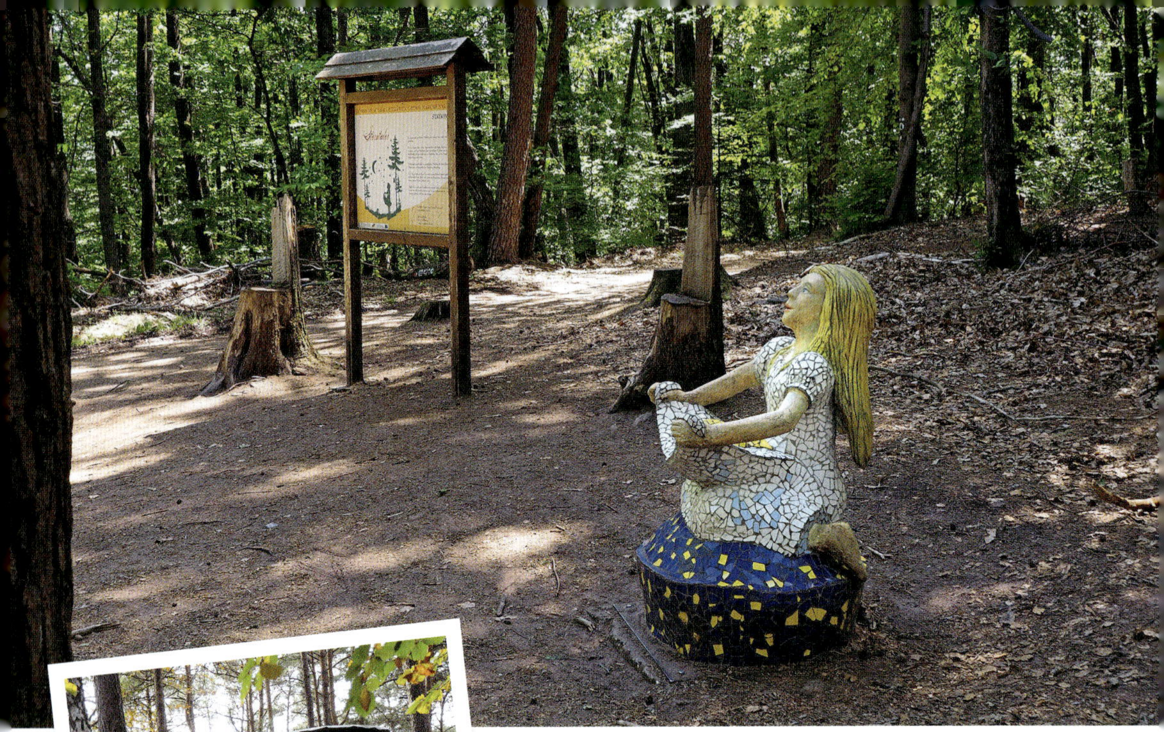

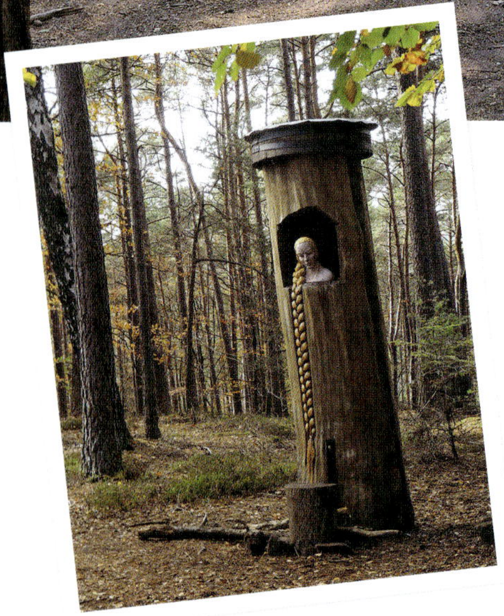

Tafel des **Gebrüder-Grimm-Märchenweges** vorbei führt uns der Pfälzer Weinpfad weiter bergauf.

Stäffelsberg Als Nächstes treffen wir die böse Hexe, die in ihrem Häuschen Hänsel und Gretel gefangen hält. Auch der Goldesel aus »Tischlein deck dich« begegnet uns als skurrile Holzfigur auf dem Weg hinauf zum **Stäffelsbergturm** ❷. Der heutige 24 Meter hohe Turm bietet eine fantastische Aussicht über den Wasgau bis hinüber zum Schwarzwald und bei guter Sicht zu den Vogesen im Süden. Nach dem Zweiten Weltkrieg wurde der ursprüngliche Turm von 1887, der an eine mittelalterliche Burg erinnerte, von den Franzosen gesprengt. Am Fuß des Turmes laden Picknickbänke ein zur Rast. Wir kehren zurück zur Kreuzung **Am Bild** mit der historischen Stele von 1756.

Kolmerbergkapelle Nun gibt es je nach Interessenslage zwei Möglichkeiten, um nach Dörrenbach zu kommen. Ihre Enkel werden vermutlich

Dörrenbacher Dornröschen-Fest

Im Juni verwandelt sich das charmante Weindorf in eine märchenhafte Kulisse. In phantasievollen Kostümen aus früheren Zeiten feiern die Dörrenbacher Bewohner und ihre Gäste ein fröhliches Fest mit Straßentheatern, Gauklern, Rittern und Edelfrauen und küren dabei jeweils für zwei Jahre die Weinprinzessin, das Dornröschen der Pfalz.

die Variante des scharf rechts abgehenden Märchenweges favorisieren, der an Schneewittchen (links abbiegen) und Dornröschen vorbei ins Dorf führt. Wer mehr an religiöser Kultur interessiert ist, folgt geradeaus und anschließend leicht rechtshaltend dem Pfälzer Weinsteig zurück (Dörrenbach 1,6 km). Auf diesem Weg erreichen wir nach zehn Minuten die **Kolmerbergkapelle** ❸, eine der bekanntesten Wallfahrtskapellen der Südpfalz. Ihre Ursprünge gehen bis ins 15. Jahrhundert zurück. Mehrmals wurde sie neu aufgebaut, zuletzt von einem Einsiedler, der sie in den Jahren von 1804 bis 1815 zur heutigen Form gestaltete. Jährlich finden zwei Wallfahrten, an Christi Himmelfahrt und im September, auf dem Kolmerberg statt.

Linke Seite oben: Am Gebrüder-Grimm-Märchenweg

Linke Seite unten: Rapunzel, lass dein Haar herunter.

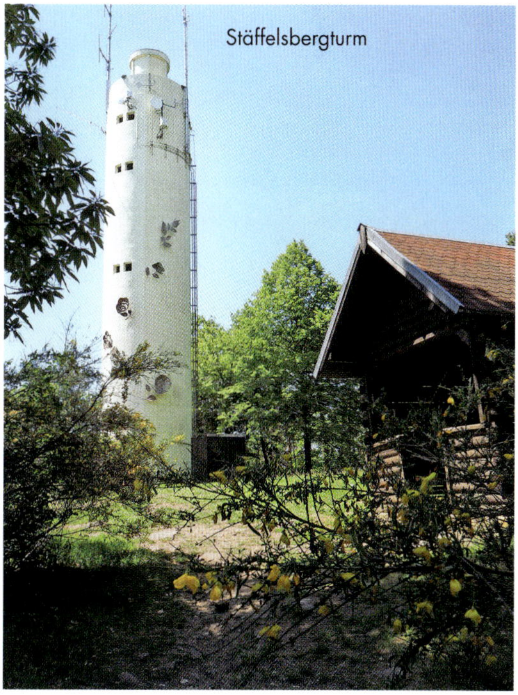

Stäffelsbergturm

Schönstes Dorf der Südlichen Weinstraße

Der Waldweg, der vor der Kapelle nach rechts hinab weist, führt uns in den Ortskern von **Dörrenbach** ❹ mit der historischen Wehrkirche St. Martin. Die ehemalige Simultankirche (für beide Konfessionen) mit mächtigen Befestigungsmauern stammt aus dem 13. Jahrhundert. Ein Spaziergang über den Friedhof eröffnet herrliche Ausblicke auf das einst zum schönsten Dorf der Südlichen Weinstraße gewählte Örtchen. An der Hauptstraße, beim prachtvollen ehemaligen Renaissancerathaus, biegen wir links ab. Am Weinhof »Unter der Linde« haben wir unsere Pause wahrlich verdient und genießen die feinen Tropfen von Dörrenbacher Winzern unter dem schattigen Blätterdach der Linde. Weiter geht es nach links in die Wiesenstraße, wo uns der Pfälzer Weinsteig in das Tal des Dörrenbaches führt. An der Gabelung, bei der Schutzhütte **Metzenbühl** ❺, halten wir uns links in Richtung Bohämmerhaus. Ein angenehmer Waldpfad führt in einigen Kehren hinunter bis zum Beginn des Kurparks von Bad Bergzabern. Rechtshaltend kehren wir zurück zum Ausgangspunkt an der **Südpfalz-Therme**.

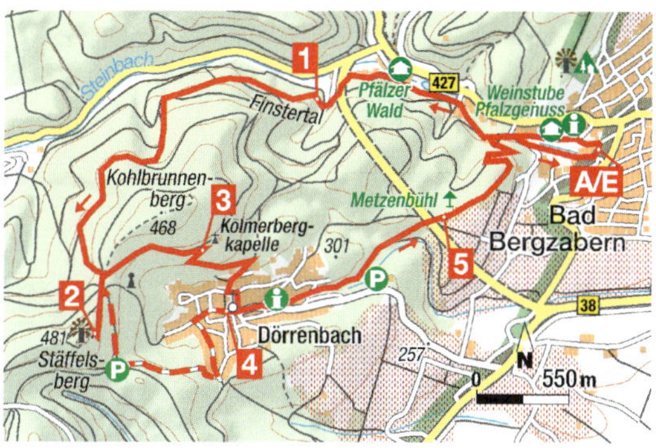

3 Panoramaweg Klingenmünster

Zur schönsten Einkehr in der Südpfalz

Mittel | 6,2 km | 230 Hm | 2.30 Std.

Tourencharakter
Gemütliche Runde um den ehemaligen Klosterort mit zwei Anstiegen, einer davon hinter dem Klingbachhof. Wenig Schatten

Ausgangs-/Endpunkt
Rathaus Klingenmünster, 170 m

Höchster Punkt
Abzweig zur Burg Landeck, 330 m

Anfahrt
GPS 49.1403, 8.0184
Bus/Bahn: Regionalbahn bis Landau. Von dort Bus 540 nach Klingenmünster
Auto: Von Landau aus fährt man über Ilbesheim bis Eschbach. Dahinter auf der B 48 bis Klingenmünster an der Weinstraße. Parken an der Klingbachhalle in der Mühlgasse

Einkehr
Burgschänke Landeck, tgl. 11–19 Uhr, Winter bis 18 Uhr; Weinstuben und Winzer in Klingenmünster

Beste Jahreszeit
Ganzjahrestour

Karte
Pfälzerwald 8, Blatt 42-544, 1:25 000, NaturNavi

Information
Tourist-Info Südliche Weinstraße e. V. Landau, An der Kreuzmühle 2, Tel. 06341/940400, www.suedlicheweinstrasse.de

Am Ende eines der schönsten Abschnitte des Pfälzer Weinsteigs liegt malerisch über dem Weinort Klingenmünster die Burg Landeck. Die aussichtsreiche Runde um den Erholungsort am Haardtrand mit den Resten eines uralten Klosters lässt keine Wünsche offen.

Nikolauskapelle Wer an der Klingbachhalle geparkt hat, kann auch von dort die Tour beginnen. Man läuft am Mühlbach entlang bis zum **Klingbachhof**, dann links die Stufen hoch und weiter wie unten beschrieben. Ansonsten geht es im Zentrum von **Klingenmünster** A/E los. In Höhe des August-Becker-Brunnens ziehen wir in nördliche Richtung los zu unserer Runde um den Ort. August Becker (1828–1891), »Vater der pfälzischen Volkskunde«, dem der schmucke Jugendstilbrunnen gewidmet ist, war ein pfälzischer Heimatdichter aus Klingenmünster.

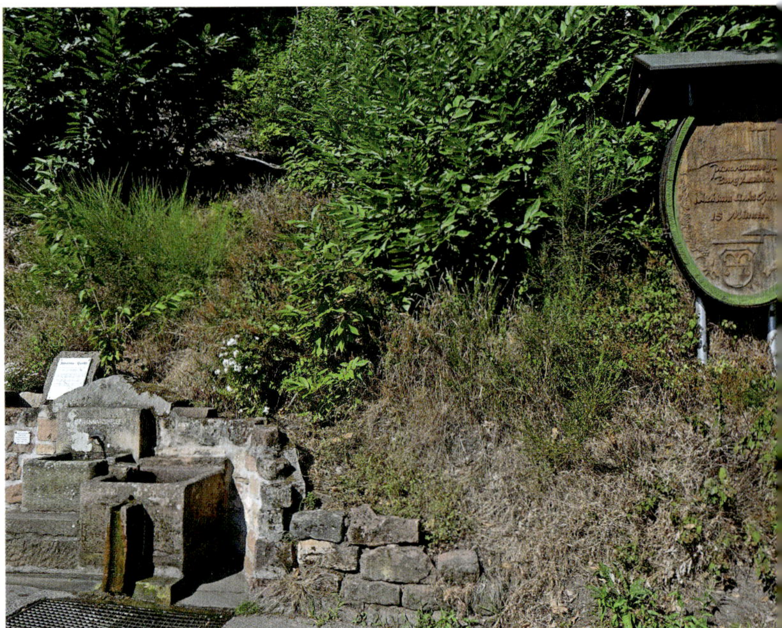

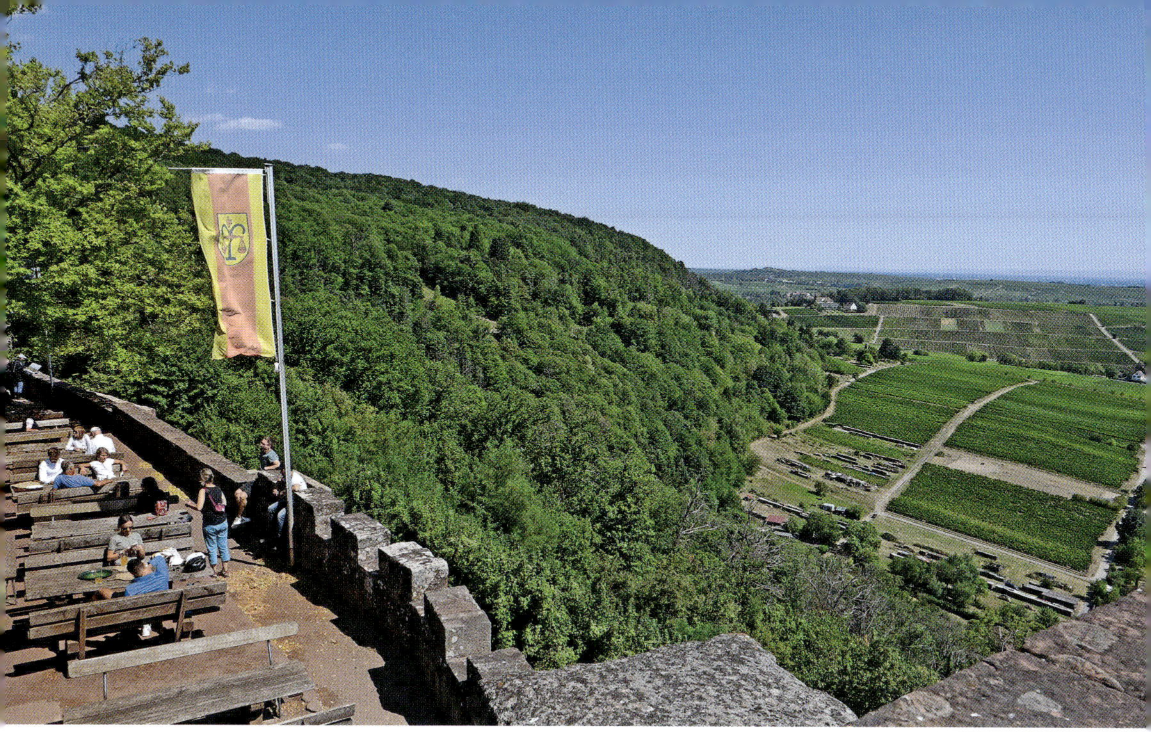

Nach der Bushaltestelle gehen wir links von der Straße ab in ein Gässchen und stoßen auf die Schelmengasse. Der **Pfälzer Mandelpfad** lotst uns über die Alte Straße hoch zur **Nikolauskapelle** 1, die zu den bedeutendsten romanischen Baudenkmälern der Pfalz zählt und als Weltkulturerbe unter dem Schutz der UNESCO steht. Die mehr als 800 Jahre alte Kapelle ist im Originalzustand erhalten. Nach wenigen Metern führen uns die Wanderzeichen zur **Johanna-Quelle** 2.

Blick von der Burg nach Norden

Linke Seite: An der Johanna-Quelle

Burg Landeck Wir orientieren uns nach rechts am Schild »Panoramaweg zur Burg Landeck«, gehen am Parkplatz links hoch und biegen unmittelbar nochmal links ab. Der holprige und steile Anstieg ist nur kurz, bevor man sich überzeugen kann, dass der Name des Weges in der Tat gerechtfertigt ist. Nicht umsonst verläuft auch hier der schönste Pfälzer Fernwanderweg, der Pfälzer Weinsteig. Weit schweift der Blick über die südliche Rheinebene bis hinüber zum Schwarzwald, den man auf Ruhebänken genießen kann. Am ersten Abzweig gehen wir geradeaus weiter zur **Burg Landeck** 3, die man über eine Holzbrücke betritt. Vermutlich um 1180 erbaut, diente sie dem Schutz des Klosters Klingenmünster und gehörte als Reichsburg ebenso wie die benachbarten Burgen dem Befestigungsring um die Reichsfeste Trifels an. Der Bergfried der Stauferburg mit 25 Metern Höhe gilt als einer der am besten erhaltenen in der Pfalz.

Klingbachhof Nach Besichtigung und Stärkung mit Pfälzer Hausmannskost verlassen wir die Burg wieder über die Brücke. Wir halten uns auf dem Asphaltsträßchen rechts und wandern nach 20 Metern abermals rechts einen Pfad bergab und folgen weiter der roten Welle des Pfälzer Weinsteigs, die uns nach ein paar Kehren ins Tal des Klingbaches hinunterleitet. Dort überqueren wir die Straße, ziehen links am ehemaligen Ferienheim Klingbachhof das Teersträßchen hinauf und biegen links ab. Wegen einer Großbaustelle (2023) müssen wir leider den weniger romantischen Umweg über den Fahrradweg machen. Kurz vor der Weinstraße biegen wir rechts ab, steigen weiter auf kurzem, steilem Anstieg parallel zur Straße empor, bis wir an der T-Kreuzung angelangt sind.

Blick von der Burg nach Süden

Clinga Monasterium

Das ehemalige Kloster, dessen Reste auf dem historischen Rundgang (Flyer im Rathaus) erkundet werden können, hatte ein großes Ansehen und stellte im Mittelalter zahlreiche Äbte und Berater des Königs. Um 1500 begann der Niedergang mit den Bauernkriegen und späterer Auflösung des Klosterbetriebs.

Kloster Klingenmünster Wir biegen links ab, überqueren die Weinstraße und halten uns

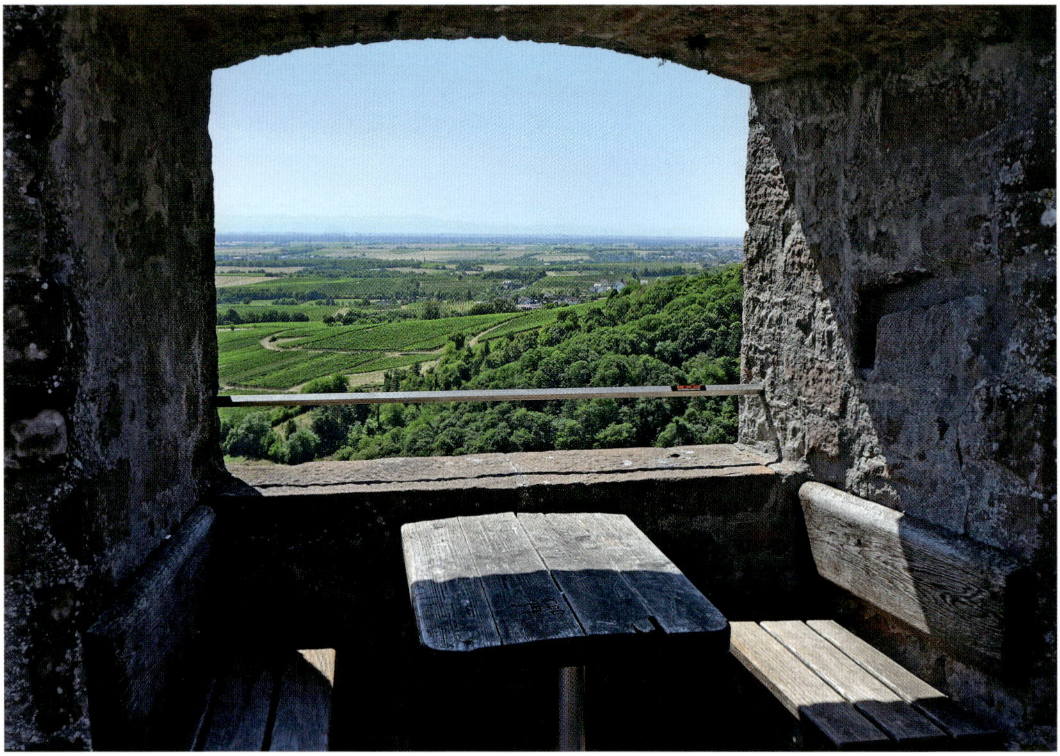

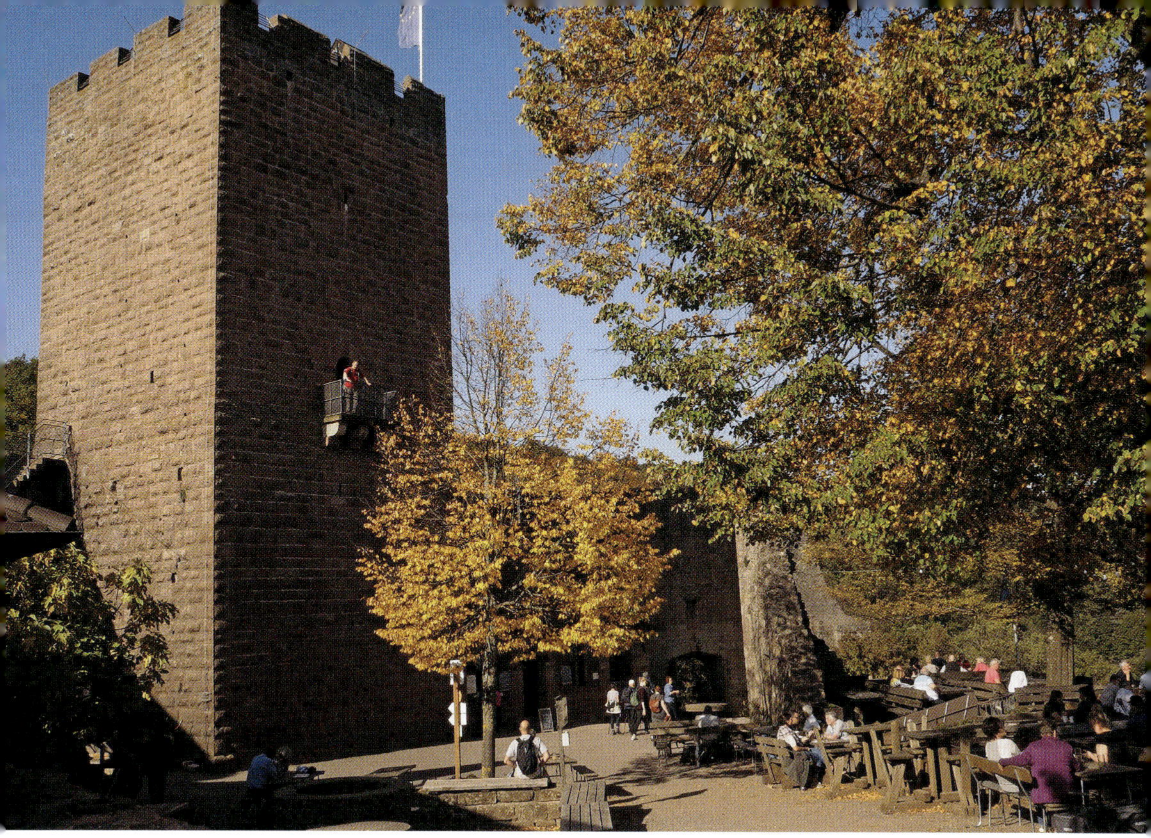

auf der Asphaltstraße links, die zum **Friedhof** ❹ führt. Am Rechtsknick des Weges haben laufmüde Wanderer die Möglichkeit, geradeaus in den Ort abzusteigen, um die Tour etwas abzukürzen.

Die Panoramasüchtigen unter uns ziehen weiter, am Friedhof vorbei und wandern erst 100 Meter nach dem Mobilfunkmast an der Verzweigung links bergab und weiter im Zickzackkurs hinab in den Ort. Die Verbindungsstraße nach Heuchelheim überquerend, gehen wir an der zweiten Möglichkeit nach links in die Straße Im Wiesengrund. Durch das rote Tor betritt man den Stiftspark, der auf gegenüberliegender Seite wieder verlassen wird. Linkerhand präsentiert sich die Hotelanlage Stiftsgut Keysermühle – das Tagungs- und Eventhotel steht auf historischem Grund der ehemaligen Klostermühle. Auch die Sandsteinmauer, an der wir nun entlangziehen, umfriedete einst das bedeutende **Kloster in Klingenmünster**, das mit Gründung im 7. Jahrhundert zu den Deutschen Urklöstern zählte. Das hübsche Brücklein über den Klingbach lassen wir rechts liegen und ziehen durch das Gässchen Am Sauerbrünnel geradeaus bis zur Weinstraße.

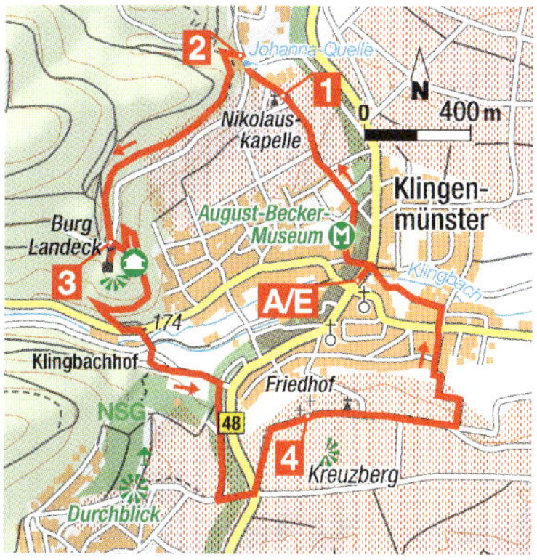

Mächtigster Bergfried der Pfalz

4 Der Keschde-Erlebnisweg

Spaß und Infos für Senioren und ihre Enkel

Leicht | 6,5 km | 210 Hm | 2.30 Std.

Tourencharakter
Gemütliche schattige Rundwanderung, die größtenteils auf Waldwegen verläuft. Nur einen kurzen kräftigen Anstieg zur Burgruine Neukastel gilt es zu meistern.

Ausgangs-/Endpunkt
Wanderparkplatz Ahlmühle, 390 m

Höchster Punkt
Burgruine Neukastel, 435 m

Anfahrt
GPS 49.1894, 7.9905
Bus/Bahn: Vom Bahnhof Annweiler am Trifels fährt der Bus 527 zum Wanderparkplatz (wenige Verbindungen).
Auto: Über die Pfalzmagistrale B 10 nach Annweiler am Trifels. Am westlichen Ortsende führt die Trifelsstraße hoch zur Burg und zum Wanderparkplatz Ahlmühle.

Einkehr
Keine Einkehrmöglichkeit unterwegs. In der Nähe, unterhalb der Burg Trifels, Restaurant Barbarossa (10–18 Uhr) und Kiosk mit Ausschank daneben

Beste Jahreszeit
Ganzjahrestour

Karte
Pfälzerwald 6, Blatt 43-546, 1:25 000, NaturNavi

Information
Büro für Tourismus Annweiler am Trifels, Messplatz, Tel. 06346/2200, www.trifelsland.de

Hier kommen Groß und Klein auf ihre Kosten. Die lustigen Infotafeln über die Esskastanien und die Natur der Pfalz sowie Bilder des impressionistischen Malers Max Slevogt, der hier wohnte, versprechen eine außerordentlich spannende Tour, garniert mit herrlichen Ausblicken.

Zollstock Am Waldparkplatz **Ahlmühle** Ⓐ/Ⓔ suchen wir auf den Wegweisern den Wanderweg in Richtung Zollstock mit dem grünbraunen Kastanienfigürchen. Auf dem **Keschde-Erlebnisweg**, der eigentlich für Kinder konzipiert ist, erfährt man auf vielen Infotafeln eine Menge über die Esskastanien, die in der Pfalz »Keschde« genannt werden. Zur Linken lugt zwischen dem Geäst immer wieder die Burg Trifels hervor. Am Holz-Xylophon

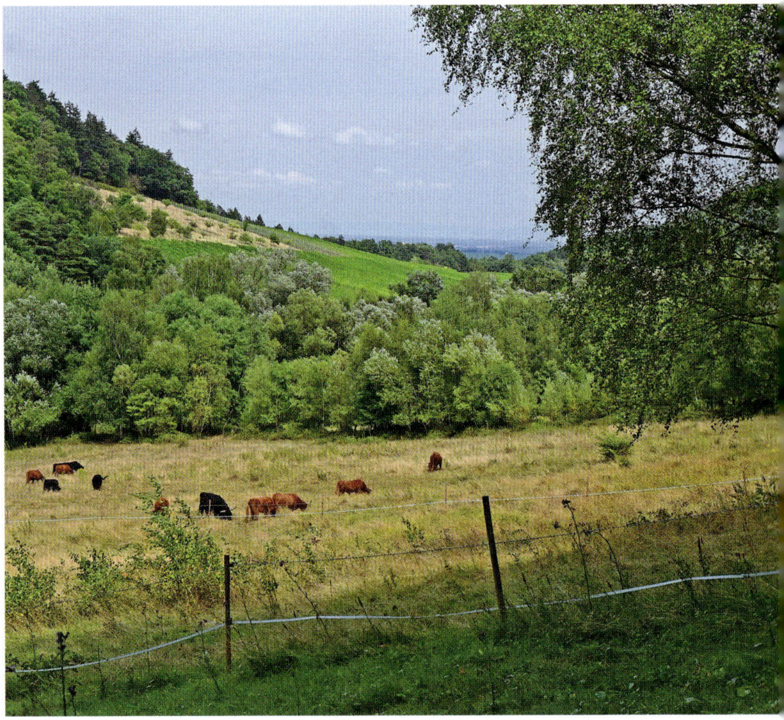

dürfen wir unterschiedliche Hölzer zum Klingen anstoßen und sind erstaunt, welche akustischen Nuancen die Dichte der verschiedenen Holzarten erzeugt. Kurz darauf erläutert eine Tafel, was sich alles aus den stacheligen Früchten zaubern lässt. Wunderschön lässt es sich pausieren in dem neuen halbtonnenförmigen Häuschen am historischen Wegekreuz beim **Zollstock** 1, einem alten Grenzpunkt zwischen dem Fürstenhaus der Kurpfalz, dem Bischof von Speyer und dem Herzogtum Pfalz-Zweibrücken. Wer Lust hat, macht es sich auf den Hängematten aus Kastanienholz bequem und lässt sich genüsslich unter den Wipfeln schaukeln.

Links: Zottelige Hochlandrinder im Rosental

Mitte: Die stacheligen Keschde findet man im Herbst zuhauf.

Rechts: Am Grenzstein von drei ehemaligen Herrschaftsgebieten

Zur heiligen Quelle Weiter geht's auf dem bergab führenden Forstweg, der uns bald ein wunderschönes Panorama präsentiert. Sofern Weidezeit ist, bilden die zotteligen schottischen Hochlandrinder einen prächtigen

Pfälzer Keschde

Im Herbst trifft man sie allerorten in den bunten Wäldern. Maronenfreunde mit Leinensäcken und Körben sammeln die schmackhaften Früchte, die vielerorts massenweise zwischen ihren stacheligen Umhüllungen liegen. In Wanderhütten und Weinstuben werden nun leckere Gerichte mit den Früchten angeboten. Sogar eine Kastanienprinzessin sorgt für den Erhalt des Brauchtums.

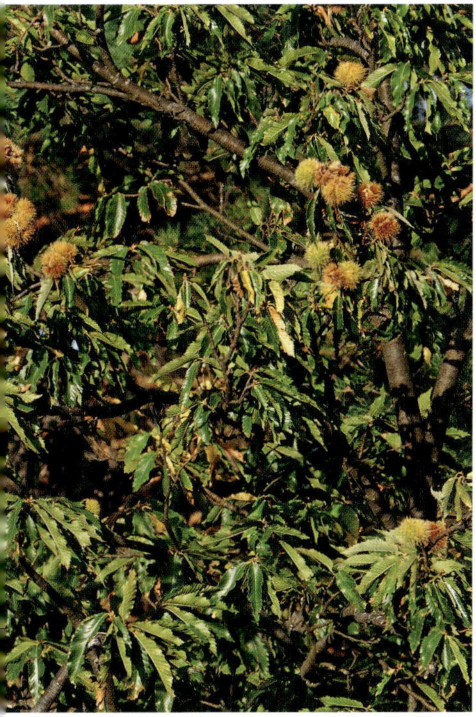

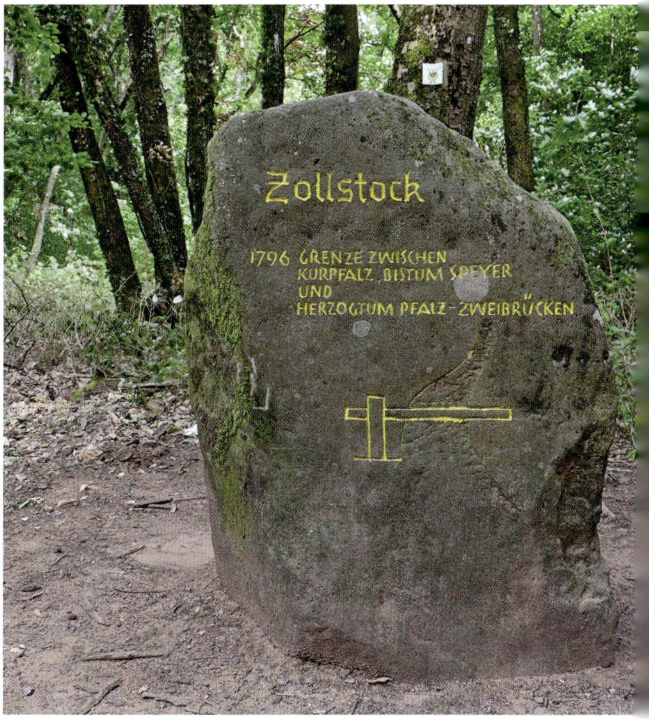

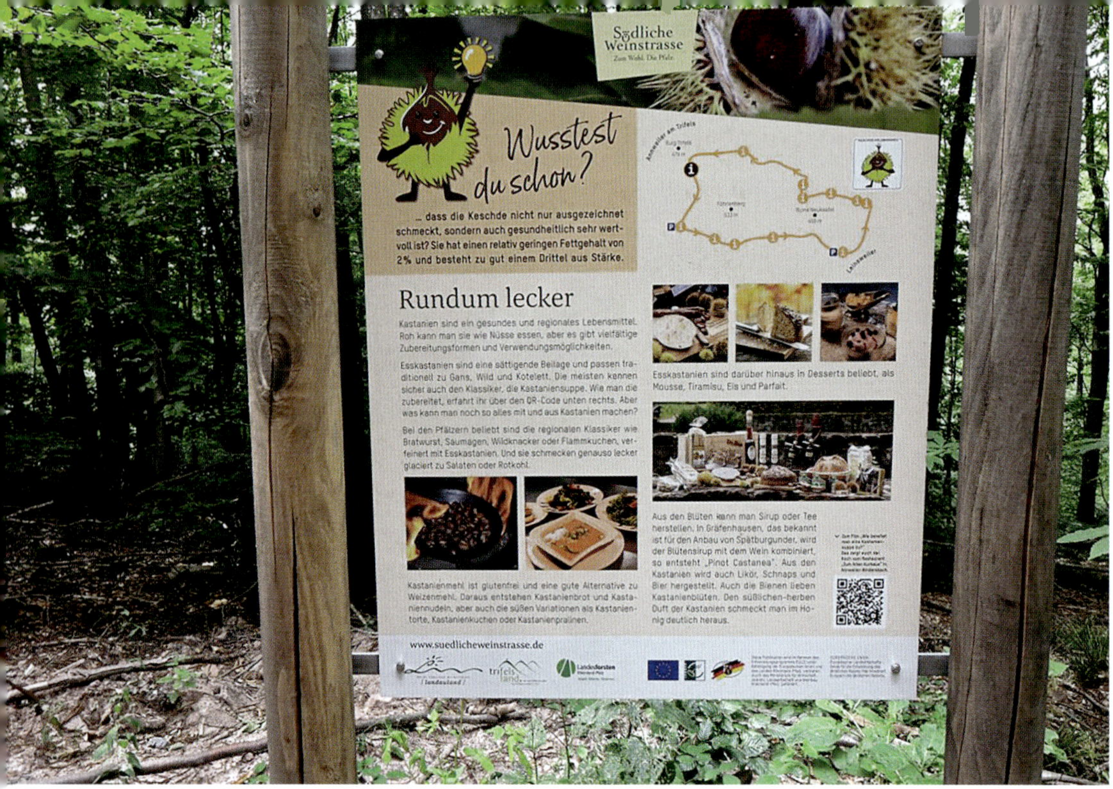

Leckere Speisen lassen sich aus den Kastanien zubereiten.

Rechte Seite: Am Wallfahrtsort Kaltenbrunn

Vordergrund fürs Foto. An der Verzweigung danach verlassen wir kurz den markierten Keschdeweg und gehen rechts hoch an einer hölzernen Aussichtskanzel vorbei. Am folgenden Anstieg verzweigt nach links ein Pfad (Wegweiser nach Kaltenbrunn), den wir nun einschlagen. Er führt direkt zum fast mystisch wirkenden Wallfahrtsort **Kaltenbrunn** 2 hinab, wo die Reste einer ehemaligen Wallfahrtskirche auch heute noch Pilger herbeilocken. Das ursprüngliche Quellheiligtum am Fuß des Neukasteler Berges entwickelte sich seit dem Mittelalter zu einem viel besuchten Wallfahrtsort. Eine steinerne Kapelle, deren Umrisse man noch erkennt, wurde vermutlich um 1275 errichtet. Im Zuge der Reformation abgerissen, wurden ihre Fundamente erst 1973 wieder freigelegt. Die Marienstatue oberhalb der Quelle wurde 1928 eingeweiht. Erst in der Neuzeit sagte man der Quelle heilende Kräfte nach, die einen wahren Ansturm auslösten. Dreimal jährlich finden Wallfahrten nach Kaltenbrunn statt.

Max Slevogt Wir halten uns an der Anlage links und folgen wieder dem Keschde-Erlebnisweg an der rot-weißen Schranke vorbei. Gegenüber blickt man auf den **Kastanienbusch** genannten Berg oberhalb von Ranschbach, dessen Flanken mit Weinreben überzogen sind. In der Ferne die Hügelzone der Südpfalz,

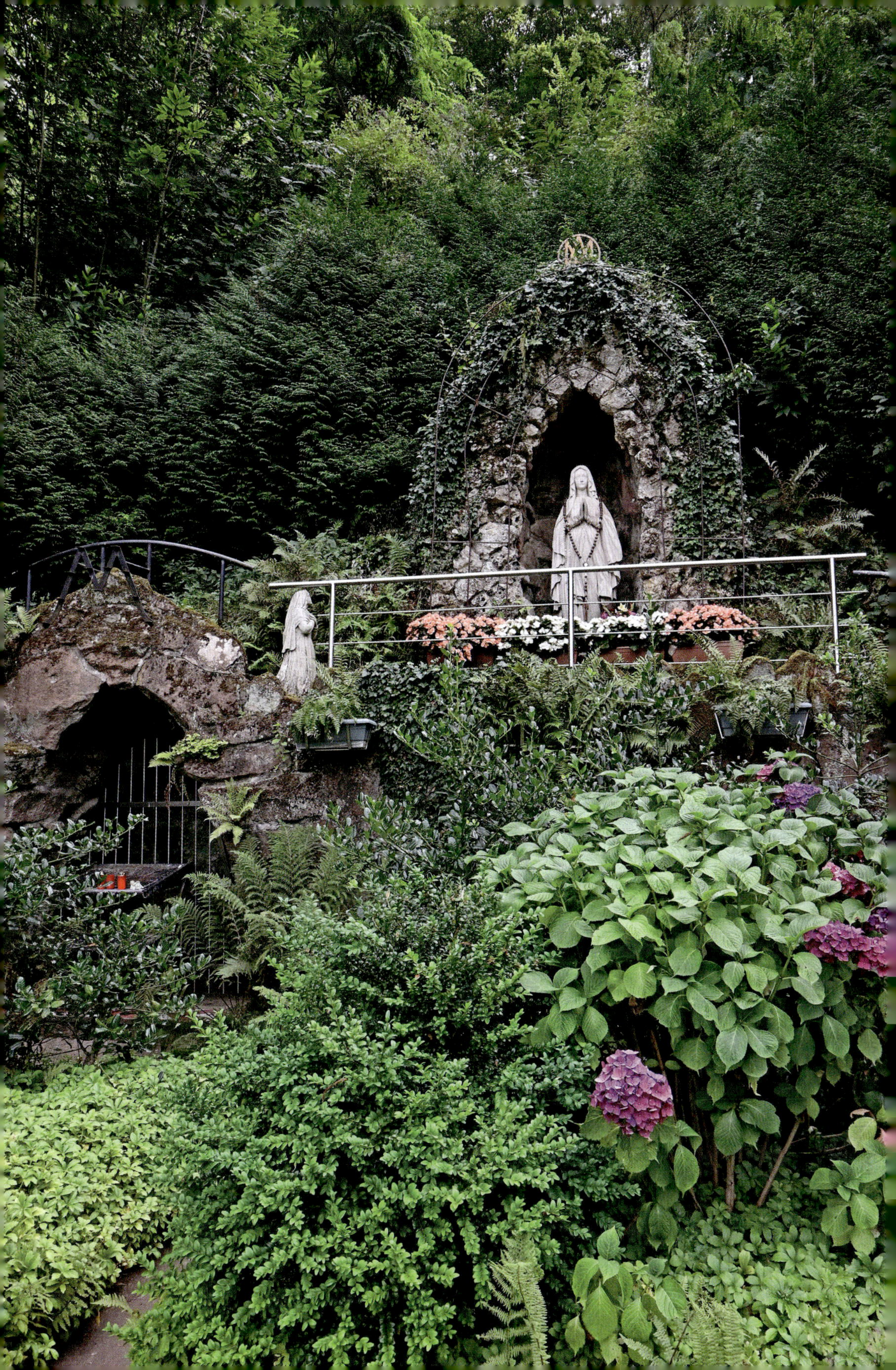

wo sich die tertiäre Kalkscholle der Kleinen Kalmit (s. Tour 5) deutlich am Horizont abhebt. An der Kreuzung mit der Picknickgruppe am **Kammertwingert** ❸ biegen wir scharf rechts ab und folgen weiter unserem braunen Keschdemännchen auf dem bergauf führenden Waldweg. Das Schild »Restaurant Slevogthof« zeigt ebenfalls die Richtung an, wobei die Gaststätte allerdings nicht mehr existiert. Prächtige Buchen mit frei gespülten Wurzeln säumen den Hohlweg. Die ersten Bilder des Slevogt-Themenweges tauchen auf. Ein Pfad, der links vom Weg abgeht, führt zum versteckten privaten Friedhof der Familie Slevogt. Wir kommen auf der Rückseite des **Slevogthofes** ❹ heraus und studieren erst mal die vielen Infotafeln. Der berühmte impressionistische Maler (1868–1932) erwarb 1914 den ehemaligen Gutshof mit dem prächtigen Ausblick von seinem Schwiegervater und malte dort bis zu seinem Tod farbenprächtige Landschaftsbilder. Eine Auswahl gibt es rund um das Anwesen und auf dem weiteren Weg.

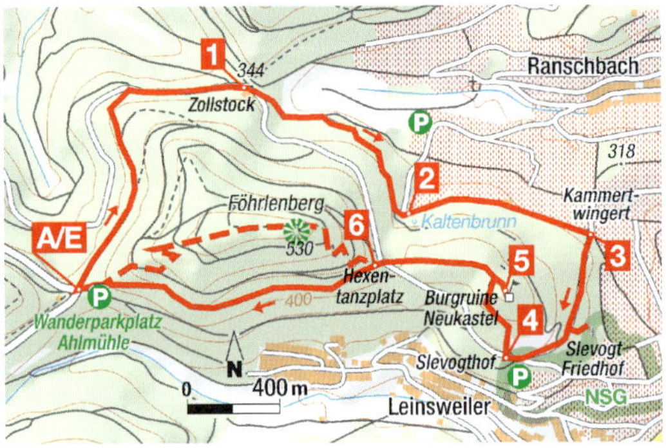

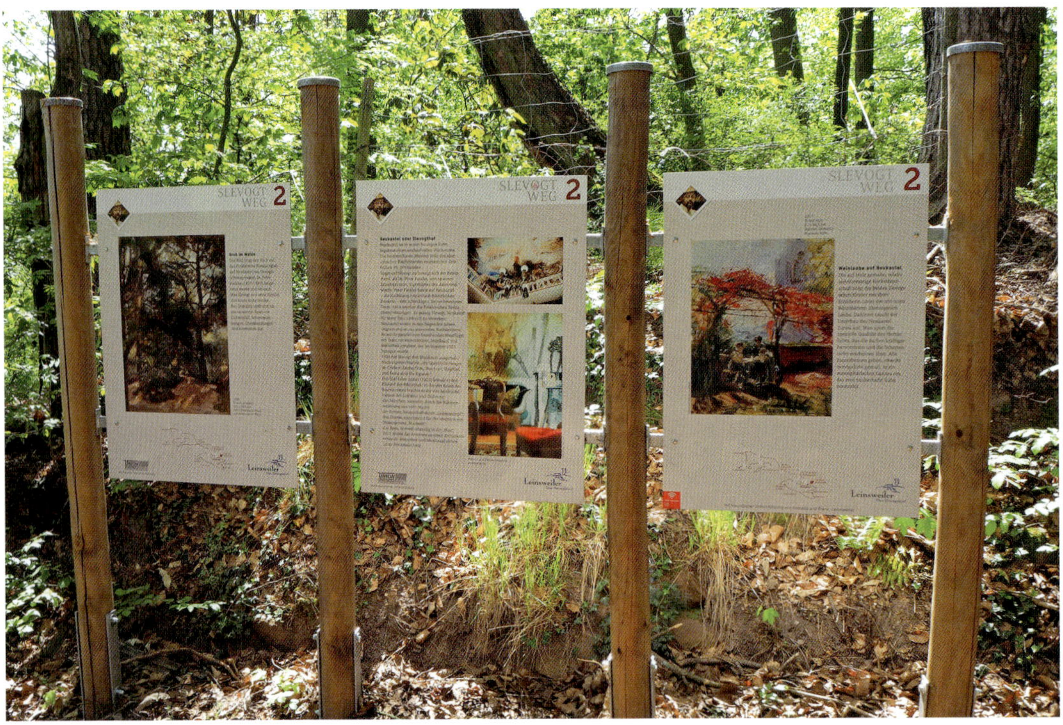

Die bunten Landschaftsbilder von Max Slevogt

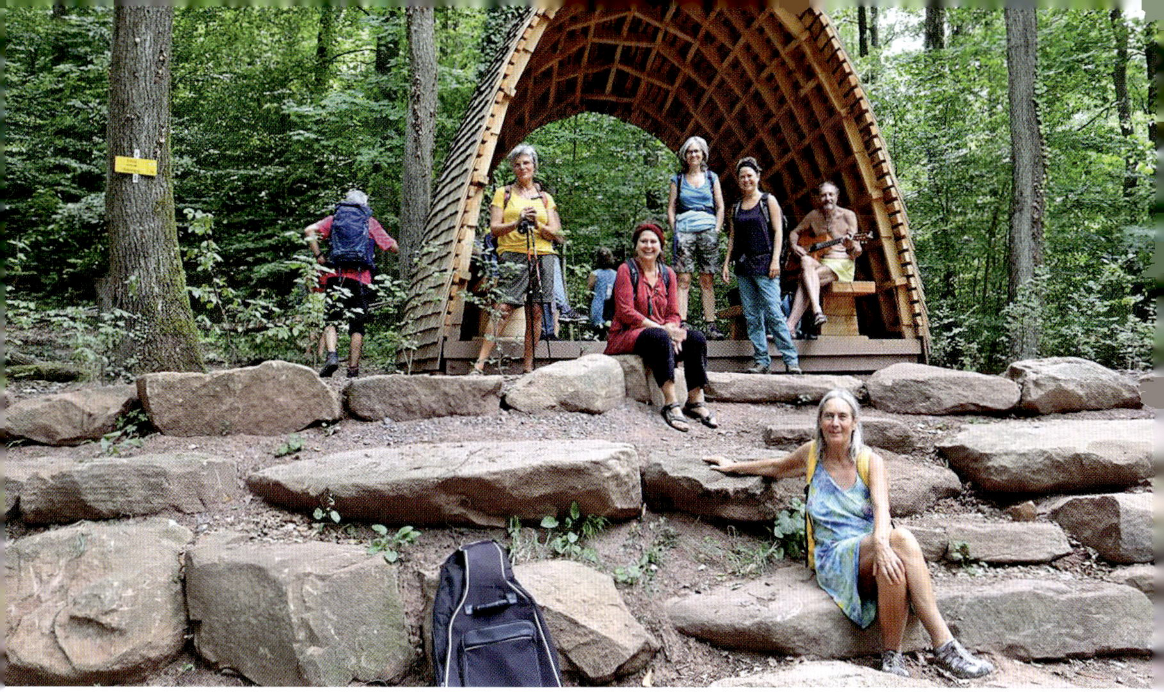

Strahlende Gesichter der Wandergruppe aus Karlsruhe

Wo die Hexen tanzen An der Kreuzung nach den Infotafeln halten wir uns rechts, verlassen damit den Keschdeweg und folgen nun dem **Slevogt-Themenweg** bergauf. Sollten ihre Enkel protestieren, bleiben sie geradeaus auf dem Keschdeweg, der etwas bequemer zum Ausgangspunkt zurückführt. Die etwas anstrengende Kraxelei über Wurzeln und Steine wird durch die herrlichen Landschaftsbilder des Malers und den späteren Ausblick belohnt. Bei Tafel 4 machen wir nach rechts einen Abstecher zur **Ruine Neukastel** 5, von der nur wenige Mauerreste erhalten sind, die aber einen umwerfenden Blick ins Rheintal und auf die Höhen gegenüber bietet. Eine Bank lädt ein zum Innehalten und Genießen. Die Burg diente wie viele andere in der Umgebung zum Schutz der Reichsinsignien auf der Reichsfeste Trifels. Zurück an der Kreuzung gehen wir geradeaus weiter in Richtung Trifels und erreichen bald den **Hexentanzplatz** 6, an dem sich sage und schreibe acht Wege kreuzen. Wer noch eine Herausforderung sucht, wählt die Variante über den Kamm des Föhrlenberges, der nach dem Slevogtfels mit prächtigem Ausblick wieder auf unsere Route stößt. Dafür folgt man weiter dem Max-Slevogt-Weg auf den steil bergauf führenden Pfad. Weniger anstrengend ist die Route mit der rot-weißen Welle des Pfälzer Weinsteigs leicht linkshaltend, die uns zurück zum Waldparkplatz **Ahlmühle** bringt. Wer noch Lust und Laune hat, macht noch einen Abstecher zur **Ruine Scharfenberg** oder zur Reichsfeste Trifels gegenüber. Alles ist prima ausgeschildert.

5 Zur Kleinen Kalmit

Durch das Ilbesheimer Rebenmeer

Leicht | 6,1 km | 110 Hm | 2 Std.

Tourencharakter
Bequeme Rundwanderung meist auf Weinbergswegen. Außer dem holprigen Abstieg von der Kapelle ist die Tour auch mit dem Rollstuhl zu bewältigen.

Ausgangs-/Endpunkt
Ilbesheim Altes Rathaus, 200 m

Höchster Punkt
Mater-Dolorosa-Kapelle, 271 m

Anfahrt
GPS 49.1827, 8.0542
Bus/Bahn: Von Landau verkehren die Buslinien 530 und 531 nach Ilbesheim, Haltestelle Rathaus.
Auto: Von Landau fährt man über die L509 nach Ilbesheim. Parken an der Arzheimer Straße, beim Schulzentrum

Einkehr
Restaurant Zum Prinz in Ilbesheim, Mo–So ab 17.30, So auch 11.30–14.30 Uhr; Weinstube Schmitt, Mo, Do, Fr, Sa ab 17 Uhr, So ab 12 Uhr. Zahlreiche Weingüter im Ort

Beste Jahreszeit
Ganzjahrestour

Karte
Pfälzerwald 6, Blatt 43-546, 1:25 000, NaturNavi

Information
Tourismus Büro Landau in der Pfalz, Marktstraße 50, Tel. 06341/138310, www.landau-tourismus.de

Inmitten des südpfälzischen Rebenmeeres ragen weithin sichtbar die kuppigen Hügel der Kleinen Kalmit hervor. Rund um die schmucke Kapelle bieten sich einmalige Ausblicke, die erst vor einigen Jahren zur »Schönsten Weinsicht der Pfalz« gekürt wurden.

Wollmesheimer Mütterle Wo einst König Josef von Österreich logierte, am prächtigen alten Fachwerkrathaus aus dem Jahr 1558 von **Ilbesheim** Ⓐ/Ⓔ , starten wir. Durch die Kalmitgasse folgen wir dem Wanderweg 5, der uns nach einem Rechtsknick über

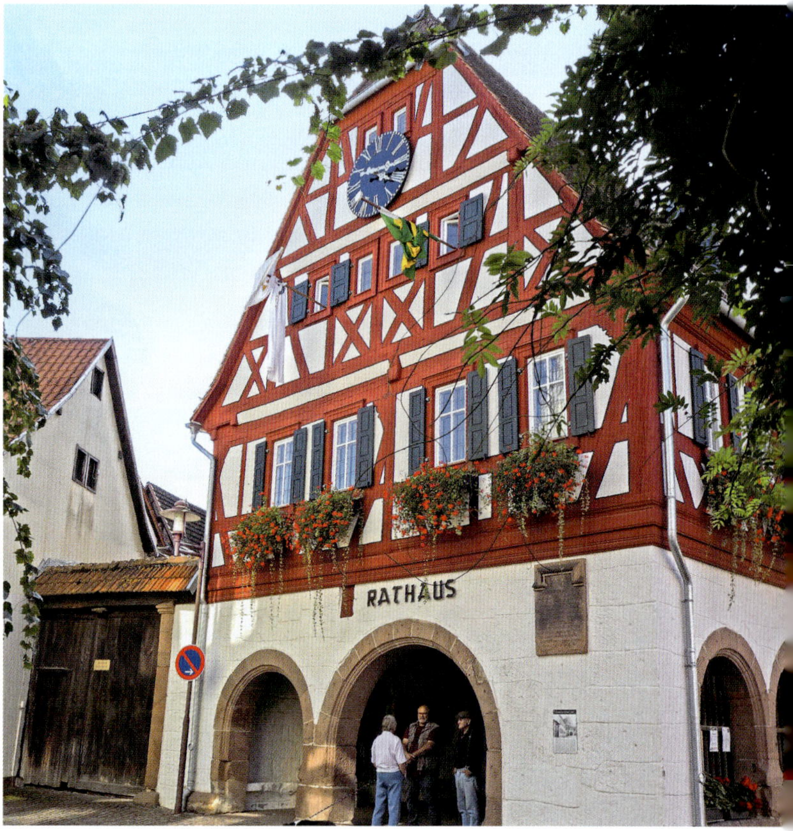

die Frühmeßstraße an herrlichen pfälzischen Weinhöfen vorbei in die Rebflur leitet. Oberhalb des Birnbachtales lugt bald der Kirchturm des nächsten Weinortes hervor. Um einen Grasweg zu umgehen, nehmen Rollstuhlfahrer, kurz nachdem der Weg sich wieder absenkt, den befestigten Weg nach links. Bald erreichen wir die Picknickbänke an der holzgeschnitzten Figur des Anbaugebietes **Wollmesheimer Mütterle** ❶. Eine Rast ist hier allerdings nur schwerhörigen Wanderern empfohlen, zu laut ist die vorbeiführende Straße. Interessant ist die alte Baumkelter von 1764 daneben, die früher als Zehntkelter im Alsenztal bis 1948 ihren Dienst versah. Mit den hölzernen Ungetümen konnte ein Pressdruck erzeugt werden, der heutigen Hochleistungspressen entspricht.

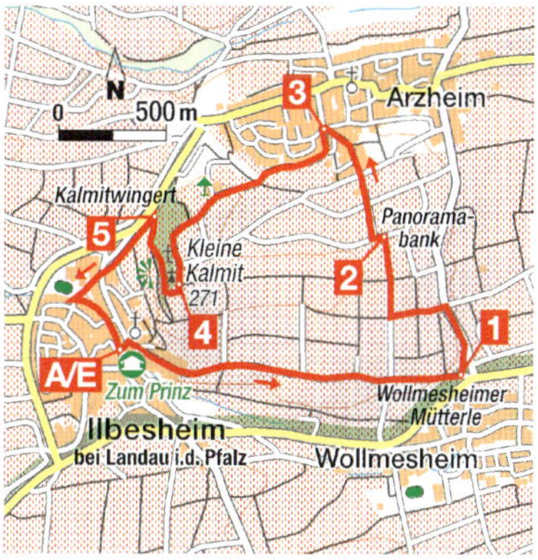

Linke Seite: Prächtiges Fachwerk am ehemaligen Rathaus von Ilbesheim

Kapelle auf der Kleinen Kalmit

Zur Heimat der Wetterhexen Das Wanderwegzeichen zeigt gegenüber der Bank links den Grasweg hoch, der zwischen Straße

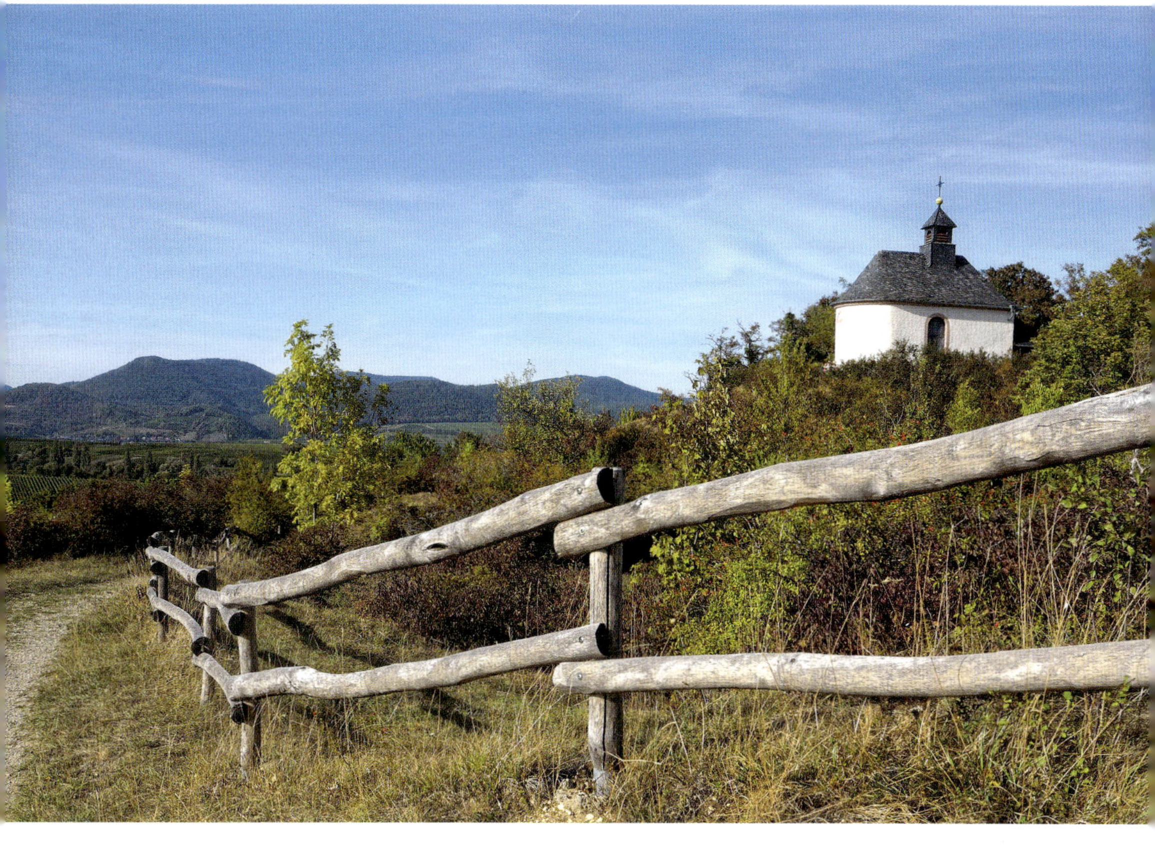

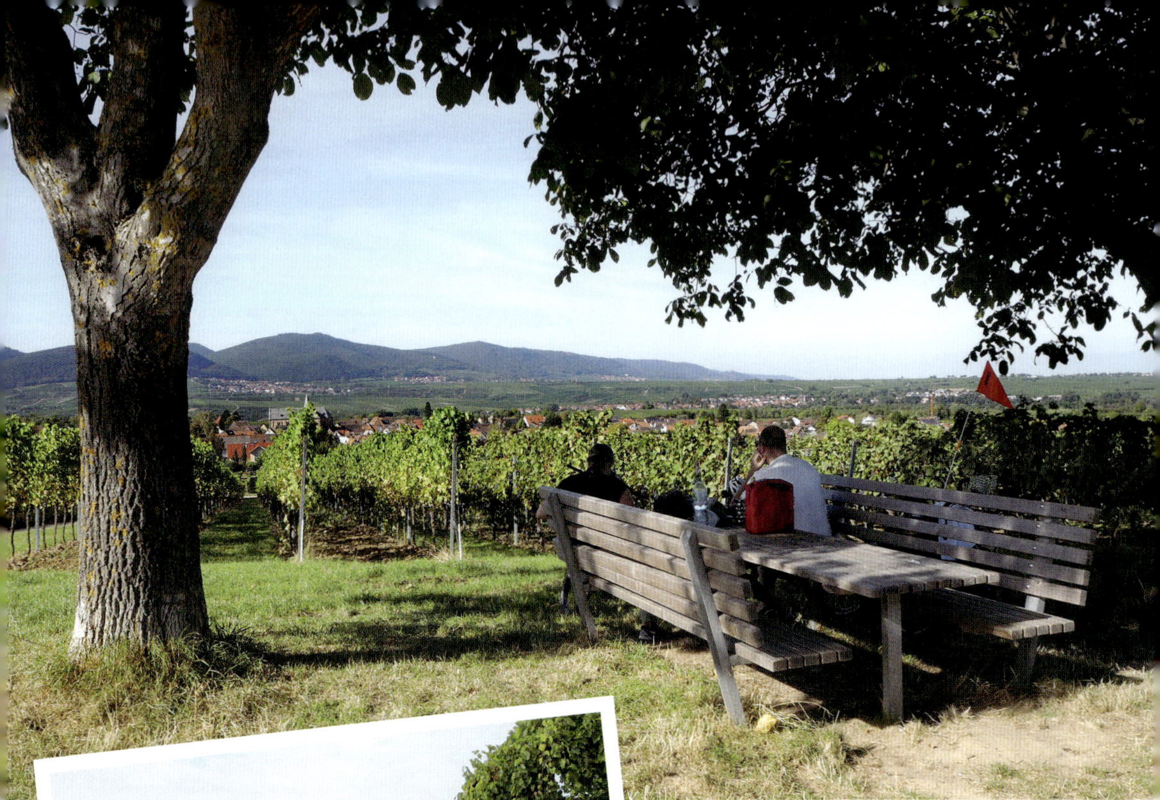

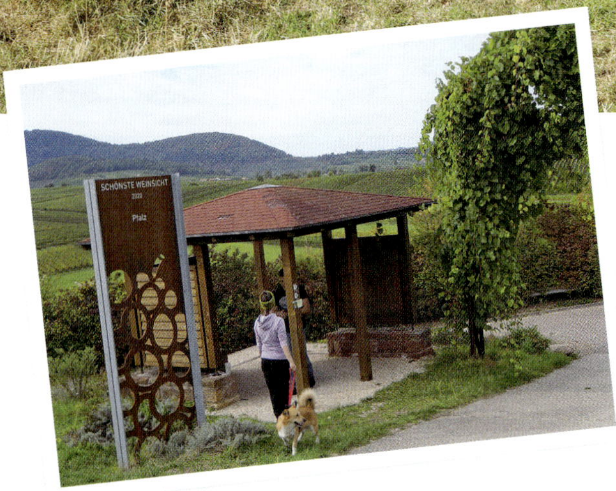

An der schönsten Weinsicht der Pfalz

Ganz oben: Picknick mit Aussicht bei Arzheim

und Reben verläuft. An der Schutzhütte und der »Pfälzer Aussichtsbank« mit Theke wird leider keine Weinschorle serviert, es sei denn, wir haben sie im Rucksack dabei. Kurz nach dem höchsten Punkt der Anhöhe geht es auf geteertem Weg nach links, bis wir schließlich an der **Panoramabank** 2 unter zwei Bäumen rechts abbiegen. Der Weg senkt sich hinab nach **Arzheim** 3, wo es an einer alten Weinpresse scharf nach links geht (Fußweg zur Kleinen Kalmit). Nach einem Rechtsknick wandern wir am Rand der Siedlung sanft bergauf. Auf halber Höhe lädt eine Picknickbank unter einer Rotbuche ein zur aussichtsreichen Rast mit Blick auf den Haardtrand. Am folgenden Wegedreieck geht es rechtshaltend in das Naturschutzgebiet Kleine Kalmit, wo auf den tertiären Kalkmagerrasen seltene Orchideenarten gedeihen, die im Sommer von zahlreichen Schmetterlingsarten bevölkert sind. Am höchsten Punkt erwartet uns an der Kapelle auf der **Kleinen Kalmit** 4 einer der schönsten Rundumblicke der Südpfalz. Im Gras unter Lindenbäumen oder auf einer Aussichtsbank vor der Kapelle machen wir es uns gemütlich und verspeisen genüsslich unser Vesperbrot. Da sich am Vorhügel der Pfälzer Berge häufig Gewitter entluden, nannte man den Berg früher **Heimat der Wetterhexen**. Auf Prozessionen zur Kleinen Kalmit hoch wurde für gutes Wetter für die Weinernte gebetet.

Schönste Weinsicht der Pfalz Unser Weg führt an der Kapelle vorbei und knickt nach rechts. Rollstuhlfahrer benutzen den befestigten Weg zurück in den Ort. Oberhalb der berühmten Affenschaukel, wo alljährlich Ende Juli das Kalmitweinfest stattfindet, eines der schönsten Weinfeste der Pfalz, wandern wir nun mit herrlichen Ausblicken bergab. Wie die Bewohner anderer Orte der Südpfalz, haben auch die Ilbesheimer einen Spitznamen. Sie sind stolz darauf, **Ilbesheimer Affen** genannt zu werden, da Affen neugierig, gesellig, flink und geschickt seien. Rechts des Weges stoßen wir auf den **Kalmitwingert** 5, einen historischen Weinberg mit einigen erläuternden Tafeln, wie einst Reben angepflanzt wurden. Gegenüber ist ein Fotostopp an der Stele der »Schönsten Weinsicht der Pfalz« fast Pflicht, eine von drei solcher Auszeichnungen in der Pfalz. Scharf links geht es zurück in den Ort. Nach der Schule vollziehen wir noch einen kleinen grünen Schlenker. Nach einem Rechts-links-Schwenk geht es am Rande einer alla-hopp!-Anlage (siehe Kasten) vorbei. Wer Lust hat, darf sich noch zum Ausgleich gymnastisch betätigen. Andernfalls gehen wir gegenüber dem Eingang links den Grasweg hinab und folgen dem idyllisch dahinplätschernden Birnbach, der an einer alten Waschbank und an einem prächtigen Fachwerkbau vorbeiführt. Rechtshaltend geht es zurück zum historischen Rathaus von Ilbesheim.

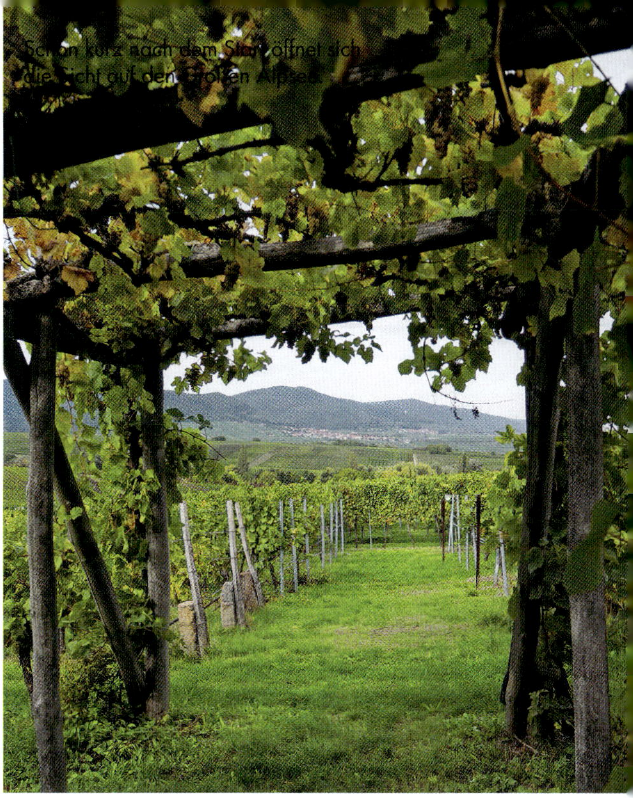

Am Kalmitwingert

alla-hopp!-Anlage Ilbesheim

Zum Ausklang der Tour dürfen Sie sich in der alla-hopp!-Anlage noch ein wenig austoben. Das Konzept der »alla hopp«-Stiftung vom SAP-Gründer Dietmar Hopp soll in den Gemeinden der Rhein-Neckar-Metropolregion jung und alt mit Freude an der Bewegung verbinden. Neben Spielplätzen für Kinder findet man meist attraktive Fitnessgeräte und gemütliche Ecken zum Verweilen.

6 Zur Sankt-Anna-Kapelle

Vom Luitpoldplatz zum Ludwigsplatz

Leicht | 6,7 km | 290 Hm | 2.45 Std.

Tourencharakter
Auf der schattigen Runde mit zwei Hüttenstopps gilt es, im Abstieg ein paar wurzelige Pfade zu meistern. Ansonsten verlaufen die Anstiege auf moderaten Forstwegen.

Ausgangs-/Endpunkt
Parkplatz Lindenallee Gleisweiler, 290 m

Höchster Punkt
Trifelsblickhütte, 535 m

Anfahrt
GPS 49.2389, 8.0612
Bus/Bahn: Von Landau Hbf fährt Bus 500 bis Gleisweiler/Abzweigung. Von dort geht es auf 10-minütigem Fußmarsch durch das pittoreske Gleisweiler hoch zur Privatklinik.
Auto: Von Landau aus fährt man über die Landesstraße L512 nach Gleisweiler an der Weinstraße.

Einkehr
St.-Anna-Hütte, So 11–18 Uhr; Trifelsblickhütte, Sa, So 9.30–18 Uhr

Beste Jahreszeit
Ganzjahrestour

Karte
Pfälzerwald 6, Blatt 43-546, 1:25 000, NaturNavi

Information
Tourist-Information Edenkoben, Poststraße 23,
Tel. 06323/959222,
www.garten-eden-pfalz.de

Die Pfälzer Hüttentour gehört zur Paradedisziplin jedes Pfalz-Wanderers. Fünf Hütten bietet die komplette Aussichtsrunde. Wir begnügen uns mit zwei davon auf einem Teilstück des Premiumweges und genießen auf geselligen Holzbänken die urige Pfälzer Gemütlichkeit.

Zur Wallfahrt auf den Berg

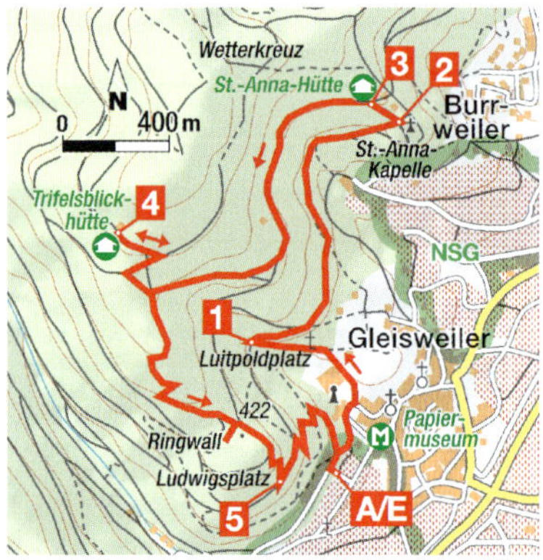

Vom Sonnenberg-Parkplatz in **Gleisweiler** Ⓐ/Ⓔ steigen wir hoch zur Lindenallee am Waldrand und orientieren uns nach rechts in Richtung **Privatklinik Gleisweiler**. Der herrliche Terrassenweg bietet Ausblicke bis hinüber zum Nordschwarzwald. Am Haupteingang der Klinik vorbei geht es hinter dem Mammutbaum nach links. Rechts im Subtropischen Park der Privatklinik führt ein Weg hoch zum verspielten Sonnentempel, der allerdings nur nachmittags zugänglich ist. Wir folgen dem Logo der **Pfälzer Hüttentour** unter dem Torbogen hindurch und halten uns am Ende des ruppigen Pfades links. Nach wenigen Schritten sind wir am **Luitpoldplatz** ❶ mit dem Gedenkstein an den bayrischen Prinzregenten Luitpold (1821–1912). Hier stellt sich die Frage, was haben Bayrische Könige in der Pfalz verloren? Die Pfalz gehörte von 1816, nach der Neuordnung im Wiener Kongress, bis 1946 erst zum Königreich und dann zum Bundesland Bayern. Die Wegzeichen lotsen uns auf allmählichem Anstieg zum Bergsporn des Teufelsberges, auf dem die **St.-Anna-Kapelle** ❷ thront. Die jetzige Wallfahrtskapelle wurde um die vorletzte Jahrhundertwende errichtet. Alljährlich ist sie am 1. Mai ein Ziel von Wallfahrern und Pilgern. Der atemberaubende Weitblick ins Rheintal von der Chorseite aus lädt ein zum Verweilen und Genießen auf einer der Ruhebänke. Nach der seelischen Erbauung geht es an der Kreuzigungsgruppe vorbei zur leiblichen Stärkung in der urigen **St.-Anna-Hütte** 3. Oberhalb der Hütte halten wir uns links und folgen am Spielplatz vorbei weiter der Hüttentour.

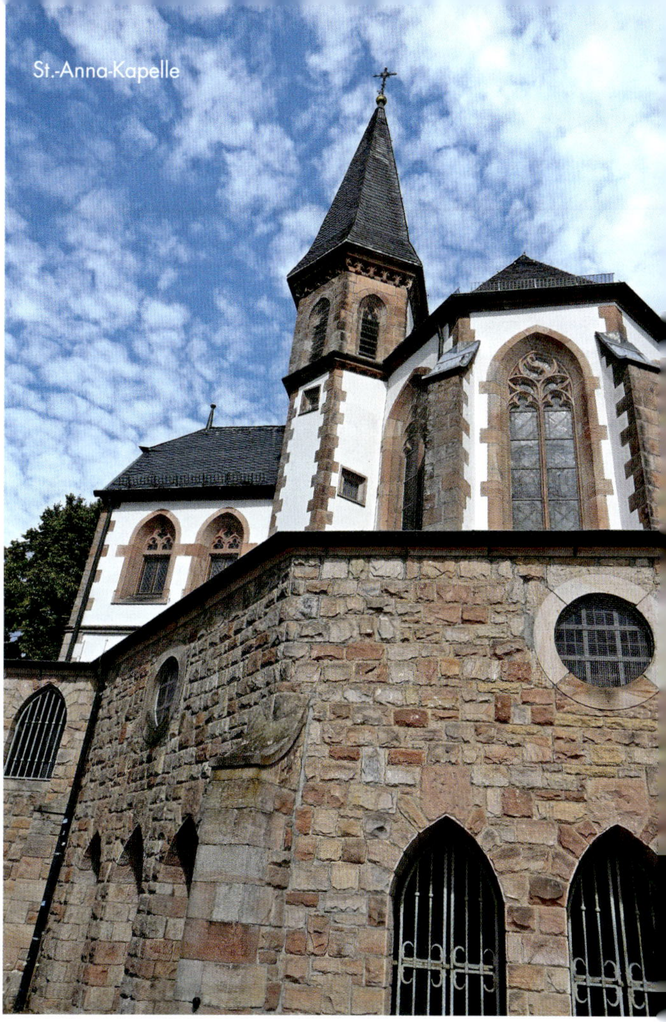

St.-Anna-Kapelle

Trifelsblickhütte Auf angenehmem, leicht sandigem Forstweg geht es anfänglich bergauf, bevor der Weg sich wieder absenkt, um dann in einen kräftigen Anstieg überzugehen. An der ersten Verzweigung halten wir uns rechts und ignorieren vorerst den Abzweig nach Gleisweiler. Ohne Einkehr nehmen wir den zweiten Linksabzweig, kurz nach dem Schild zur Hütte. Sofern die **Trifelsblickhütte** 4 geöffnet hat, lassen wir uns von den Wanderzeichen der Hüttentour den Weg zeigen. Wie der Name erahnen

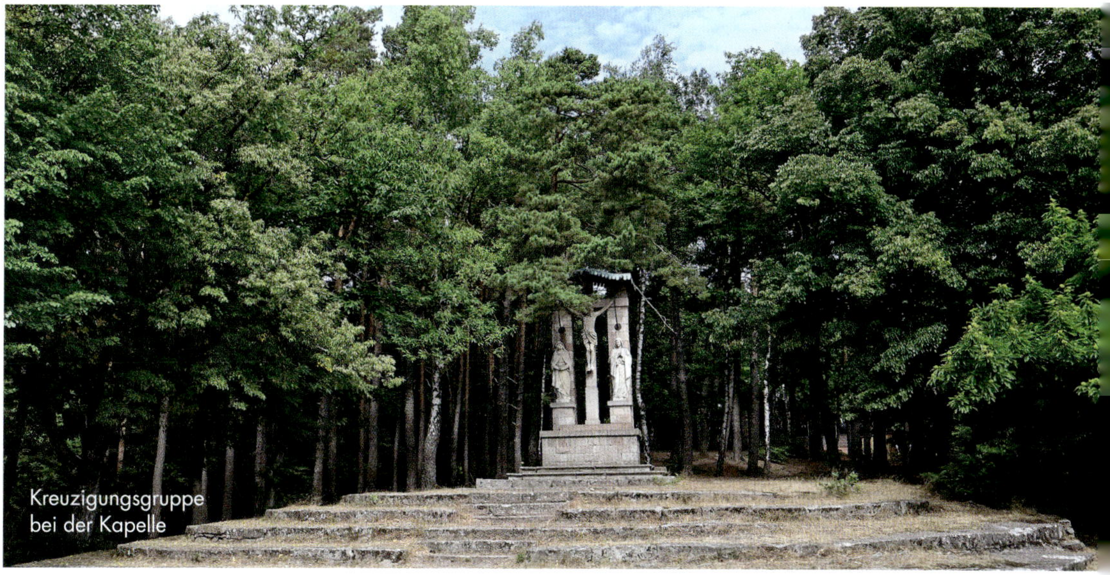

Kreuzigungsgruppe bei der Kapelle

Rechte Seite oben: Ausblick ins Rheintal von der St.-Anna-Kapelle

Rechte Seite unten: Zu Ehren des Prinzregenten Luitpold

lässt, genießt man von oben einen wunderbaren Ausblick in den Wasgau mit der Trifelsgruppe. Lustig sind die vielen holzgeschnitzten Figuren, die uns schon zuvor willkommen heißen. Wir kehren zurück zum Abzweig und sofern wir an einem alten Wegestein mit Einritzungen und dem gelben Schild »**Heimbachtal-Gleisweiler**« vorbeikommen, ist alles in Ordnung. Gelegentlich findet sich auch ein Wegzeichen des Trifelsblickweges (Burg mit Tannen auf gelbem Grund), das uns zur Orientierung dient. Nach 150 Metern weist uns der Wegweiser Gleisweiler nach rechts. Der wurzelige Pfad mit einigen Stolperfallen schlängelt sich durch einen prächtigen Kiefern- und Kastanienwald und mündet auf einen breiten Forstweg. An einer Vierwegespinne mit gepflegter Sitzbank daneben geht es geradeaus weiter. Wer Interesse an Archäologie hat, kann hier rechts die Reste eines **Keltischen Ringwalls** unserer Vorfahren ausmachen. Viel ist allerdings nicht mehr davon zu sehen.

Ludwigsplatz Fast wähnt man sich in Bayern, gäbe es nicht die pfälzische Weinschorle im »Dubbeglas« in den Hütten. War es zuvor Prinzregent Luitpold, ist es nun Bayernkönig Ludwig, der hier in Erinnerung gehalten wird. Nach fünf Minuten gabelt sich der Weg und wir folgen nach rechts dem Hinweisschild

Einkehr in der St.-Anna-Hütte

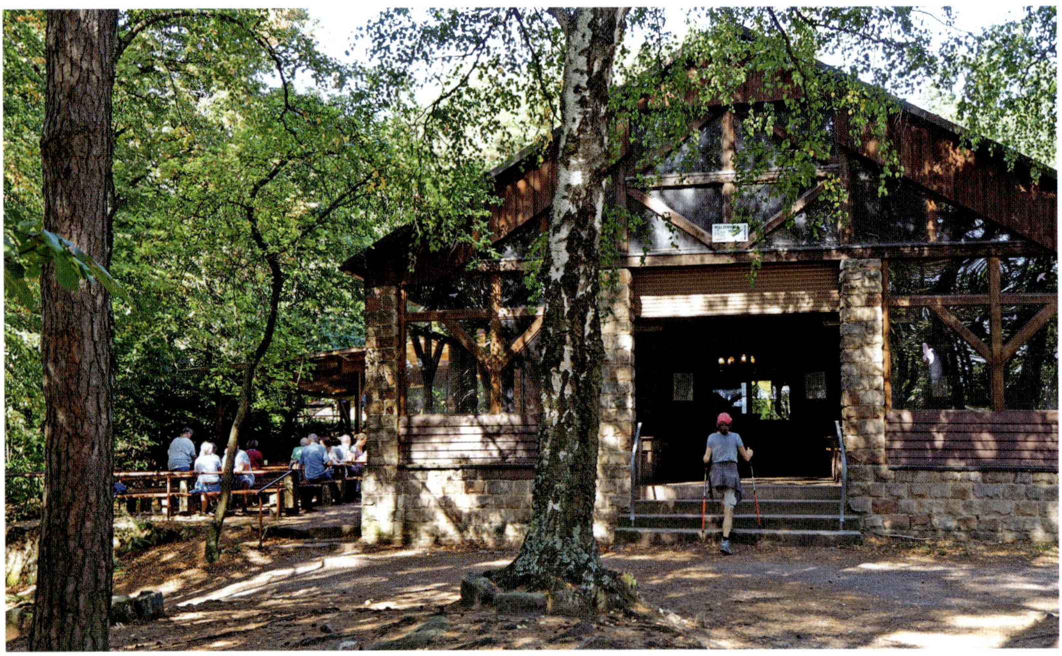

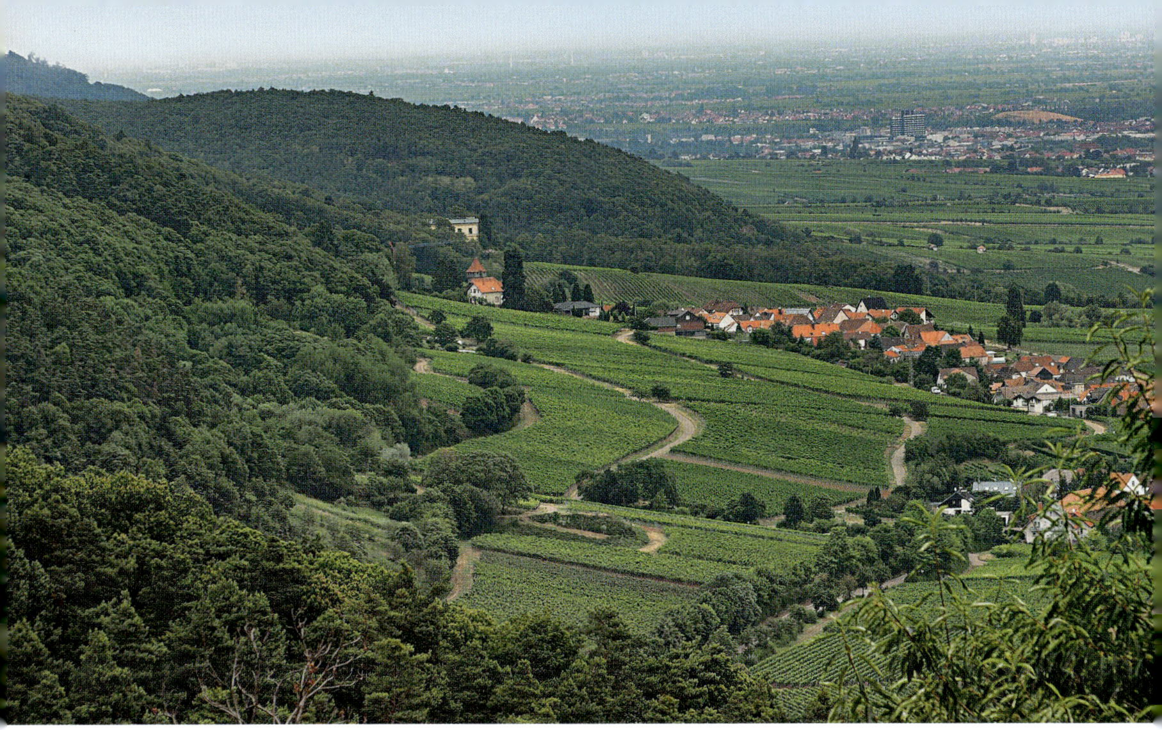

zum **Ludwigsplatz** 5. Er führt uns auf einem Zickzackpfad zur prächtigen Aussichtsbank. Kurz davor lohnt es sich, die zahlreichen Gravuren am Fels zu studieren, von denen manche, dem Stile nach, schon vor etlichen Jahren eingeritzt wurden. Auf der Ruhebank schweift der Blick über Landau hinweg weit ins Rheintal. Wir halten uns links und gehen am Ende der Treppe erneut nach links auf breitem Forstweg weiter. Nach 100 Metern geht es scharf rechts ein paar Stufen und Kehren hinab in Richtung Gleisweiler. Das Schild des Waldparkplatzes ignorierend, folgen wir weiter dem Wegzeichen nach Gleisweiler nach links und erreichen wieder unseren Ausgangspunkt an der Lindenallee.

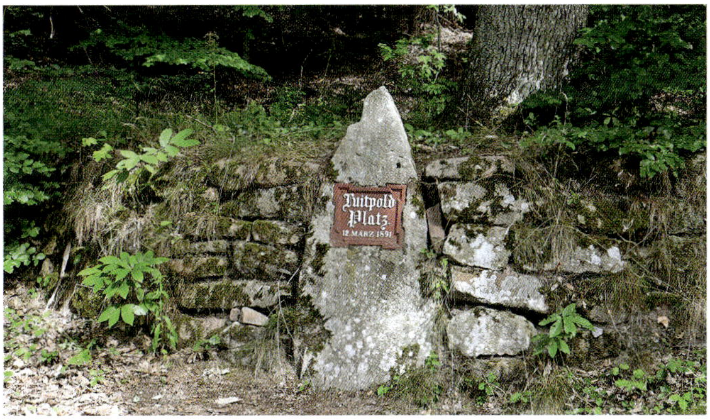

Papiermuseum

Möchten Sie erfahren, wie Papier, wie jenes, das Sie eben lesen, entstanden ist, könnte ein Besuch im ehemaligen Kurpfälzischen Zehnthof Ihr Interesse wecken. Im Papiermuseum wird das Handwerk des Papiermachens bis zur Industrialisierung anschaulich dargestellt. An einer Papierschöpfanlage darf man sich selbst betätigen (www.papiermuseum-gleisweiler.de).

7 Zum Orensfels

Auf dem eindrucksvollsten Ausguck der Südpfalz

Schwierigkeit	Strecke	Höhenmeter	Dauer
Mittel	8,2 km	240 Hm	3 Std.
Schwer	11,2 km	360 Hm	4.30 Std.

Tourencharakter
Anspruchsvolle Waldwanderung, auf der selbst an heißen Sommertagen immer ein erfrischendes Lüftchen weht. Bequeme Waldwege und -pfade. Nur zum Orensfels hoch kleine Kletterabschnitte

Ausgangs-/Endpunkt
Wanderparkplatz Drei Buchen, 420 m

Höchster Punkt
Kurz vor dem Orensfels, 560 m

Anfahrt
GPS 49.2707, 8.0236
Bus/Bahn: Von Landau verkehrt der Bus 521 bis Ramberg Nord. Von dort sind es noch etwa 1,4 km Fußweg bis zum Parkplatz Drei Buchen.
Auto: Von Landau über die L512 bis Burrweiler. Über die L506 in Richtung Ramberg. Beim Abzweig nach links zum Waldparkplatz Drei Buchen

Einkehr
Landauer Hütte, Sa, So 11–17, Mai bis Okt. auch Mi; Waldhaus Drei Buchen, Mi–So 11–17 Uhr

Beste Jahreszeit
Ganzjahrestour

Karte
Pfälzerwald 6, Blatt 43-546, 1:25 000, NaturNavi

Information
Tourist-Information Edenkoben, Poststraße 23, Tel. 06323/959222, www.garten-eden-pfalz.de

Das Highlight der Südpfalz ist zu jeder Jahreszeit lohnenswert. Der Ausblick vom Orensfels auf die bewaldeten Höhen des Wasgaus mit den Burgruinen entschädigt für den etwas anstrengenden Aufstieg. Zum Trost liegt eine der beliebtesten Pfälzer Hütten auf dem Weg.

Landauer Hütte, die Pflicht Am Wanderparkplatz **Drei Buchen** A/E starten wir gegenüber dem geteerten Parkstreifen neben der Straße und biegen auf dem Forstweg sofort links ab. Ein Schild zur Trifelsblickhütte und das Wegzeichen des Pfälzer Weinsteigs geben die Richtung vor. Nach 100 Metern verlässt uns ein Teil der Wanderwege nach links, wir bleiben jedoch auf dem breiten Forstweg mit dem rot-weißen Logo. Der Weg ist zwar anfänglich etwas eintönig, schont aber dafür mit mäßigem Anstieg die Knöchel. An der großen Wanderwegkreuzung **Dreimärker** 1 laden Ruhebänke und eine Schutzhütte ein zur Rast. Wir

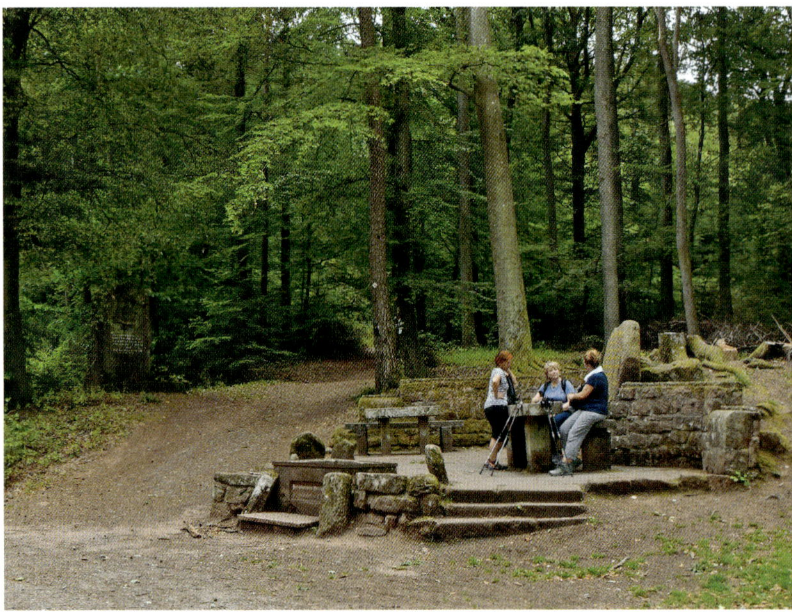

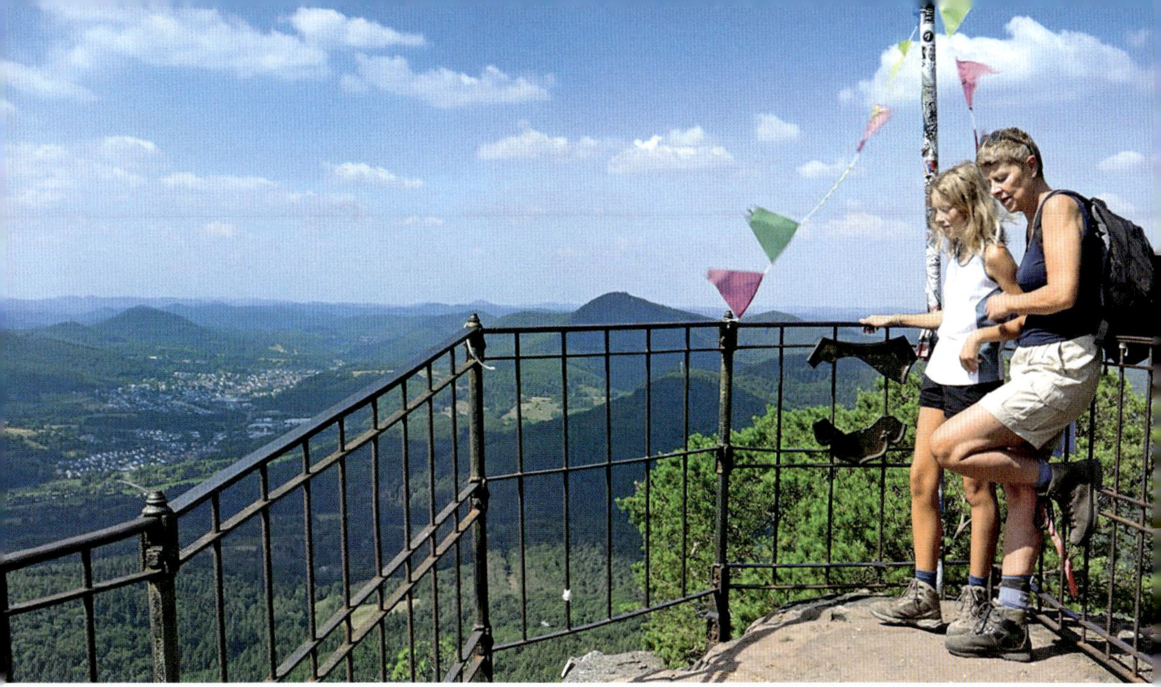

Blick nach Annweiler und die Hügel des Wasgaus

Linke Seite: Tourenbesprechung am Zimmerbrunnen

schlagen den Weg hinter dem Stein mit den drei Markstücken ein, der nun bergab führt in Richtung Landauer Hütte (grünes N des NaturFreundeweges). Nach anfänglichem Mischwald mit Kiefern, Tannen und Buchen geht es allmählich über in reinen Buchenwald. Das Panorama lässt auf dieser Tour lange auf sich warten, ist dafür aber an unserem Ziel umso grandioser.

Orensfels, die Kür An der großen Kreuzung bei der **Landauer Hütte** 2 ziehen wir links am Zimmerbrunnen vorbei und halten uns an der Verzweigung nach 20 Metern rechts (Wanderzeichen Hüttentour und Pfälzer Weinsteig). Wer die Schleife über den Orensfels auslässt, überspringt den Absatz. Es folgt der einzige etwas kräftigere Anstieg auf dieser Tour auf ruppigem Wurzel- und Steinpfad. Rechter Hand durch die Baumwipfel ist zumindest im Winter die Ruine Neuscharfeneck sichtbar. Nach dem lang gezogenen geradlinigen Aufstiegspfad dürfen wir auf einer ebenen Passage etwas verschnaufen. Am Absprungplatz der Drachenflieger erwartet uns eine Aussichtsbank mit Blick auf Annweiler und die Reichsfeste Trifels. Weiter geht es unter knorrigen Eichen die letzten Meter hoch zum berühmten

Duddefliecher-Platz

Auf halber Wegstrecke zwischen Landauer Hütte und dem Orensfels passieren wir eine aussichtsreiche Schneise. Hier, am sogenannten »Duddefliecher-Platz« (Dudd = pfälz. Tüte) starten die Pfälzer Gleitschirmflieger. Meist nachmittags wegen der besseren Thermik kann man ihnen beim Start zuschauen, wie sie sich in die Lüfte emporheben.

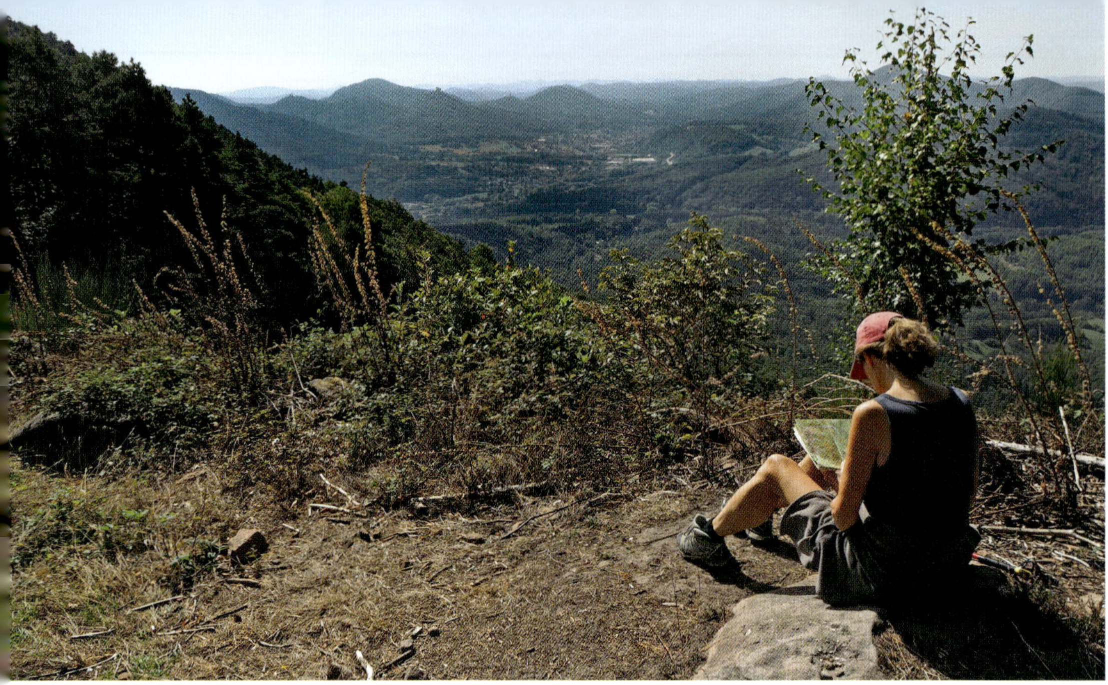

Am Duddefliecher-Platz

Rechte Seite:
Eine Schorle und Pfälzer Kost auf der Hütte. Was will man mehr?

Aussichtspunkt am **Orensfels** 3. Mit dem unvergleichlichen Panorama zum Queichtal, über dem die Reichsfeste Trifels neben Anebos und Münz emporragt, wie auch zum Rheintal zählt er zu einem der imposantesten Ziele der Südpfalz. Für den Rückweg halten wir uns nach den Treppenstufen vom Fels etwas rechts und folgen weiter dem Pfälzer Weinsteig über den Orensberg nun auf der gegenüberliegenden Seite des Grates. Archäologische Funde beweisen, dass die Gegend schon zu keltischer Zeit bewohnt war. Noch im frühen Mittelalter zog sich eine 2,5 Kilometer lange Ringmauer um den Berg, die eine karolingische Fliehburg umgab. Schon nach wenigen Metern geht es an malerisch erodierten Sandsteinklippen entlang. An der Gabelung danach halten wir uns rechts bergab und gehen an der folgenden Wegekreuzung (der Hüttenweg verzweigt nach rechts) nach links dem Pfälzer Weinsteig folgend den schmalen Pfad bergauf.

Burgruine Neuscharfeneck, für alle Zurück an der **Landauer Hütte** 2 orientieren wir uns am Wegweiser zur **Ruine Neuscharfeneck** 4 links an der Hütte vorbei, die wir nach 10 Minuten erreichen (3-Burgen-Weg). Um die riesigen Dimensionen der Burg zu erfassen, ziehen wir an der gewaltigen Mauer entlang bis zum Eingangstor, wo wir einen Blick in den Burghof werfen können. Mit einer fast 60 Meter langen und 20 Meter hohen Schildmauer zählte die um 1230 erbaute Burg zu einer der bestbefestigten der Pfalz. Trotzdem wurde sie im Dreißigjährigen Krieg von Schwedischen Truppen zerstört. Zurück an der Infotafel finden wir wieder das Logo des Pfälzer Weinsteigs, der auf bergab führendem Pfad in Richtung Parkplatz Drei Buchen weist. Am Ende des federnden Waldpfades verlängern wir auf sandigem Forstweg und erreichen die Picknickgruppe **Fünf-Burgenblick** 5. Nur ein geübtes Auge findet dabei die fünf Burgen: die zuvor besuchte Ruine Neuscharfeneck, Burg Rambach, sowie Trifels, Anebos und Münz. Achtung, fast zu übersehen: Am Ende der langen und sandigen geraden Strecke weist das Schild des Pfälzer Weinsteigs nach links zum **Waldhaus Drei Buchen** 6. Wer sich die Einkehr fürs Ende aufgespart hat, kann hier noch zum Abschluss seine Weinschorle zu sich nehmen. Zurück zum Parkplatz sind es nur wenige Schritte.

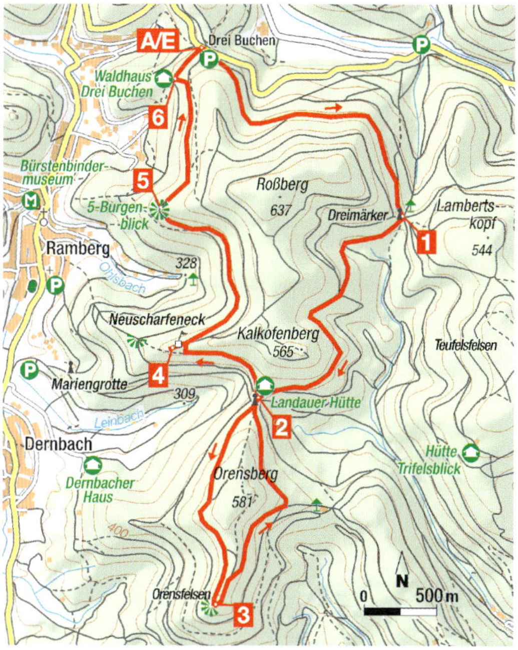

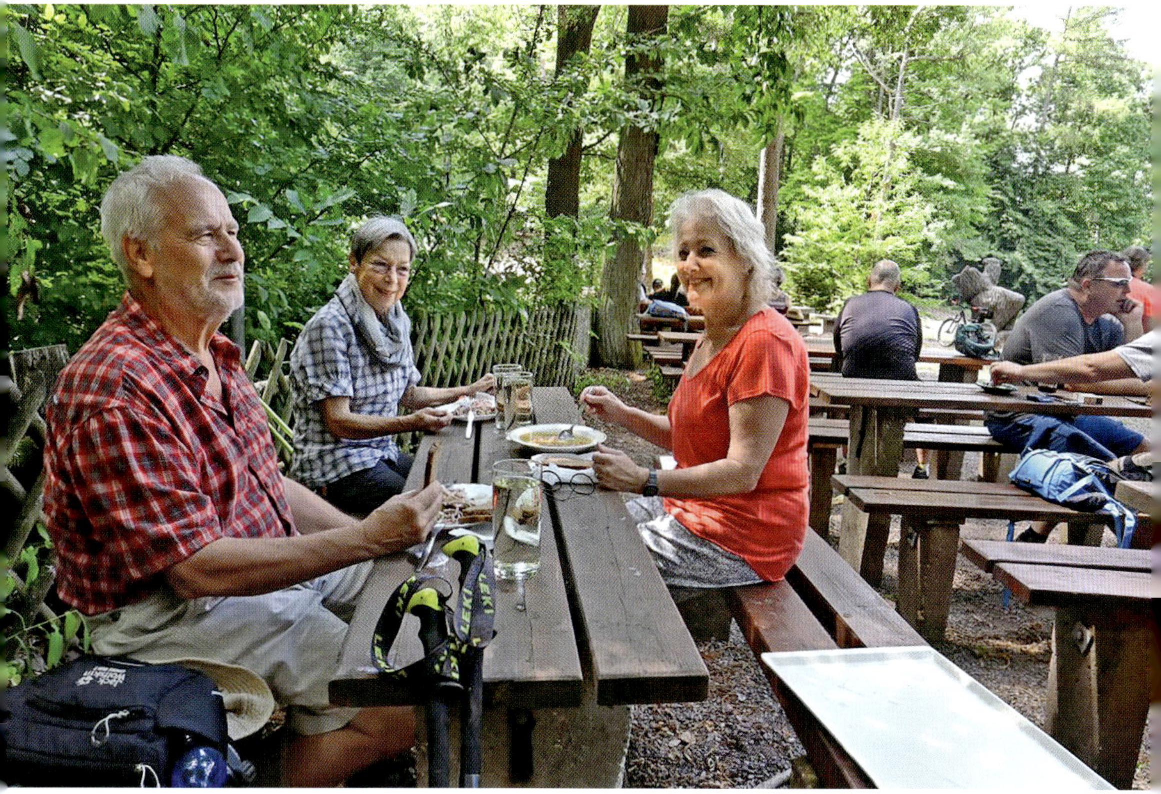

8 Rund um St. Martin

Zur Sommerfrische der Bayernkönige

Mittel | 7,9 km | 330 Hm | 3.15 Std.

Tourencharakter
Verschwiegene Waldpfade wechseln sich ab mit offenen Weinbergswegen. Ein bisschen Kondition kann nicht schaden.

Ausgangs-/Endpunkt
Tourist-Info St. Martin, 230 m

Höchster Punkt
Zwischen Kropsburg und Friedensdenkmal, 375 m

Anfahrt
GPS 49.2992, 8.1021
Bus/Bahn: Von Neustadt aus verkehren die Buslinien 500, 501 und 503 nach St. Martin.
Auto: A65 bis Ausfahrt Edenkoben. Über Ortsumgehung von Maikammer nach St. Martin. Parkplatz an der Edenkobener Straße oberhalb des Ortes

Einkehr
Burgschänke Kropsburg, März–Nov. ab 11 Uhr außer Di; Waldschenke am Friedensdenkmal, Mi–So 11–18 Uhr; Kiosk an der Rietburgbahn tgl. 10–16.30 Uhr

Beste Jahreszeit
Ganzjahrestour

Karte
Pfälzerwald 6, Blatt 43-546, 1:25 000, NaturNavi

Information
Tourist-Info St. Martin, Kellereistraße 1, Tel. 06323/5300, www.sankt-martin.de

Reben, Edelkastanien und ein mildes Klima. Das liebten auch die bayerischen Könige und errichteten unterhalb der Rietburg eine Sommerresidenz im Stil einer toskanischen Medici-Villa. Vom pfälzischen Vorzeigeort St. Martin führt unsere Tour zur Villa Ludwigshöhe.

Der Jüngling mit dem Ölzweig Im Zentrum des bezaubernden Weindörfchens **St. Martin** Ⓐ/Ⓔ starten wir unterhalb der Touristeninformation. An der Kreuzung bei der Bäckerei Stephan mit dem schmuckvollen Erker über der Pforte leitet uns der Wanderweg **Deutsche Weinstraße** die Emserstraße hoch. Weiter geht es links in den Kreuzweg, der bald in die historische Pflasterstraße zum Hochberg übergeht. Schon bald haben wir den ersten Aussichtspunkt mit Infotafeln neben kunstvoll drapierten alten Weinfässern erklommen. Mit gemächlichem Anstieg ziehen wir

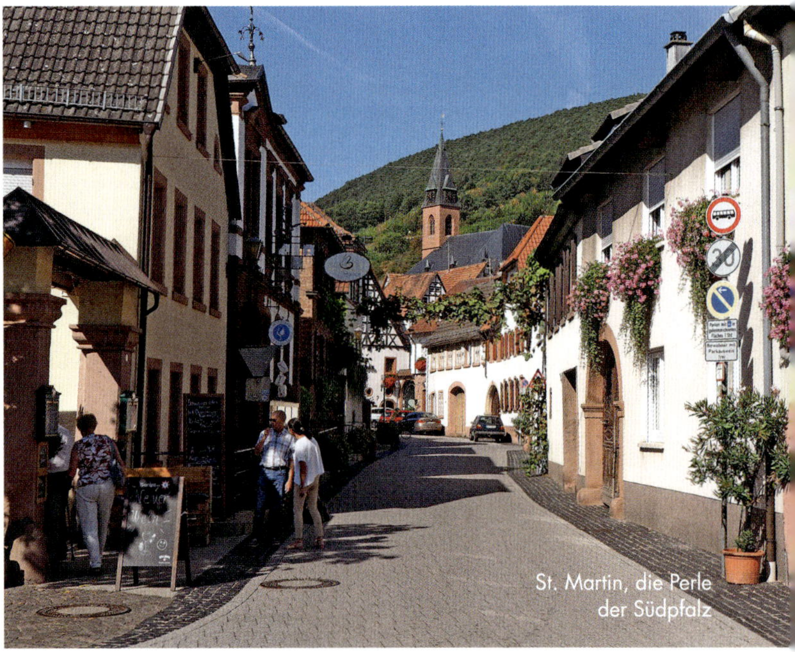

St. Martin, die Perle der Südpfalz

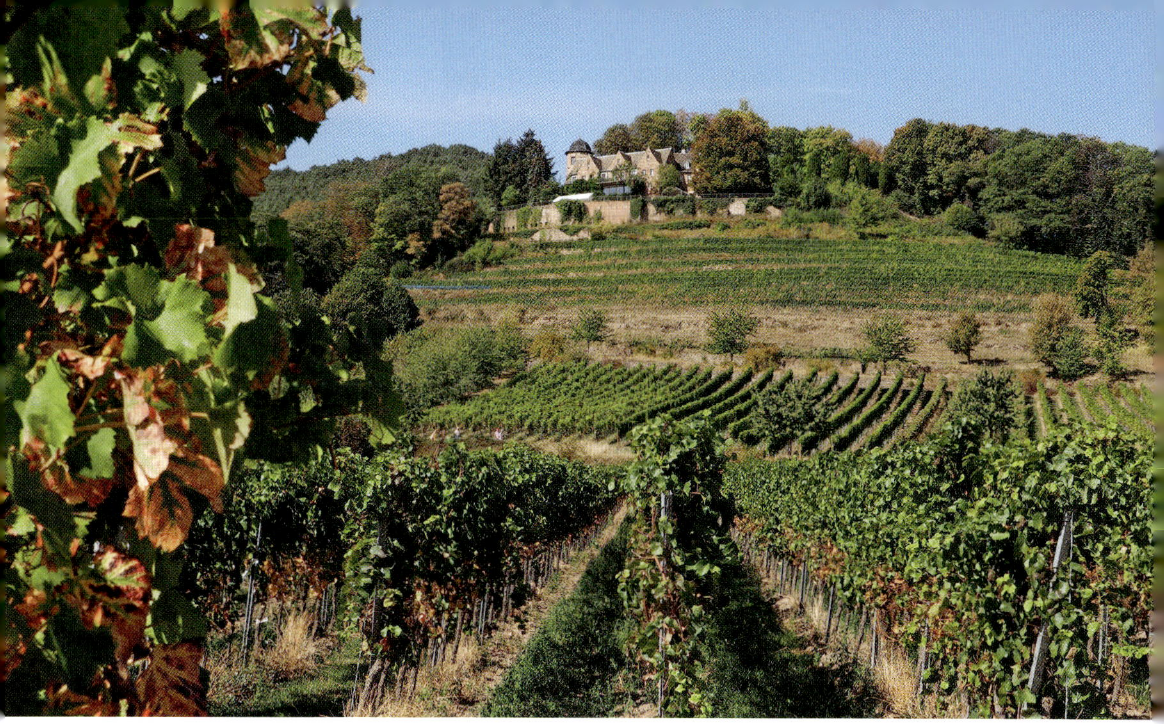

Kropsburg bei St. Martin

weiter hoch zur **Ruine der Kropsburg** ❶. Wie viele andere Burgen der Umgebung sollte sie die Reichsfeste Trifels schützen, in der die wichtigsten Reichsinsignien aufbewahrt wurden. Im Pfälzer Erbfolgekrieg 1689 wurde die Kropsburg weitgehend zerstört. Unser Weg führt uns links am König-Ludwig-Brunnen und dem Richardplatz vorbei. Auf dem anfangs asphaltierten Sträßchen lassen wir uns vom roten Balken durch den Wald leiten. Nach einer Linkskurve geht es rechts auf unbefestigtem Weg bergauf und an der folgenden Waldkreuzung geradeaus weiter. Einen Forstweg überquerend, erreichen wir die Waldgaststätte vor dem **Friedensdenkmal** ❷ auf dem Werderberg. Das Denkmal, das an den Sieg über Frankreich 1870/71 erinnern sollte, wurde von Prinzregent Luitpold von Bayern in Auftrag gegeben und 1899 fertiggestellt. Wobei die damalige Intention stark von der heutigen abwich. Dem Jüngling auf dem Pferd vor der Ehrenhalle nahm man 1969 das Schwert ab und ersetzte es durch einen Ölzweig. Und schon war aus dem Siegesdenkmal ein Friedensmahnmal geworden. So einfach kann Geschichte sein.

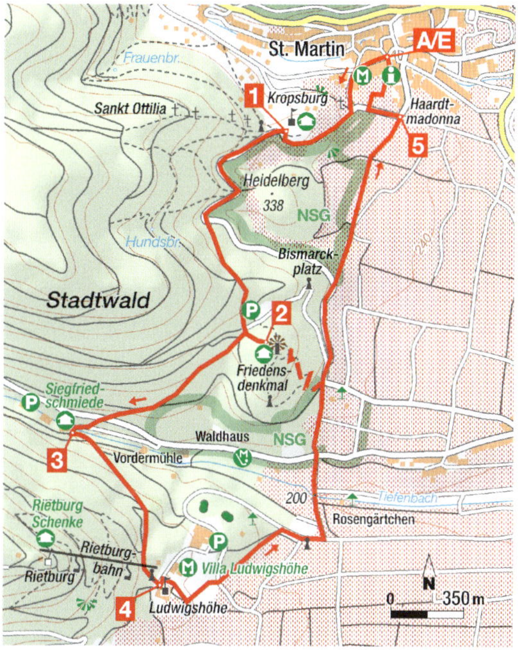

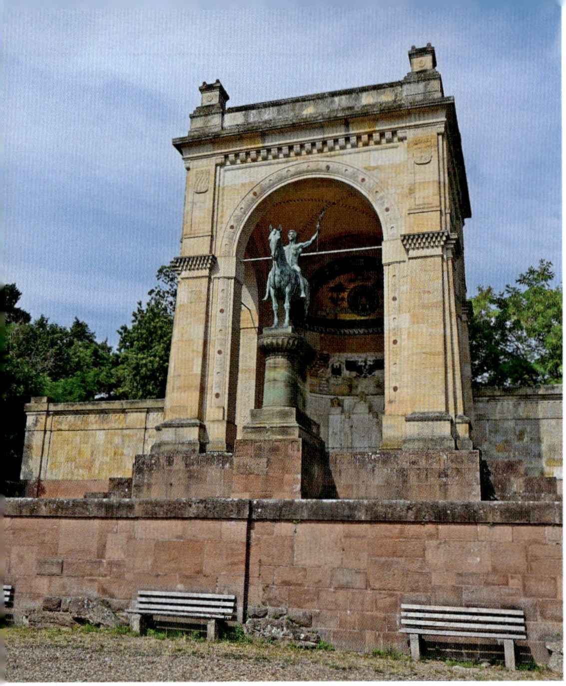

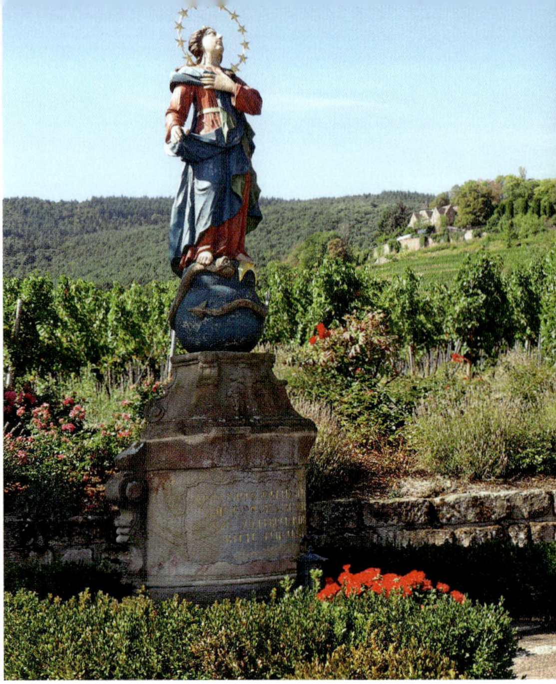

Links: Das Friedensdenkmal

Rechts: Die Haardtmadonna zum Schutze der Reben

Siegfrieds Schwert Balmung Auf der Rückseite des Mahnmals führt eine Treppe hoch zur aussichtsreichen Plattform. Wir kehren auf demselben Weg wieder zurück, biegen aber 50 Meter vor dem Parkplatz links ab und folgen dem Pfälzer Keschdeweg. An der Waldwegkreuzung nach den vier Stufen gehen wir geradeaus weiter auf schmalem, üppig begrüntem Pfad. Ein gelbes Schild weist uns den Weg zum Edenkobener Tal mit der Waldgaststätte **Siegfriedschmiede** 3. Der Legende nach traf sich der Recke Siegfried hier mit Wieland, dem Schmied, der ihn lehrte, sein magisches Schwert Balmung zu schmieden. Das alte Mühlrad der einstigen Mühle bewegt sich heute noch. Nach dem Gebäude links folgen wir 50 Meter danach dem bergauf führenden Wanderpfad zur Sesselbahn. An der Kreuzung der Waldwege, man vernimmt schon leise das Surren des Lifts, halten wir uns links und kommen oberhalb der Talstation heraus. Wer Lust hat, lässt sich mit dem antik anmutenden Sessellift hoch zur Rietburg schaukeln und genießt vom Höhenrestaurant ein einmaliges Panorama. Geradeaus weiter treffen wir direkt auf die **Villa Ludwigshöhe** 4.

Historischer Weinlehrpfad Edenkoben

Unterhalb der Ludwigshöhe trifft man auf einen der ältesten Weinlehrpfade der Pfalz. Sehr anschaulich und humorvoll wird auf einer Runde von 3,6 Kilometern nach Edenkoben und zurück eine Menge Wissenswertes über den Weinbau erklärt. Antike Keltern und altes Handwerksgerät veranschaulichen die Arbeit der Winzer.

Das Ferienhaus der Bayernkönige Die im mediterranen Stil erbaute Sommerresidenz

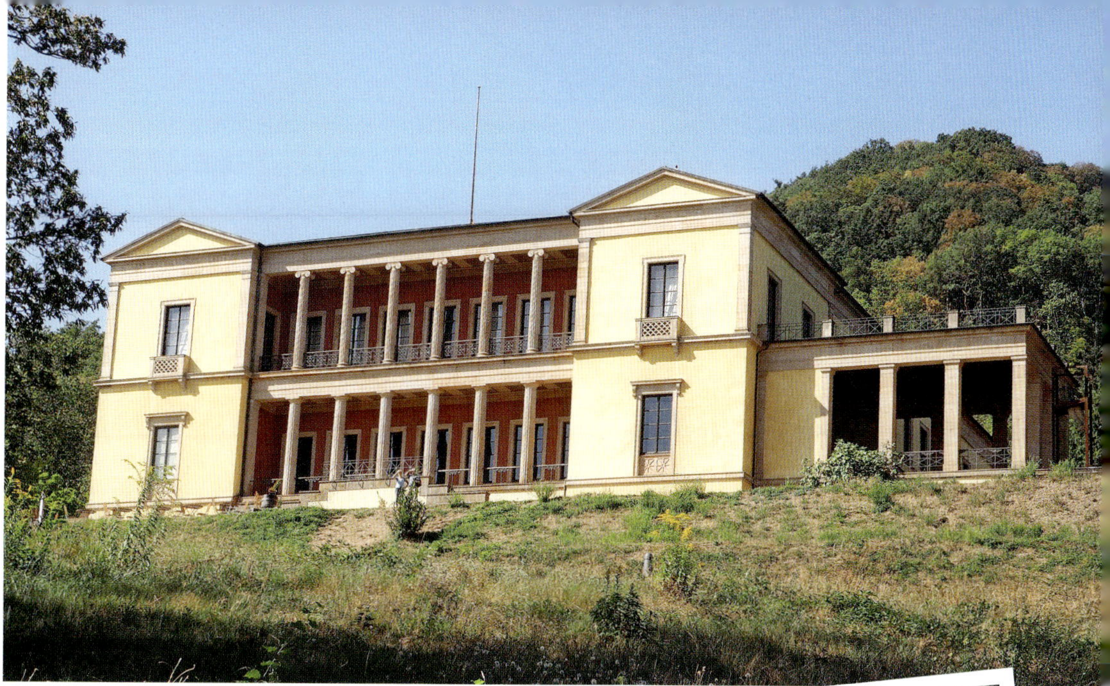

des bayerischen Königs Ludwig I. stammt aus der Mitte des 19. Jahrhunderts. »Eine Villa italienischer Art, nur für die schöne Jahreszeit bestimmt und in des Königreichs mildestem Teil« waren die Anforderungen an das Bauwerk mit herrlicher Terrasse. Heute sind die Max-Slevogt-Galerie und eine Keramiksammlung darin. Wir gehen an der Zufahrtsstraße rechts die Stufen hinab (Schild Waldparkplatz) und ziehen nach der Straße linkshaltend am Waldsaum entlang mit Blick auf Edenkoben talwärts. An der nächsten Teerstraße biegen wir links und am Gedenkstein **Luitpoldsruhe** wieder rechts ab. Vorbei an einer alten Weinpresse (Weinlehrpfad siehe Kasten) senkt sich der Weg hinab in den Talgrund des Triefenbaches. Wieder oben an der Schutzhütte überqueren wir die Straße, halten uns rechts und wandern oberhalb der Weinberge auf dem angenehmeren Grasweg weiter, mit herrlichem Blick auf das Hambacher Schloss. Wieder auf der Straße verlassen wir sie in der Kurve geradeaus auf den Schotterweg. Stets die Richtung beibehaltend, treffen wir kurz vor St. Martin auf die barocke **Haardtmadonna** 5, die ihre schützende Hand über das Rebenmeer hebt. Im schmucken Weindorf belohnen wir uns zum Ausklang in einem der zahlreichen Weingüter.

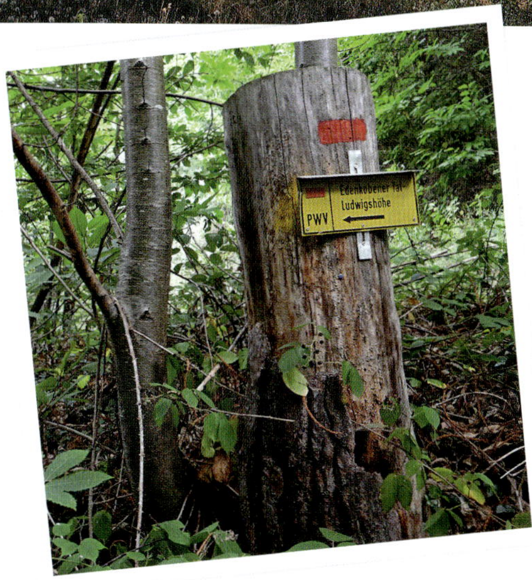

Bestens beschilderte Wege des PWV

Ganz oben: Villa Ludwigshöhe – von bayerischen Königen erbaut

9 Wallfahrten und Kriege

Auf dem Blücherweg in Kirrweiler

Leicht | 7,5 km | 40 Hm | 2.15 Std.

Tourencharakter
Gemütliche Tour durch die Rebflur ohne Steigungen, die an mehreren Stellen abgekürzt werden kann. Kein Schatten. Rollstuhlgeeignet

Ausgangs-/Endpunkt
Bahnhof Maikammer-Kirrweiler, 150 m

Höchster Punkt
Keine Erhebungen

Anfahrt
GPS 49.3057, 8.1468
Bus/Bahn: Von Landau, wie auch von Neustadt an der Weinstraße, fährt eine Regionalbahn nach Kirrweiler. Haltestelle Maikammer-Kirrweiler
Auto: A65 bis Ausfahrt 14 Edenkoben. Von dort sind es nur wenige Kilometer nach Kirrweiler.

Einkehr
Am Weg: Erras Restaurant, Mi–Sa ab 17, So ab 11.30 Uhr. Weitere Einkehrmöglichkeiten in Kirrweiler

Beste Jahreszeit
Ganzjahrestour

Karte
Pfälzerwald 6, Blatt 43-546, 1:25 000, NaturNavi

Information
Büro für Tourismus Maikammer, Weinstraße Süd 40, Tel. 06321/952768, www.maikammer.de

Zu Beginn erzählen einige Tafeln nahe der Marienkapelle Geschehnisse aus der Bibel. Danach wird es kriegerisch. Bevor der berühmte Feldmarschall Blücher sich gegen Napoleon stellte, hatte er sich in der Pfalz seine ersten Meriten verdient. In Kirrweiler erfährt man es.

Marienkapelle Mater Dolorosa Was zum Teufel hat ein preußischer Krieger und General mit unserer lieblichen Pfalz zu tun, wird sich jeder beim Lesen dieser Zeilen fragen. Aber gemach, die Auflösung folgt, versprochen. Ziehen wir erst mal von **Kirrweiler Bhf.** A/E los und marschieren in östlicher Richtung über die Autobahn zum Ort. Nach der Brücke geht es an **Erras Restaurant** 1 vorbei, das wir uns schon mal für den Schluss vormerken. Auf dem Wirtschaftsweg geht es wieder 100 Meter entgegengesetzt zurück und nach rechts, parallel zur A65. An zwei-

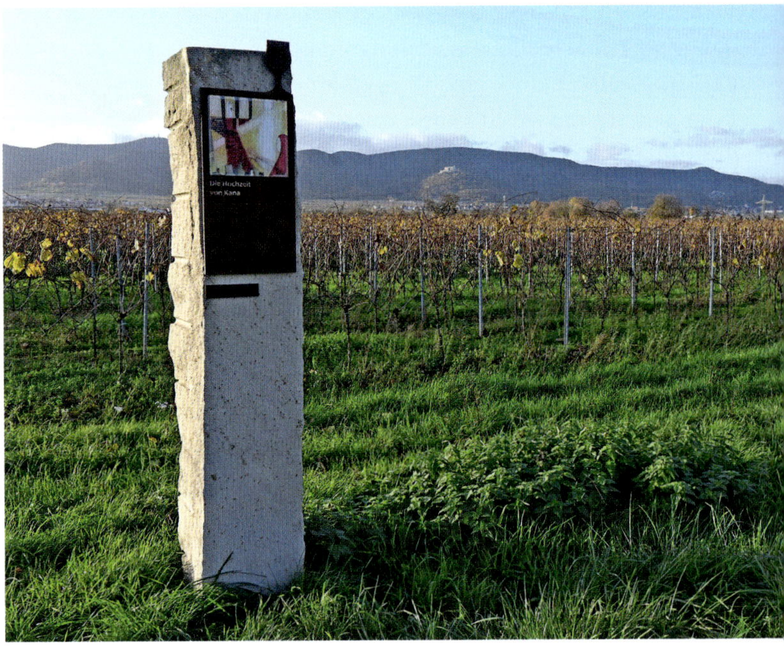

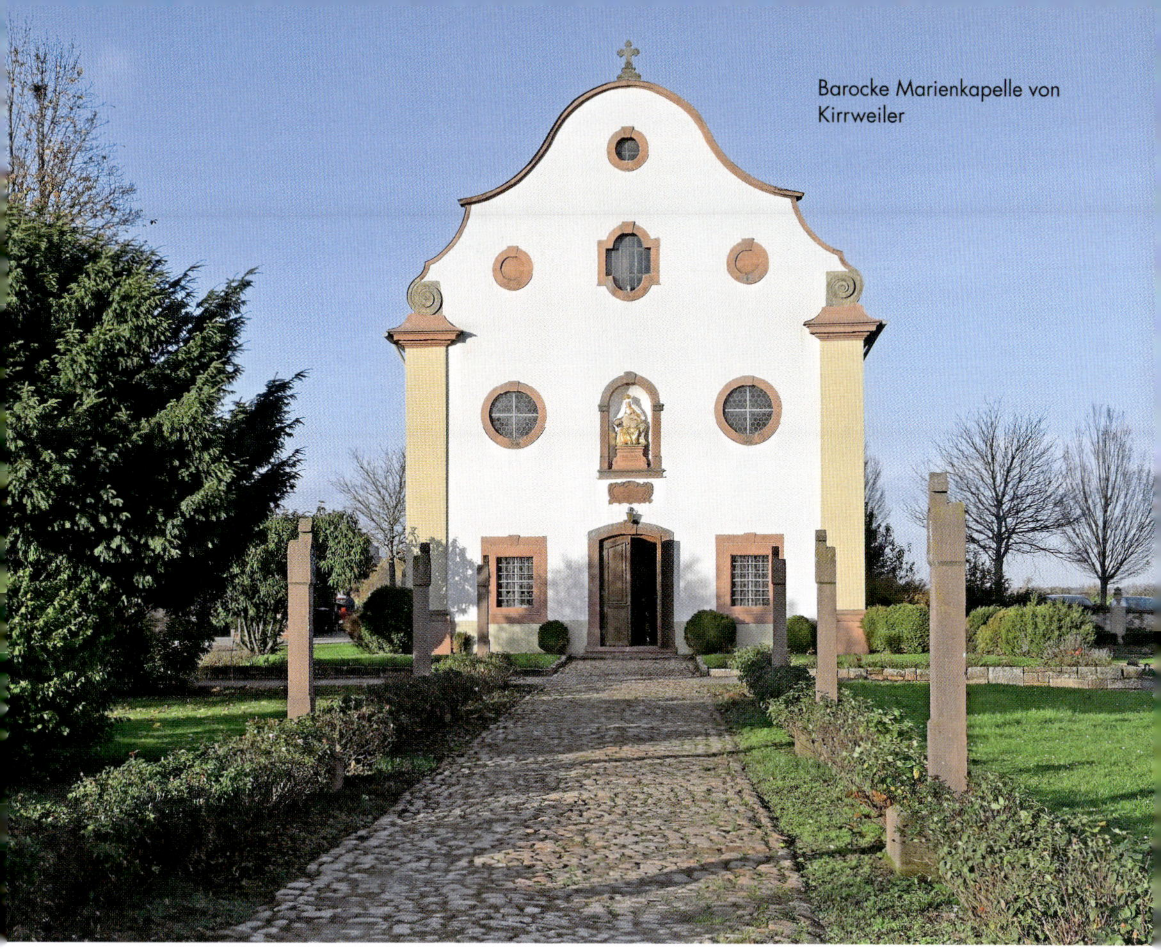

Barocke Marienkapelle von Kirrweiler

ter Möglichkeit biegen wir abermals rechts ab, entfernen uns von der Autobahn und steuern auf den Ort zu. Am Weingut Zöller bei der Libanonzeder schwenken wir nach links auf die Feldflur und folgen für eine Weile dem **Biblischen Weinpfad**. Leider sind die kunstvoll gestalteten Metalltafeln schwer zu lesen und so müssen wir uns mit den Überschriften begnügen. Dort, wo der Themenweg nach links weist, geht unser Weg ein paar Schritte weiter und biegt hinter der Gehölzgruppe rechts ab. An nächster Möglichkeit, nahe der Stele »Jesus der Weinstock«, biegen wir wieder rechts ab und wandern in Richtung des Dorfes, wo uns eine Sehenswürdigkeit des Pfälzer Jakobsweges erwartet. Die 1399 geweihte **Marienkapelle** ② entwickelte sich in späteren Jahrhunderten zu einem gut besuchten Wallfahrtsziel mit regelmäßigen Gottesdiensten und Konzerten. Ihr heutiges Aussehen verdankt sie nach vielen kriegsbedingten Zerstörungen einer Renovierung im Jahr 1769. Aber erst 200 Jahre später wurde sie umfassend neu gestaltet und im Rokokostil ausgemalt.

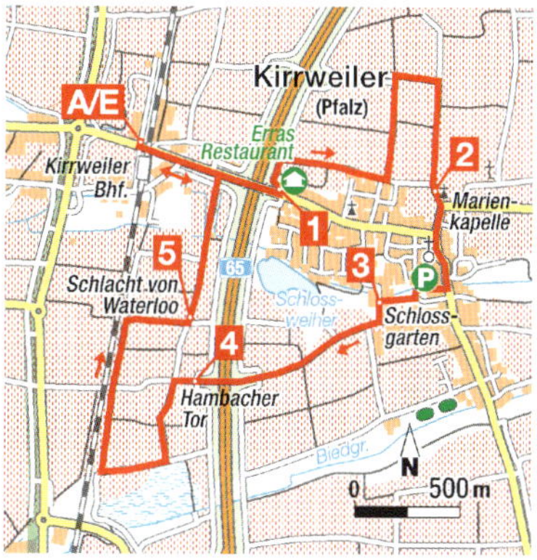

Linke Seite: Auf dem Biblischen Weinpfad

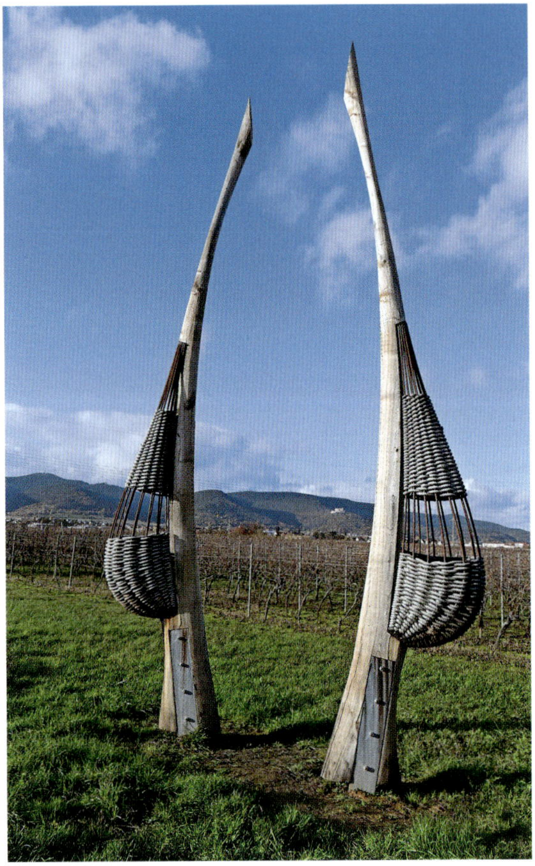

Kunstpfade Maikammer

Sollten Sie länger im Ort verweilen, bieten sich drei Kunstwege der Gemeinden Maikammer, Kirrweiler und St. Martin an, entdeckt zu werden. Auf roter, grüner oder blauer Beschilderung führen die Wege durch die Orte und Weinberge und verknüpfen eine Vielzahl von Kunstobjekten, die ständig erweitert werden.

Das Hambacher Tor (Roger Rigorth)

Blücher und das Hambacher Schloss Weiter geht es über die Friedhofstraße und Marktstraße zum Zentrum des Weindorfes mit behäbigen alten Weingütern. Kurz nach einem Siebenröhrenbrunnen finden wir vor dem Weingut Frankmann einen Fußweg am Kropsbach, der nach rechts am Bach entlangführt. Nach 150 Metern schwenkt er bei einigen Infotafeln auf die andere Seite. Wir treffen auf die Straße am **Schlossgarten** 3, wo rechter Hand das Weingut Schlössel auf das ehemalige Anwesen hinweist. Wir biegen allerdings links ab und sind inzwischen auf dem Blücher-Rundweg, mit dem gelb-blauen Schild des säbelschwingenden Feldmarschalls. Der Edenkobener Weg leitet uns hinaus ins Rebenmeer. An Tafel 2 erfahren wir, was Blücher nach Kirrweiler trieb. Und natürlich, wer hätte anderes gedacht, war der berühmte General hier in ein erfolgreiches Scharmützel verwickelt, das sogar seiner Karriere förderlich war. Im Mai 1794 stürzte sich der Oberst mit einer derartigen Wucht auf die nach Neustadt ziehenden Franzosen, dass diese entsetzt flohen und Mann und Maus verloren. Weiter geht es zur Kunstinstallation am **Hambacher Tor** 4, das unsere Blicke auf die Wiege der Demokratie, das Hambacher Schloss am Haardtrand fokussieren soll.

Ran wie Blücher Wer die Strecke um etwa 1,7 Kilometer abkürzen möchte, geht nach dem Kunstwerk nach rechts, verpasst allerdings einiges aus dem Leben des großen Feldmarschalls und stößt erst an der Tafel seines größten Erfolges wieder auf den Rundweg. Mit der **Schlacht von Waterloo** machte er sich zwar unsterblich, schürte aber auch die Feindlichkeit zu unseren westlichen Nachbarn, die sich letztendlich in zwei ver-

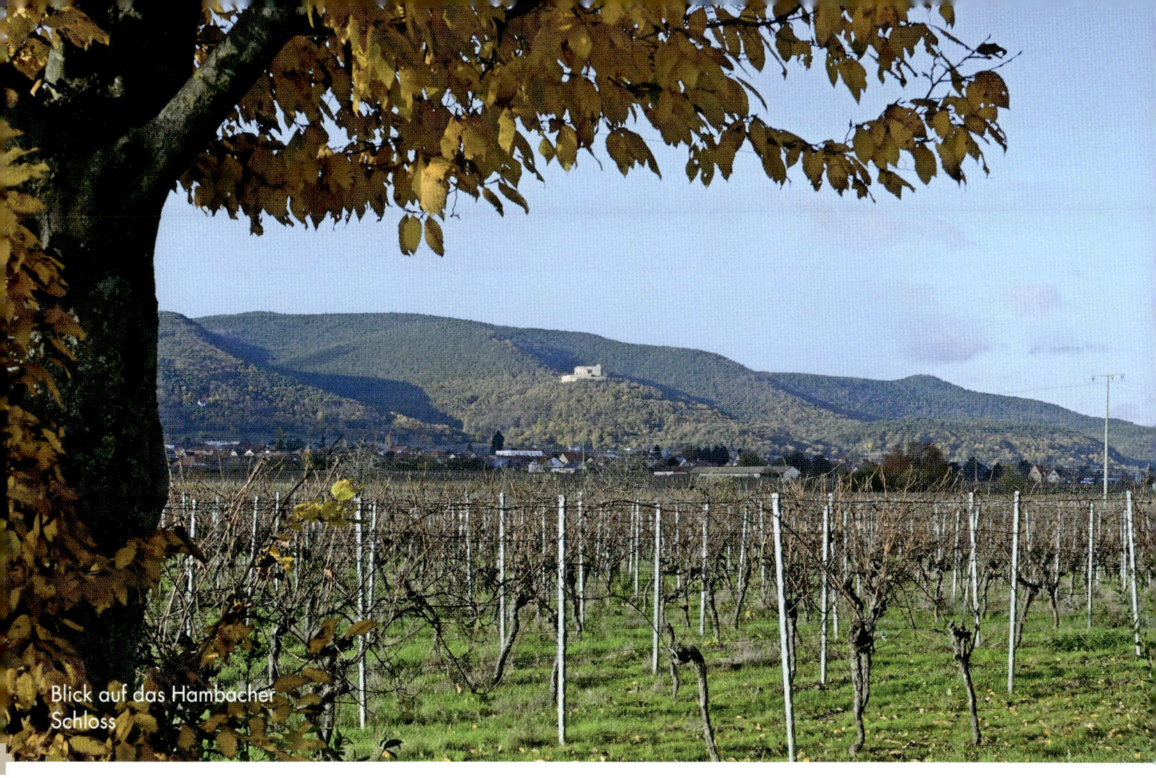

Blick auf das Hambacher Schloss

heerenden Kriegen entluden. Wer dem regulären Weg folgt, erfährt allerdings, wie der »Alte Fritz« ihm den Laufpass gab und erst sein Nachfolger, König Friedrich Wilhelm II., ihn reaktivierte, was ihn schließlich auch in die Pfalz führte. Und wer immer schon wissen wollte, was das geflügelte Wort »**ran wie Blücher**« bedeutet, folgt weiter dem beschilderten Themenweg. Nach der Schleife längs des Bahndamms biegen wir an Tafel 6 mit der **Schlacht von Waterloo** 5 links ab und wandern geradeaus nach Norden bis zur Verbindungsstraße von Kirrweiler nach Maikammer. Entweder gehen wir links zu unserem Ausgangspunkt am Bahnhof direkt zurück, oder wir lassen unsere Tour im schönen Innenhof von **Erras Restaurant** bei einer Pfälzer Weinschorle ausklingen.

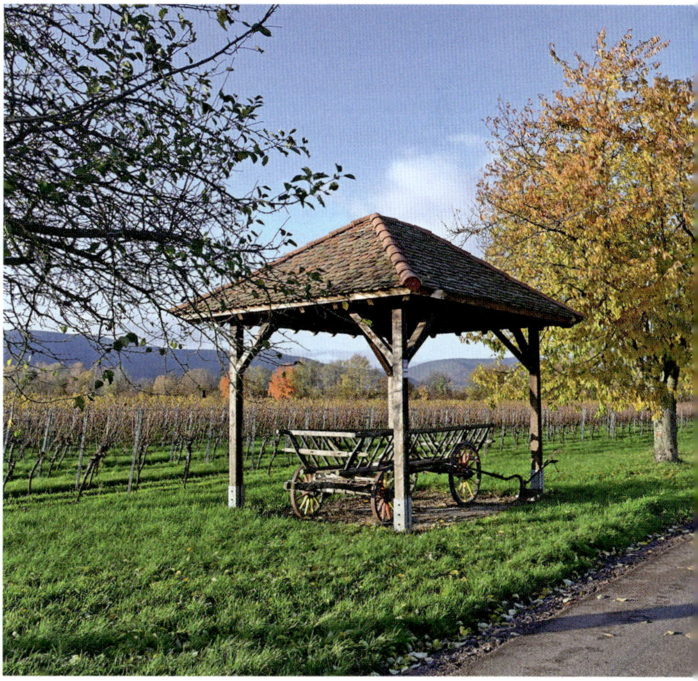

Landwirtschaftsgerät aus alten Tagen

10 Rund um die Kalmit

Durch das Felsenmeer zur höchsten Pfälzer Hütte

Mittel | 6,6 km | 250 Hm | 2.30 Std.

Tourencharakter
Schattige Waldrunde zum Teil über wurzelige und steinige Waldpfade. Achtung: Bei Nässe könnten die Steine im Felsenmeer rutschig sein. Dann ab Hüttenberghütte besser dem Pfälzer Weinsteig (nicht weiß-grün) zur Kalmit folgen.

Ausgangs-/Endpunkt
Waldparkplatz Hahnenschritt, 560 m

Höchster Punkt
Kalmit, 673 m

Anfahrt
GPS 49.3240, 8.0816
Bus/Bahn: Von Mai bis Oktober fährt der Palatina-Bus mit Linie 503 von Neustadt zum Parkplatz unterhalb der Kalmit, www.palatinabus.de.
Auto: A 65 bis Ausfahrt Edenkoben, dann über Maikammer und die Kalmitstraße zum Parkplatz Hahnenschritt

Einkehr
Kalmithaus, März–Dez., Mi–So 11–17 Uhr, Jan.–Feb., nur Mi, Sa und So. Spezialität ist der Schiefe Sack.

Beste Jahreszeit
Ganzjahrestour, im Winter vorab informieren

Karte
Pfälzerwald 6, Blatt 43-546, 1:25 000, NaturNavi

Information
Büro für Tourismus Maikammer, Weinstraße Süd 40, Tel. 06321/952768, www.maikammer.de

Wir ersparen uns den mühevollen Anstieg zum Kalmit und umrunden stattdessen auf federnden, aber auch steinigen Pfaden den höchsten Berg des Pfälzerwaldes. Nach Durchquerung des mystischen Felsenmeeres genießen wir im Kalmithaus Pfälzer Spezialitäten.

Zum Taubenkopf Vom Parkplatz **Hahnenschritt** Ⓐ/Ⓔ aus gehen wir zurück zur Kalmitstraße und finden zehn Meter davor links am Baum ein gelbes Schild, das in Richtung Taubenkopf weist. Eine schwarze Eins leitet uns unter Tannenwipfeln parallel zur Kalmitstraße entlang. Nach zehn Minuten finden wir hinter der Ruhebank den Linksabzweig zum Aussichtsfels **Taubenkopf** ❶, dem nordöstlichen Vorberg der Kalmit. Ein knackiger Anstieg führt uns die wenigen Meter hoch. Auf der Ruhebank zwischen den bunt durcheinandergewürfelten Felsbrocken

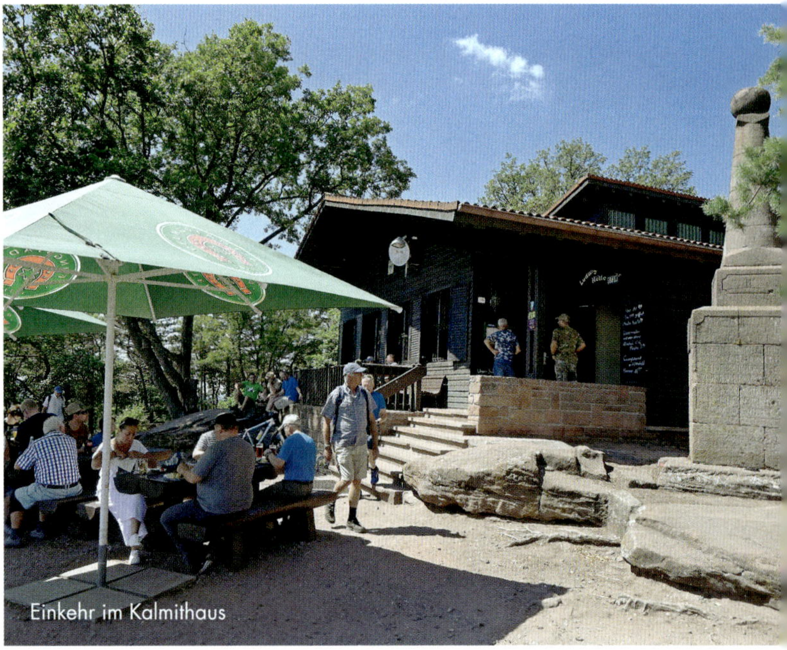

Einkehr im Kalmithaus

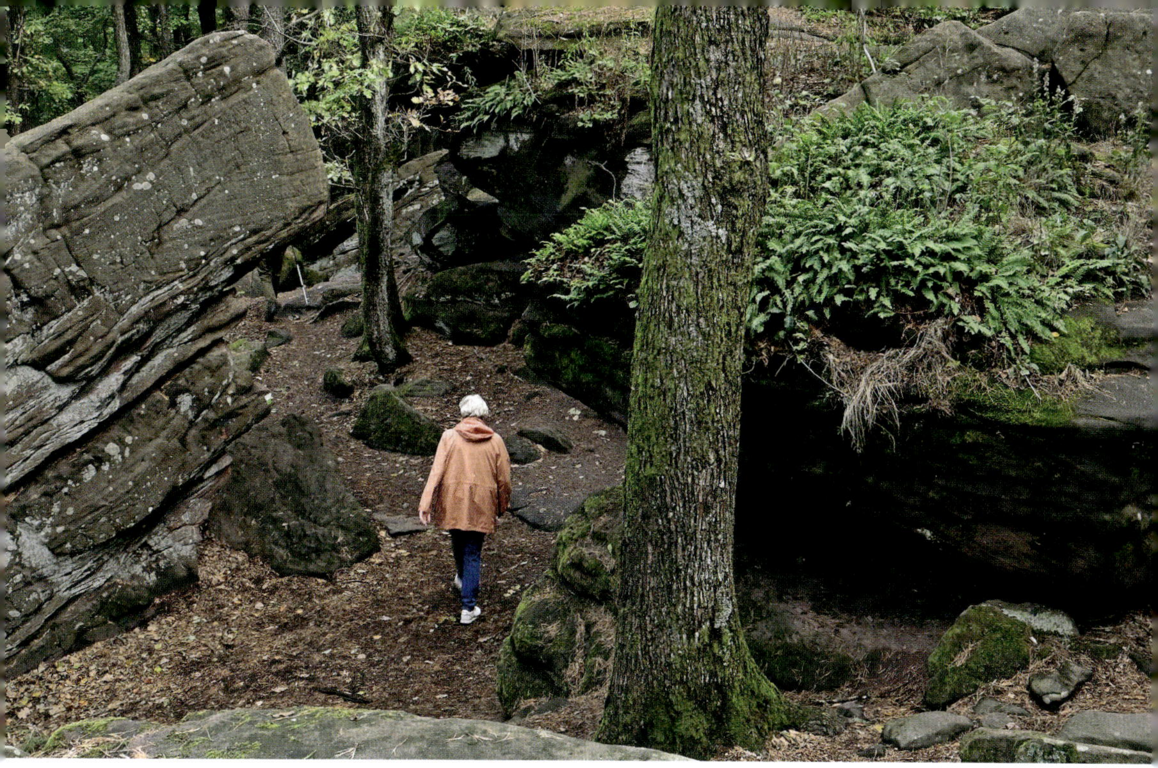

dürfen wir das Panorama zur Hohen Loog im Norden und zum Rheintal auskosten. Wir klettern wieder hinab, halten uns unter dichtem Blätterdach des Laubwaldes in Begleitung der weiß-grünen Markierung an der Gabelung links. Nach dem überquerten Forstweg bleiben wir weiterhin auf dem markierten Pfad. An der nächsten Querung verlässt uns Weiß-Grün nach links, während wir auf dem breiten Weg auf die Kalmitstraße treffen.

Kraxelei im Felsenmeer

Zur Hütte auf dem Hüttenberg Oberhalb des Wanderparkplatzes **Breitenberg** 2 überqueren wir die Straße und folgen der Aufschrift in Richtung St. Martin. An der Verzweigung nach dem Markierungsstein marschieren wir geradeaus weiter. Unser Wanderweg mit der Nummer 3, für kurze Zeit auch der rote Punkt, führt auf federndem Grund zwischen Heidekraut-bewehrten Pfaden durch lockeren Kiefernwald. An der nächsten Verzweigung biegen wir rechts ab und orientieren uns vorübergehend am Pfälzer Weinsteig mit der rot-weißen Welle, der von links dazustößt. Am Wegweiser **Nördliche Wolselquelle** 3 – die eingefasste Wolselquelle liegt etwa 500 Meter südlich davon –, geht es auf breitem Weg nach links. Wir verlassen den Forstweg aber schon nach wenigen Metern auf den halbrechts bergauf führenden Pfad. Immer mehr Felsbrocken

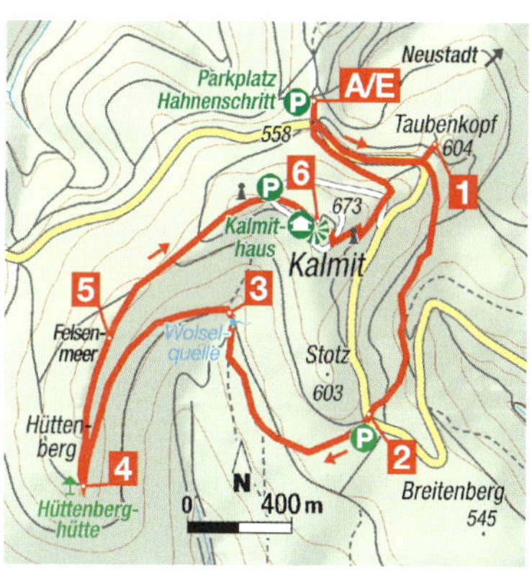

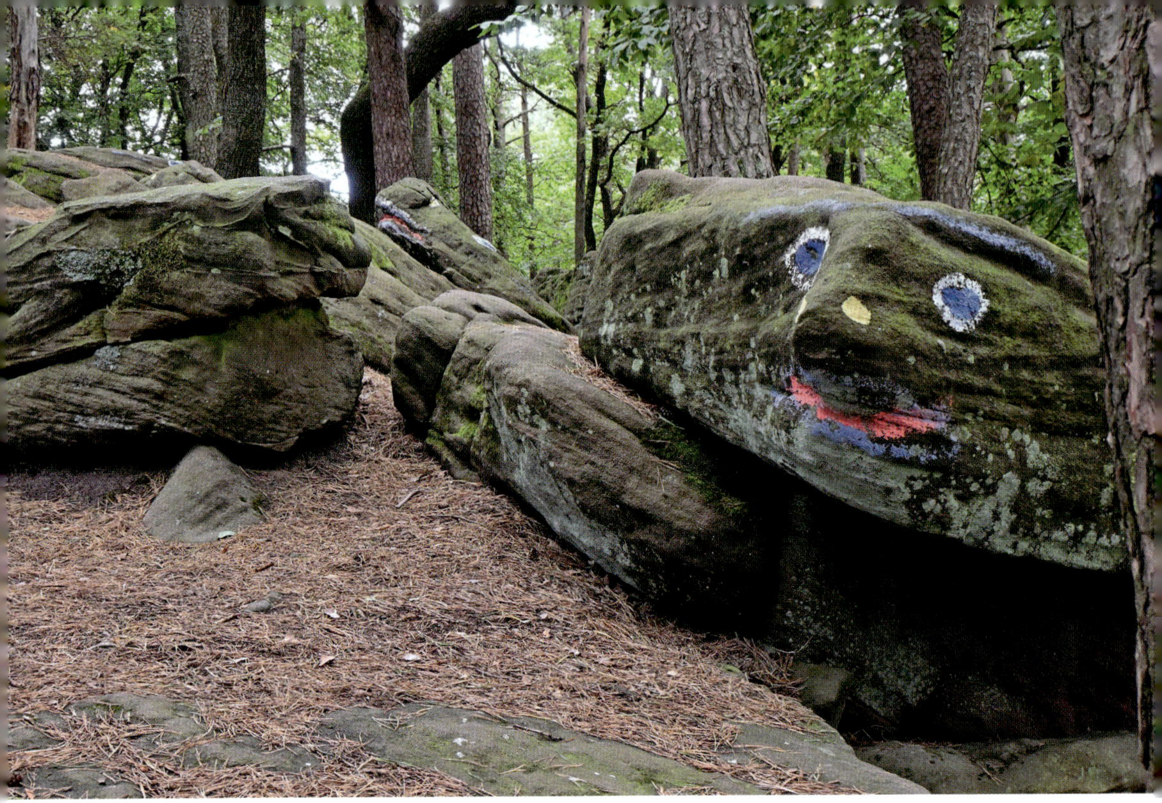

Liberté, Égalité, Klaperité

So lautet es im Emblem des Kalmit-Klapprad-Cups. Am ersten Samstag im September findet eines der skurrilsten Fahrradrennen der Region statt. Auf einem schaltungsfreien Klapprad gilt es, die 540 Höhenmeter und 6 Kilometer Strecke von Maikammer bis zur Kalmit zu bezwingen. Eine Riesengaudi für Teilnehmer und Zuschauer (www.kalmit-klapprad-cup.de).

kreuzen unseren Weg. Je höher wir steigen, desto bizarrer sind die Blöcke dahin gestreut, manche stehend, manche liegend oder zur Hälfte aufgerichtet, mit kleinen Höhlen darunter. Nach einer knappen halben Stunde auf dem sanft bergauf führenden Pfad weist ein Wegweiser geradeaus zur **Hüttenberghütte** 4. Wer Lust hat, kann die kleine Aussichtsterrasse für eine Rast nutzen. Durch das Geäst bietet sie einen Fernblick bis ins Rheintal.

Beäugt von lustigen Felsen

Felsenmeer An der Hütte gehen wir in spitzem Winkel nach rechts und lassen uns nun vom weiß-grünen Wanderweg über den herrlichen Gratweg des Hüttenberges leiten. Sofern wir immer auf dem ausgewiesenen Pfad bleiben, dürfen wir das Schild »Absturzgefahr« getrost ignorieren. Kinder, die natürlich gerne auf den Felsblöcken herumkrabbeln, sollte man allerdings im Auge behalten. Eindrucksvoll verläuft der Waldpfad stets oberhalb der Felsklippe. Ganz oben auf dem **Felsenmeer** 5 angelangt geht es schließlich auf, unter und zwischen den zum Teil

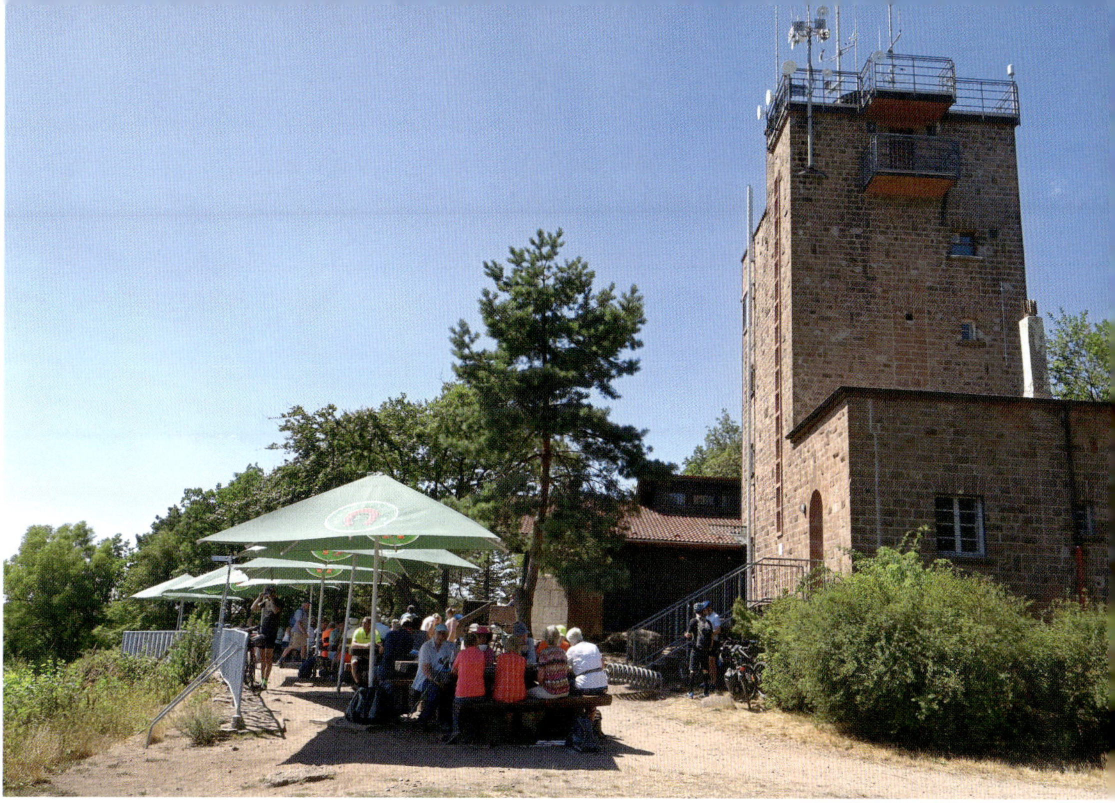

Sendeturm am Kalmithaus

mit Moos überzogenen Felsen hindurch. Ein bisschen Kraxeln und Klettern ist inzwischen angesagt. Wir ignorieren die Abzweigungen des Weges und kreuzen einen Forstweg. Hier bieten sich für die letzten Meter bis zum Parkplatz unterhalb der Kalmit zwei Möglichkeiten. Wer immer noch nicht genug vom Klettern hat, geht geradeaus den kräftigen Anstieg hoch. Etwas gemäßigter ist der Weg rechts am Grat vorbei. Wer den erstgenannten Pfad einschlägt, darf ein letztes Mal durch die magische Felswelt klettern, beäugt durch viele farbige Augen von lustig bemalten Steinen.

Zur Kalmit Wir überqueren den Parkplatz und betreten die Stufen hoch zur höchsten Pfälzer Hütte, dem **Kalmithaus** 6, wo man sich dem gigantischen Panorama hingeben darf. Zur Belohnung für die etwas anstrengende Kletterei gibts nun Pfälzer Spezialitäten des Pfälzerwald-Vereins am höchsten und meistbesuchten Aussichtspunkt der Pfalz. Gegenüber der Eingangstreppe zur Gaststätte steigen wir die Stufen hinab und folgen den Wanderwegen am flügelschwingenden Adler des Ehrenmals vorbei. Achtung, an der Gabelung nach Überquerung der Zufahrtsstraße zur Kalmit gehen wir links und am nächsten Wegweiser geradeaus weiter zum **Waldparkplatz Hahnenschritt**.

11 Auf dem Loog-Loop

Aussichtsreiche Erlebnistour rund um die Hohe Loog

Mittel | 7,6 km | 240 Hm | 2.45 Std.

Tourencharakter
Schattige Runde unter Kiefern und Buchen auf gut begehbaren Waldwegen und -pfaden mit friedlichen Ruhepunkten zum Verweilen

Ausgangs-/Endpunkt
Waldparkplatz Hahnenschritt, 560 m

Höchster Punkt
Hohe Loog, 615 m

Anfahrt
GPS 49.3240, 8.0816
Bus/Bahn: Von Mai bis Oktober fährt der Palatina-Bus mit Linie 503 von Neustadt zur Kalmit, Ausstieg Haltestelle »Zur Hohen Loog« (Hahnenschritt), www.palatinabus.de
Auto: A65 bis Ausfahrt Edenkoben, dann über Maikammer und die Kalmitstraße zum Parkplatz Hahnenschritt

Einkehr
Hohe-Loog-Haus, Mi, Sa und So 10.30–18 Uhr (Nov.–März bis 17 Uhr)

Beste Jahreszeit
Ganzjahrestour

Karte
Pfälzerwald 6, Blatt 43-548, 1:25 000, NaturNavi

Information
Büro für Tourismus Maikammer, Weinstraße Süd 40, Tel. 06321/952768, www.maikammer.de

Ob es der Blick zum Hambacher Schloss, jener hinüber zum Kalmit oder hinunter ins Rheintal ist: Alles zusammen bieten die Wege der Loog-Loops unter knorrigen Kiefern mit gemütlichen Picknickbänken, was mit der Einkehr im Hohe-Loog-Haus gekrönt werden kann.

Zur Bank von Dietlinde und Maximilian Unterhalb der Kalmit, am Parkplatz **Hahnenschritt** Ⓐ/Ⓔ, wo sich auch die Bushaltestelle befindet, beginnen wir unsere Tour um die Hohe Loog. Am Ende des Parkplatzes schlagen wir an der Gabelung den rechten Zweig ein. Unser Wegzeichen ist vorerst noch das grüne Loog-Loop-1-Zeichen. Eindrucksvolle Felsblöcke, unter denen sich kleine Höhlen gebildet haben, türmen sich links des Weges auf.

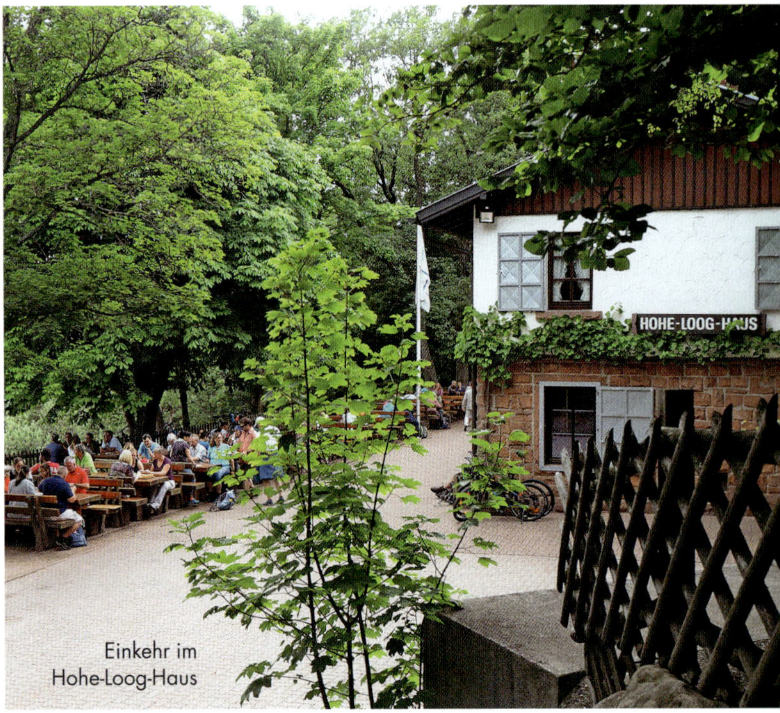

Einkehr im Hohe-Loog-Haus

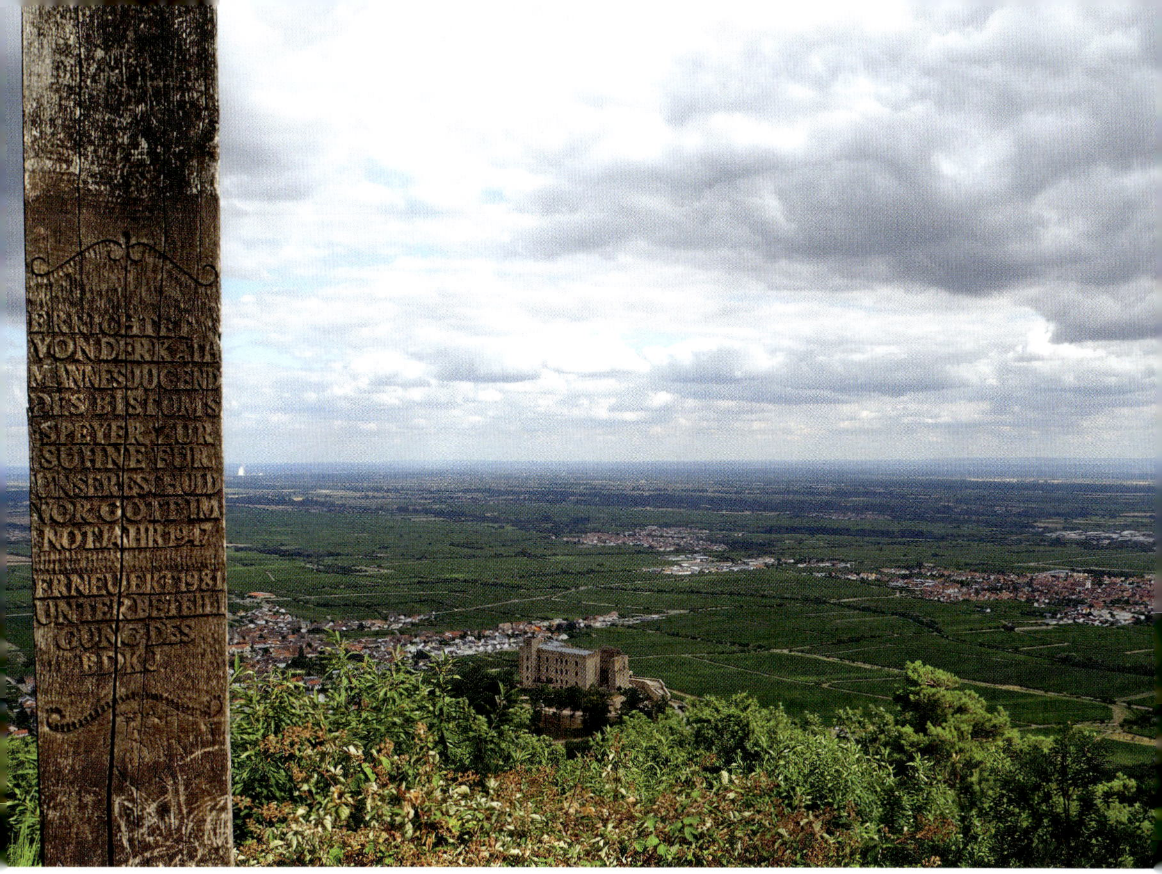

Ausblick vom Sühnekreuz

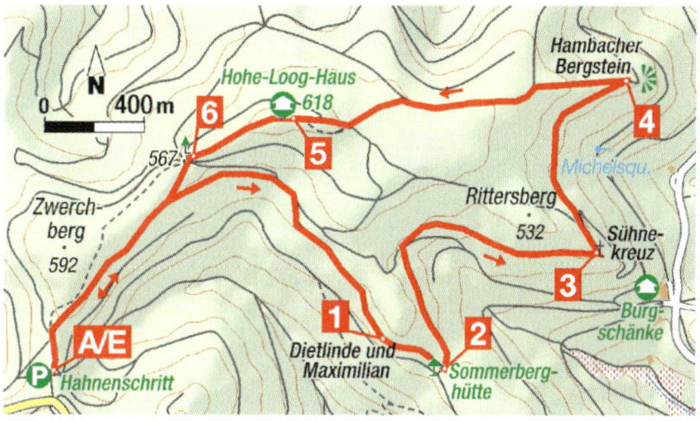

An der ersten Gabelung weist nun das grüne Logo links bergauf. Wir wandern jedoch geradeaus auf dem Forstweg weiter. Kurz darauf mündet von links der orangefarbene **Loog-Loop-2**-Weg ein, dessen Logo uns für den größten Teil des Weges begleiten wird. Eine schöne Picknickgruppe auf einer gerodeten Terrasse mit Ausblick ins Rheintal und die Kalmit gegenüber lädt ein zum Innehalten. Sie wurde gespendet von **Dietlinde und Maximilian** 1, wie ein Schildchen an der Bank verrät. Mit Dank an die edlen Spender genießen wir Stille und Ausblick.

Sühnekreuz Heidekraut und Kiefern begleiten uns weiter auf dem trockenen Terrain. An der **Sommerberghütte** 2 ändern wir die Richtung und biegen links ab. Weiterhin lotst uns das orangefarbene Wegzeichen kurvenreich und in stetigem Auf und Ab durch herrlichen Buchenwald. An der Verzweigung bleiben wir links auf dem Loop, wo allmählich Kiefernwald überhandnimmt. Ein Felsblock mit den eingravierten Initialen von drei

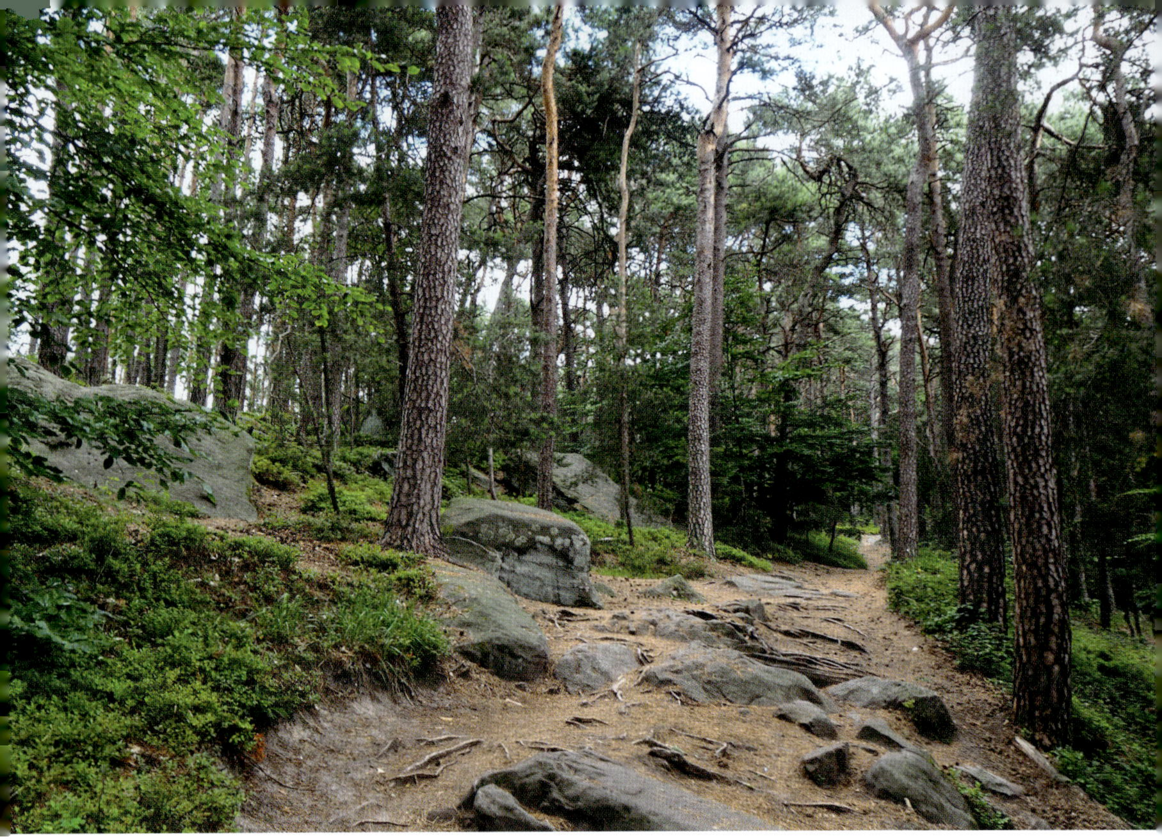

Die Loog-Loops

Drei Wanderschleifen, grün, orange und blau markiert, führen auf sechs bis sieben Kilometern Länge aussichtsreich rund um den Hambacher Hausberg, die Hohe Loog. Die Ortsgruppe Hambach des Pfälzerwald-Vereins eröffnete 2021 die hervorragend ausgeschilderten Wanderwege (www.pwv-hambach.de).

Über Stock und Stein

Namen und der Jahreszahl 1986 deutet wohl auf die Erbauer dieses herrlichen Steinpfades hin. Am **Sühnekreuz** ③ mit einem der herrlichsten Ausblicke über die Pfälzer Weinorte und das Rheintal halten wir inne. Zur Sühne schleppten im April 1947, zwei Jahre nach dem verheerenden Krieg, junge katholische Männer die schweren Holzbalken hoch zum Rittersberg und errichteten das Kreuz mit der Bitte um Vergebung. Manche von ihnen waren als Soldaten erst kurz zuvor aus der Gefangenschaft zurückgekehrt. Ein echtes Mahnmal für den Frieden.

Hütte mit Aussicht Zurück auf dem Weg bleiben wir an der nächsten Verzweigung auf dem rechten Ast (Pfälzer Weinsteig). Wer eine Abkürzung gehen möchte, nimmt links den Pfad mit der Nummer 5 und 6. Wenige Schritte danach halten wir uns links in Richtung Hambacher Bergstein. Gelegentlich blinzelt das Hambacher Schloss durchs Geäst. Nach 15 Minuten geht es rechts auf einem Stichweg zum nächsten Ausblick, der allerdings inzwischen zugewachsen ist und nur im Winter Ausblicke freigibt. Über ein paar Felsblöcke geht es hinunter zu einer Aussichtskanzel, die über eine Eisenleiter bestiegen werden kann. Vom **Hambacher Bergstein** 4 blicken wir auf Neustadt und rechts, gerade noch zwischen dem Geäst zu erkennen, das Hambacher Schloss. Zurück am Altarstein bleiben wir weiter auf dem Loopweg in Richtung Hohe-Loog-Hütte, wo uns nun ein kurzer Anstieg bevorsteht. Am Wegestein haben wir das Schlimmste hinter uns und biegen links ab. Fast am höchsten Punkt angelangt, lädt **Volkers Bank** zum Verschnaufen ein. An zwei Felsblöcken angelangt, geht es weiter nach links zu einer der aussichtsreichsten und beliebtesten Hütten im Pfälzerwald, dem **Hohe-Loog-Haus** 5. Wir lassen uns an einem der langen Holztische nieder und genießen das prächtige Panorama, derweil wir uns mit Pfälzer Kost der Hütte versorgen.

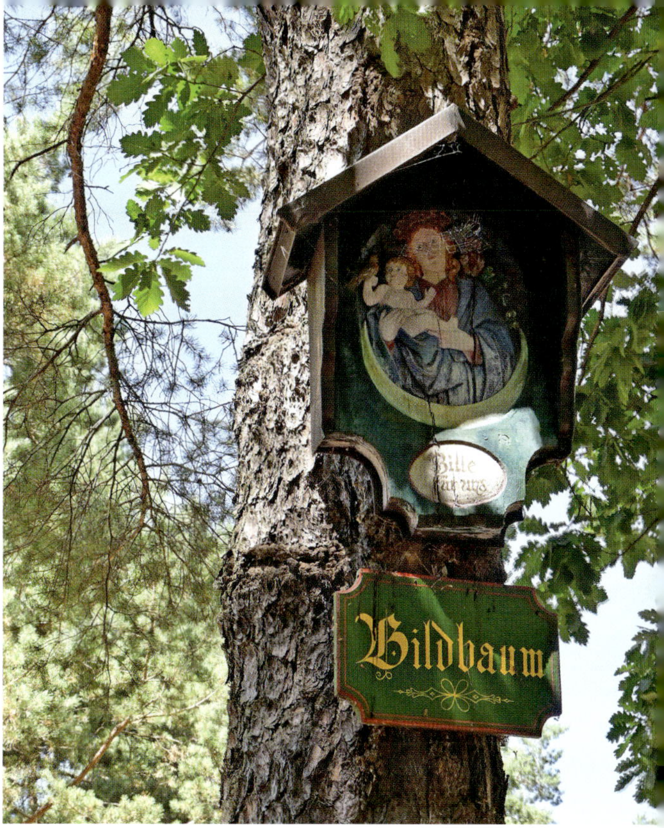

Marienfigur am Bildbaum

Bildbaum Geradewegs an der Hütte vorbei, geht es weiter in Richtung Kalmit zur Wegespinne am **Bildbaum** 6. Ein Heiligenbild am Stamm einer Kiefer zeigt Maria mit dem Jesuskind. Der frühere Hüttenwirt der Hohe-Loog-Hütte konnte es mitsamt der Kiefer gerade noch vor den Planierraupen retten, die 1969 den Weg verbreitern wollten. Ab hier gibt es zwei Varianten für den Rückweg. Der einfacher zu laufende Weg ist am Bildbaum scharf nach links (Richtung Klausentalhütte). Er mündet auf dem bekannten Hinweg, wo es rechtshaltend zurück zum Parkplatz geht. Etwas mehr Kraxelei, aber interessanter ist der zweite links abgehende Weg, auf dem auch der Pfälzer Weinsteig verläuft. Er verläuft durch ein Labyrinth von Felsblöcken, Baumstümpfen und -wurzeln, die zum Teil überstiegen oder umgangen werden müssen. Ein großer Spaß für Kinder. Wer nicht so gut zu Fuß ist, wählt besser die erste Variante.

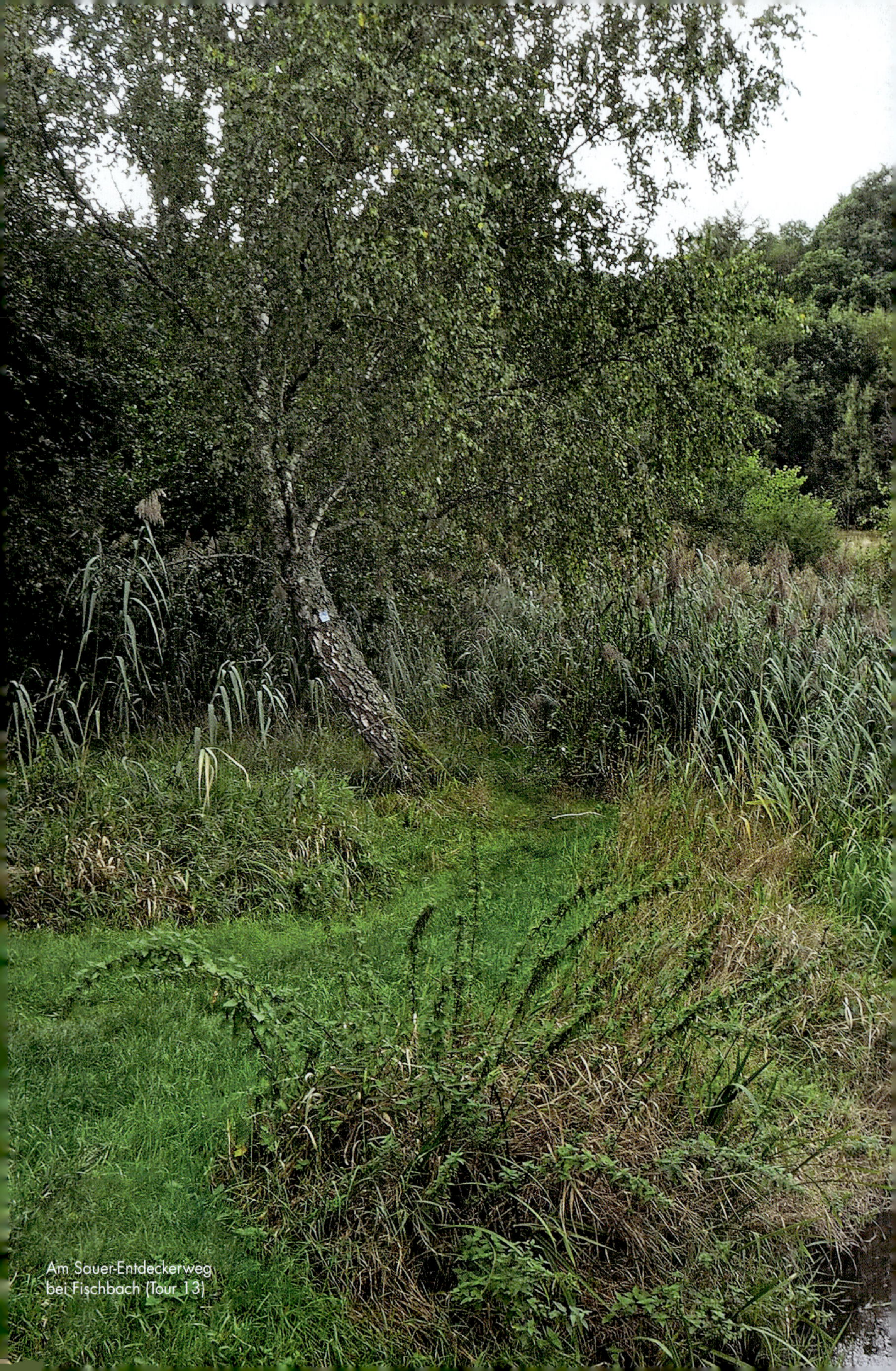

Am Sauer-Entdeckerweg
bei Fischbach (Tour 13)

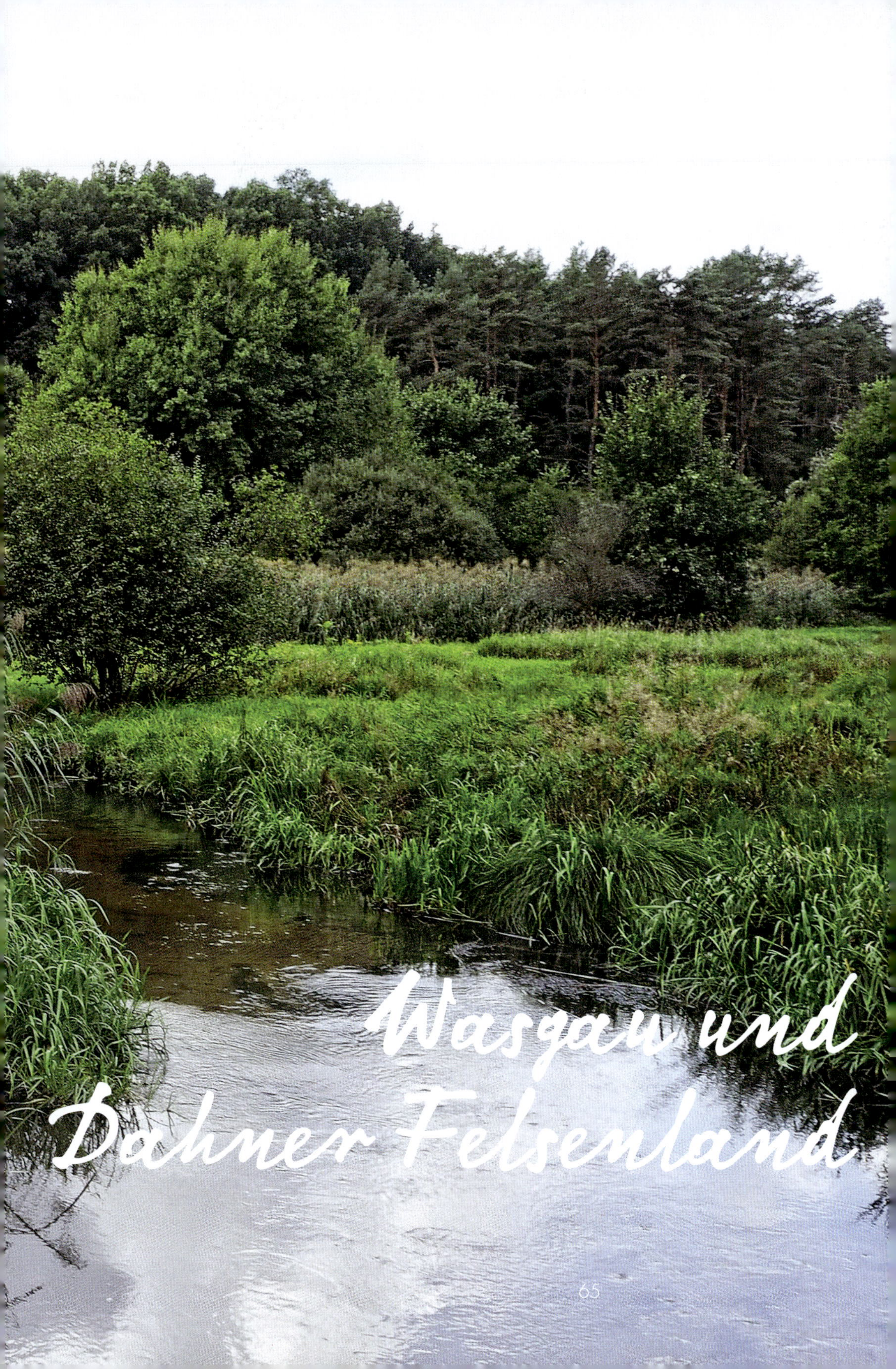

Wasgau und Dahner Felsenland

12 Grand Canyon der Pfalz

Spektakuläre Rundtour an den Altschlossfelsen

Mittel | 8,4 km | 180 Hm | 3 Std.

Tourencharakter
Rassige Rundtour, die mit wenigen Ausnahmen gut begehbar ist. Der Weg an den berühmten Felsen entlang ist auf gleichem Niveau und unproblematisch.

Ausgangs-/Endpunkt
Wanderparkplatz Neudorfstraße, 280 m

Höchster Punkt
Altschlossfelsen, 395 m

Anfahrt
GPS 49.1153, 7.5536
Bus/Bahn: Eppenbrunn ist nur von Pirmasens aus mit Bus 255 zu erreichen. Bushaltestelle Bürgerhaus
Auto: Von der A 65 bei Landau auf die B 10 bis Hinterweidenthal. Von dort am Kreisel Richtung Eppenbrunn. Parken am Wanderparkplatz in der Neudorfstraße

Einkehr
Biergarten Kuppers Gaade, Do–Sa ab 14, So ab 11 Uhr

Beste Jahreszeit
Ganzjahrestour

Karte
Pfälzerwald 7, Blatt 40-544, 1:25 000, NaturNavi

Information
Tourist-Info Südwestpfalz-Touristik e. V., Pirmasens, Tel. 06331/809126, www.suedwestpfalz-touristik.de

Die grandiosen Altschlossfelsen bei Eppenbrunn stehen manchen Felslandschaften im Ausland in nichts nach. Im Frühjahr bei tief stehender Sonne schillern sie in diversen Rottönen und bieten ein zauberhaftes Naturschauspiel. Eine eindrucksvolle Rundtour zum Staunen.

Durchs grüne Mantelbachtal Der grün-rot markierte Altschlosspfad, der am Parkplatz von **Eppenbrunn** Ⓐ/Ⓔ beginnt, wird größtenteils unser Markierungszeichen sein. Vom Parkplatz kommend, geht es links die Himbaumstraße hoch, wo die Wanderzeichen hinweisen. Am Restaurant Kupper gehen wir rechts über den Hof und biegen vor dem Biergarten »Kuppers Gaade«, den wir uns schon mal für den Rückweg vormerken, links ab. Auf herrlichem Wanderweg längs des Baches geht es

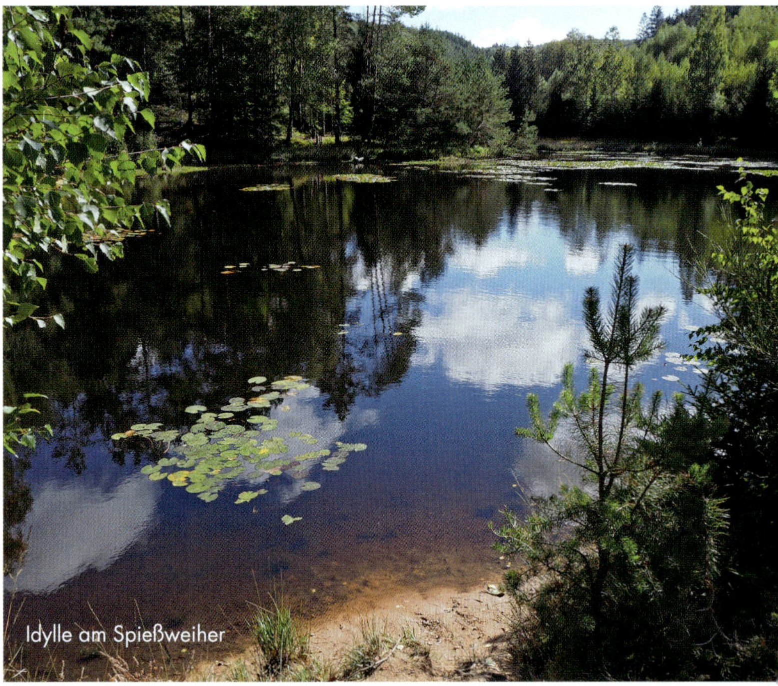

Idylle am Spießweiher

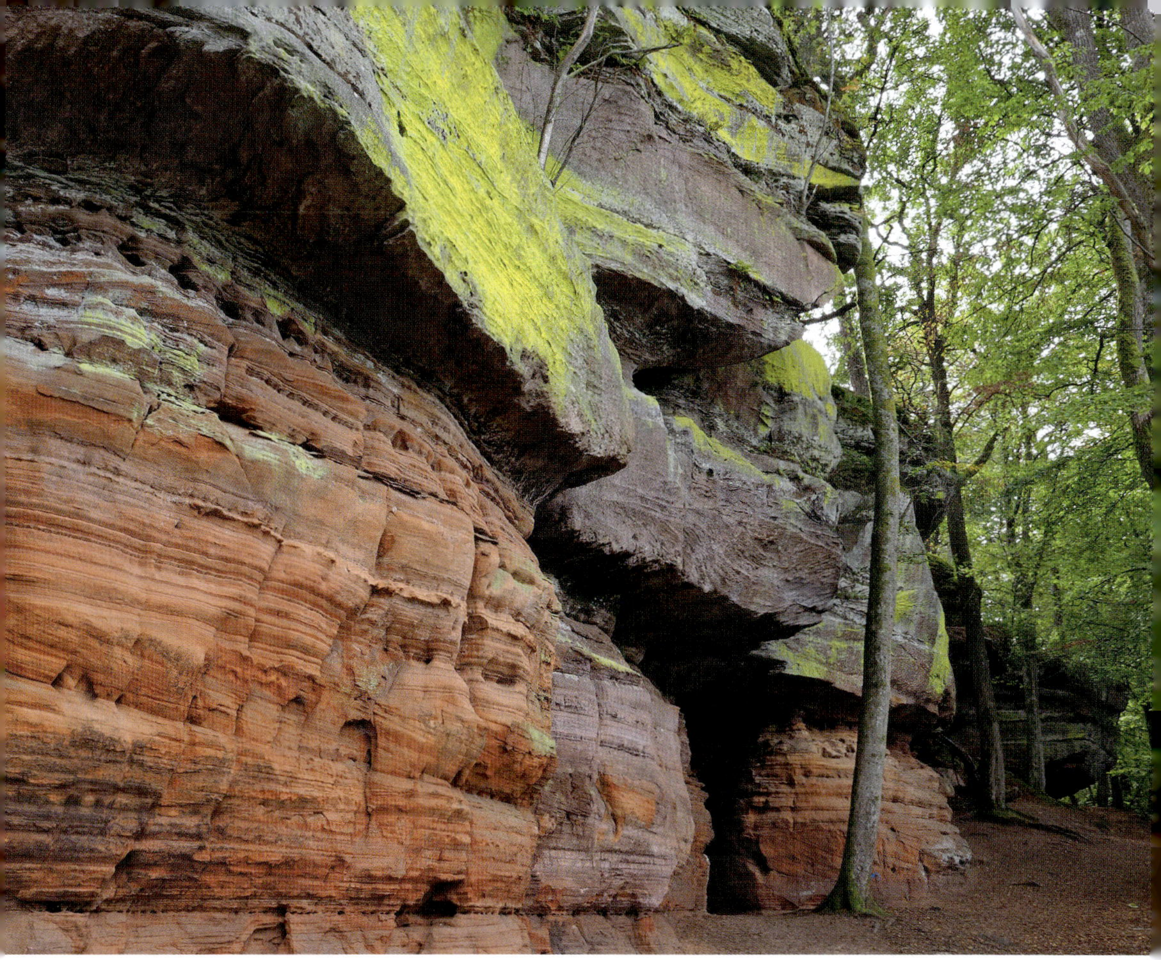

sogleich unter das grüne Dach des Waldes. Nach 15 Minuten überqueren wir den **Martelbach** ❶ auf einem Brücklein und halten uns links. Durch das üppig begrünte Martelbachtal geht es nun sanft bergauf. Auf Höhe einer Viehweide wechseln wir die Talseite und schlendern auf federndem, mit Wurzeln durchsetztem Waldboden weiter. Jetzt heißt es gut die Füße heben, um nicht ins Stolpern zu geraten. Links an der Flanke des Berges machen sich schon die ersten Vorboten des spektakulären Felsmassivs breit. Sandsteinbrocken in allen Formen, die einen bemoost, andere kahl und glatt. Am Ende der Weidefläche geht es linkshaltend etwas steiler hoch, wobei uns die Mühe mit Zitaten berühmter Dichter versüßt wird. Aber aufgepasst, schon kurz nach dem Anstieg geht es wieder rechts talwärts.

Die mächtigen und farbenprächtigen Altschlossfelsen

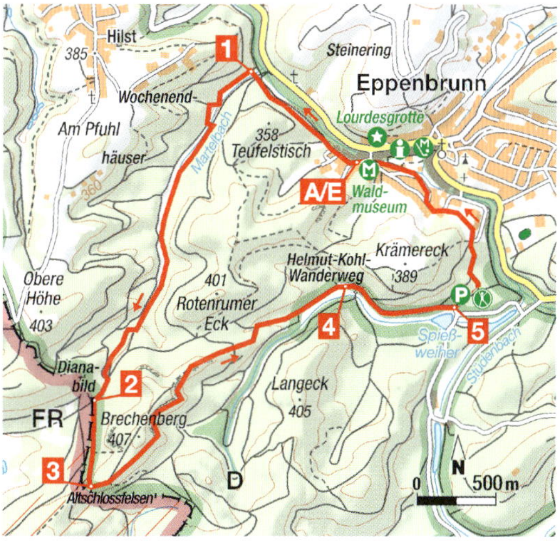

Zur römischen Göttin der Jagd Kurz nach der Picknickgruppe am Rastplatz **Bannholz** verzweigt der Weg. Wir folgen nach rechts dem roten Punkt, der uns zu einer Infotafel über das **Dianabild** 2 führt. An der alten Salzstraße, die von Metz ins Rheintal führt, hatte vermutlich ein römischer Offizier das Götterbild im Sandsteinfels errichten lassen. Dem Weg nach rechts folgend kann man auf altem Römerweg einen Abstecher zum 300 Meter entfernten Bild im Fels mit den drei Göttern machen. Allerdings sind die Einritzungen nur mit viel Fantasie zu erkennen. Darüber hinaus ist auf den letzten Metern zum Fels etwas Kraxelei angesagt. Wir biegen am Schild links ab und befinden uns nun auf dem deutsch-französischen Grenzweg. Es folgt die einzige markante Steigung auf steinigem und steilem Pfad, die aber schnell bewältigt ist.

Eselwandern in Eppenbrunn

Falls Sie gerne zusammen mit Ihren Enkeln die Altschlossfelsen besuchen möchten, können Sie das auch in Begleitung eines Esels machen. Der in Eppenbrunn ansässige Eselhof Anecdote bietet Halb-, Ein- oder Mehrtagestouren mit den gutmütigen Langohren an. Eine lohnenswerte Erfahrung und Spaß für die ganze Familie (www.eselwandern-pfalz.de).

Der Grand Canyon der Pfalz Oben an der Verzweigung halten wir uns links und das Spektakel aus braunen, ockerfarbenen und roten Sandsteinen der **Altschlossfelsen** 3 beginnt. Wer Lust hat, verlängert noch ein paar Meter zum **Aussichtsplateau** auf dem Fels mit Picknickbank und Blick in die Nordvogesen. In lockerem Auf und Ab geht es nun auf knapp 1,5 Kilometer Länge an den atemberaubenden Sandsteinklippen entlang. Unterschiedliche Erosionsformen haben ihre Spuren hinterlassen. Die einen sind bienenwabenförmig durchlöchert, bei anderen wurden unterschiedliche Schichten herausmodelliert, die sich farblich unterscheiden. Filigrane Säulen wechseln sich ab mit senkrechten und teils überhängenden, bis zu 30 Meter hohen Felswänden, die durchschritten werden. Man kommt aus dem Staunen kaum heraus über den pfälzischen Grand Canyon im Kleinformat. Besonders im Abendlicht bei tief stehender Sonne zeigen sich die Felsen in ihrer schönsten Form. Durch einen herauserodierten Durchgang am letzten Fels verlässt man das Naturspektakel bergab. Am Wegweiser danach (**Altschlossfelsen Nord**) gehen wir entgegen den Wegzeichen geradeaus weiter. Nach wenigen Minuten linkshaltend treffen wir auf einen breiten Fahrweg und wandern nach rechts wei-

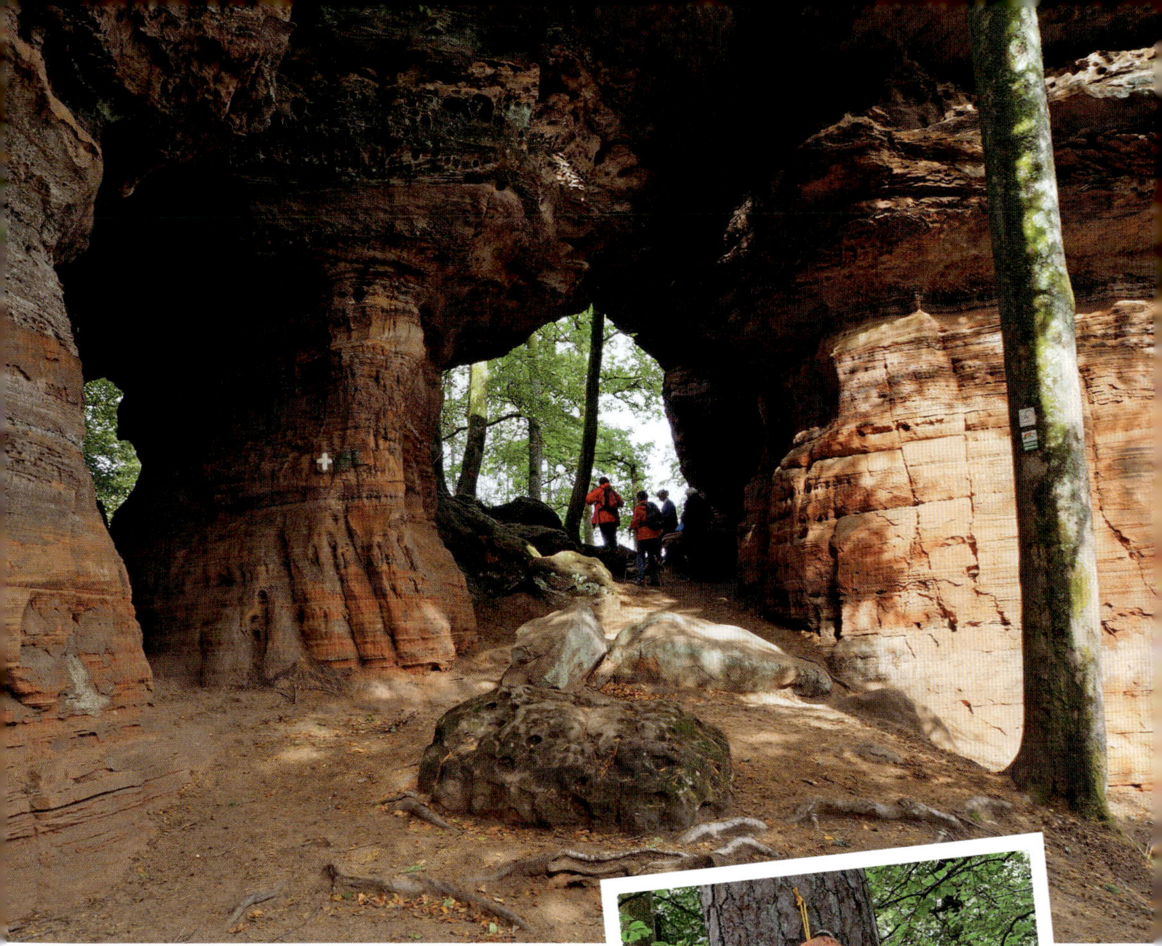

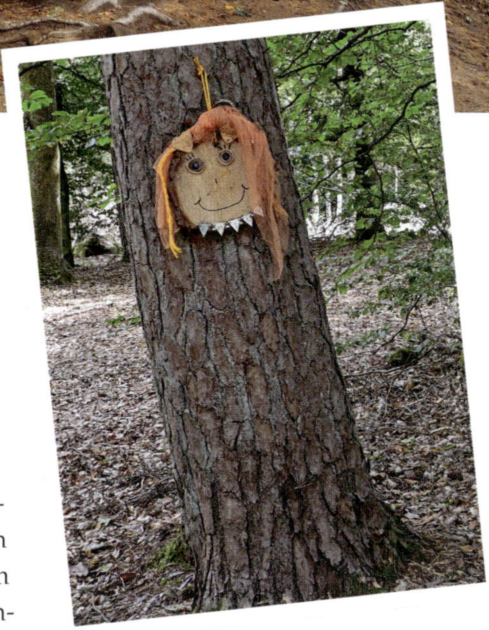

ter. Wir befinden uns auf dem **Helmut-Kohl-Wanderweg** 4, bei dessen Einweihung unser mittlerweile verstorbener Altkanzler persönlich zugegen war. Der Weg zieht hinein ins grüne Hilsterbachtal, wo wir auf den Wanderparkplatz **Spiesweiher** 5 treffen. Nach links verlassen wir die Wanderwege und orientieren uns am gelben Wegweiser in Richtung Eppenbrunn, auf dem uns lustige Waldgespenster am Wegesrand beäugen. Eine Kreuzung überquerend, halten wir uns kurz nach einer Eselfarm links und ziehen den Hohlweg hinab. Auf dem Teersträßchen gehen wir an der ersten Möglichkeit rechts die Pirminiusstraße hinab. Sofort noch mal nach rechts erreichen wir den hübsch angelegten **Freizeitpark** und schreiten nach links am Bach entlang. Am Ende nach dem Brücklein sind wir wieder am Parkplatz bzw. an der nahe gelegenen Bushaltestelle.

Lustige Gespenster beäugen die Wanderer.

Ganz oben: Bizarre Felslandschaft

13 Wasgauer Seentour

Zu idyllischen Weihern und kristallklaren Bächen

Leicht | 8,1 km | 160 Hm | 2.45 Std.

Tourencharakter
Angenehme Spazierwanderung auf größtenteils gut befestigten Feld- und Waldwegen. Der feuchte, zur Übernässung neigende Pfad an der Sauer kann bei schlechtem Wetter umgangen werden.

Ausgangs-/Endpunkt
Biosphärenhaus, 225 m

Höchster Punkt
An der Kalorienpromenade, 260 m

Anfahrt
GPS 49.0871, 7.7236
Bus/Bahn: Regionalbahn bis Dahn. Von dort verkehrt Buslinie 251 nach Fischbach.
Auto: Von der A65 bei Landau auf die B 10 bis Hinterweidenthal. Auf B 427 nach Dahn-Reichenbach, dort links abbiegen nach Fischbach. Parkplatz am Biosphärenhaus

Einkehr
Café-Bistro Biosphärenhaus, Di–So ab 11 Uhr;
Landhaus Tausendschön Fischbach, Sa, So 11–14 und ab 17 Uhr, Mo, Di, Fr ab 17 Uhr.

Beste Jahreszeit
Ganzjahrestour

Karte
Pfälzerwald 7, Blatt 40-544, 1:25 000, NaturNavi

Information
Tourist-Information Dahn, Schulstraße 29, Tel. 06391/919 62 00, www.dahner-felsenland.net

Die moderate Seen- und Waldrunde mit Feuchtgebieten, Quellen und Bächen steht in herrlichem Kontrast zu den vielen trockenen Höhenstandorten in der Pfalz. Im Biosphärenhaus am Beginn und Ende der Tour erfährt man einiges über den Kultur- und Naturraum der Region.

Im Spießwoogtal Am **Biosphärenhaus** Ⓐ/Ⓔ beginnen wir unsere Runde und ziehen links daran vorbei, mit den Düften des Burgkräutergartens in der Nase. Nach der Kuppe biegen wir an den Infotafeln links ab. Hier wartet schon unser Wanderzeichen des Wasgauer Seenweges, mit blauem Vogel auf gelbem Grund. Unterhalb des Baumwipfelpfades vorbei geht es ins grüne Spießwoogtal. Infotafeln des Biosphären-Erlebnisweges erläutern die Zusammenhänge zwischen Bodenbildung und Geologie im Buntsandstein. Wer etwas für seine Fitness tun möchte, kann dies daneben an diversen Installationen machen. Der Weg führt

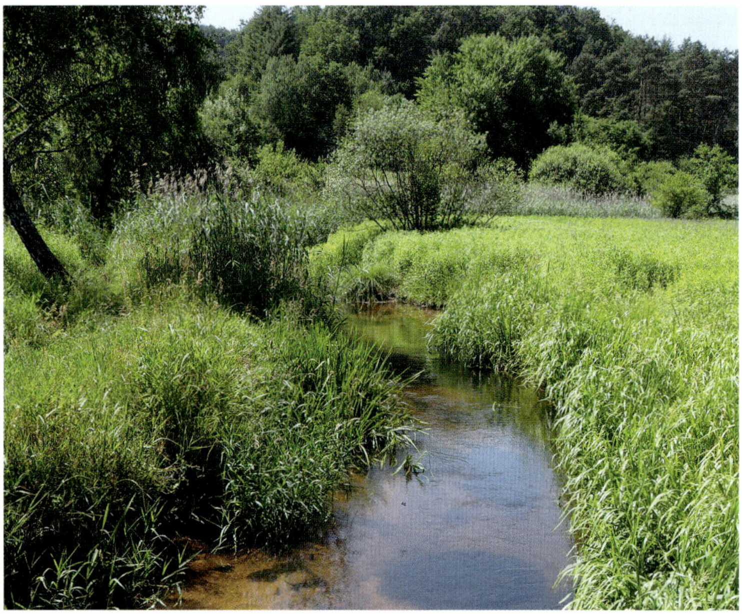

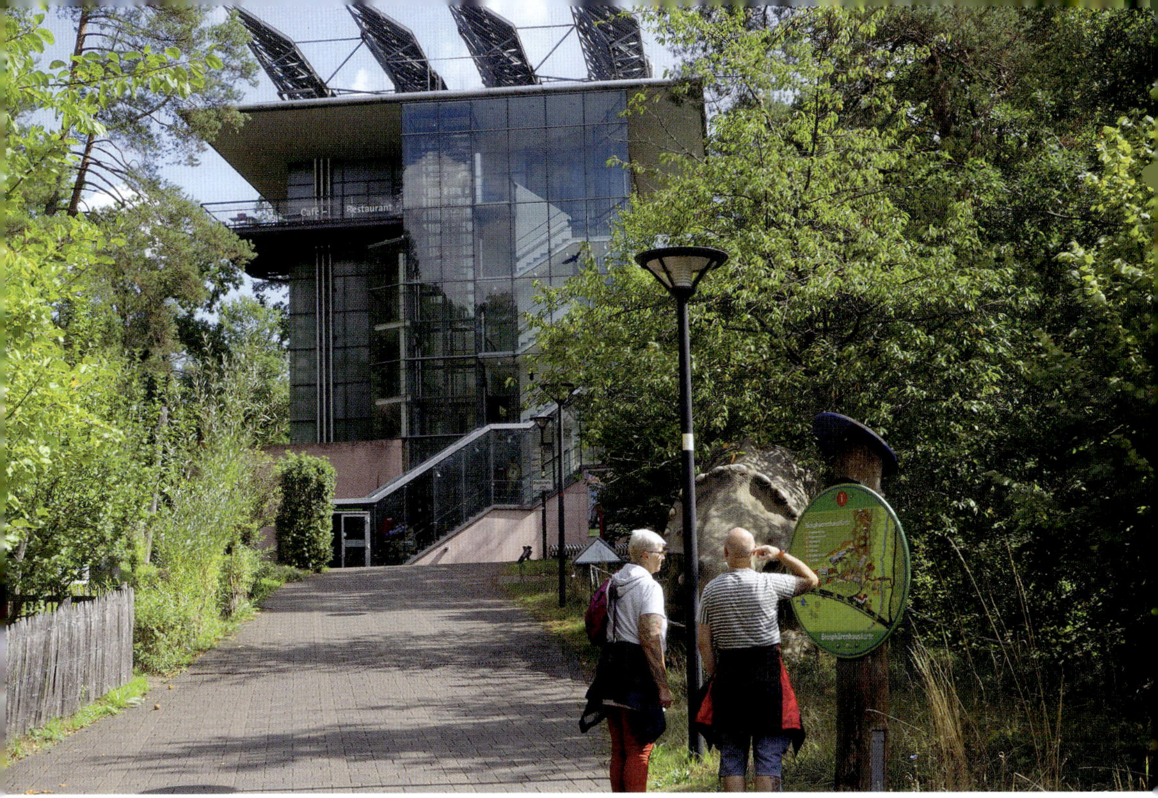

Das Biosphärenhaus in Fischbach mit ungewisser Zukunft

Linke Seite: Naturidylle an der Sauer bei Fischbach

hinunter in die grüne Wiesenlandschaft im Talgrund, wo man auf dem Beobachtungsturm an der Kreuzung Näheres über einheimische Vögel erfährt. Ein Abstecher gegenüber zum **Klosterweiher** ❶ lohnt sich. Eine Tafel erläutert die Entstehung dieser typischen Pfälzer Gewässer, die auch Woog genannt werden. Zurück am Pavillon geht es rechtshaltend in Richtung Wald. Schon kurz danach treffen wir im üppig begrünten Seitental auf den nächsten Weiher, der so dicht mit Seerosen und Wasserpflanzen überwuchert ist, dass er fast zu übersehen wäre.

Auf der Kalorienpromenade An der T-Kreuzung nach dem im Dickicht versteckten **Hainbacher Teich** ❷ verlassen wir nun vorübergehend den Wasgau-Seenweg und folgen der rot-weißen Markierung nach links über den Damm zwischen den beiden Seen. An der nächsten Waldkreuzung, nach 300 Metern, können wir den Asphalt ein Stück umgehen. Nach rechts finden wir nach 30 Metern wieder das Symbol unseres Seenweges, das uns links auf einen fast überwucherten Pfad weist, der sich zwischen Kiefern hindurchschlängelt. Der Naturweg stößt nach zehn Minuten wieder auf die Waldstraße. Dort, an der Verzweigung, bleiben wir rechtshaltend auf unserem gelb-blauen Seenweg. Am holzgeschnitzten Bären neben der

Kräutergarten am Biosphärenhaus

Bank queren wir die Kreuzung und passieren den **Waldsee** ❸ rechts des Weges. Am Wegweiser dahinter geht es links weiter. Kurz vor den Häusern von Fischbach ziehen wir rechts hoch. Kurvenreich geht es jetzt ohne merkliche Steigungen durch satten Buchen-Kiefern-Mischwald. Am Schild der **Kalorienpromenade** (30 Min.), ebenfalls ein Wanderweg rund um Fischbach, verlassen wir ein zweites Mal den ausgeschilderten Seenweg und biegen links ab. Das blaue Gespenst des **Pfälzer Sagenweges** wird uns nun den Rest des Weges zeigen.

Biosphärenhaus Fischbach

Auf vier Etagen werden vielfältige Zusammenhänge des Biosphärenreservates Pfälzerwald-Nordvogesen spielerisch und anschaulich für Erwachsene und Kinder erläutert. Im nahen Baumwipfelpfad lässt sich die Natur von oben erkunden. Unbedingt sehenswert. Leider wurde das Haus 2022 vorübergehend geschlossen. Laut mündlicher Auskunft soll es 2023 wieder eröffnet werden (www.biosphaerenhaus.de).

Sauer-Entdeckerweg In **Fischbach** ❹ biegen wir an der Durchgangsstraße links ab und folgen der Beschilderung nach 75 Metern wieder nach rechts in die Talaue in den **Münchmattpark** ❺. Die ehemalige land-

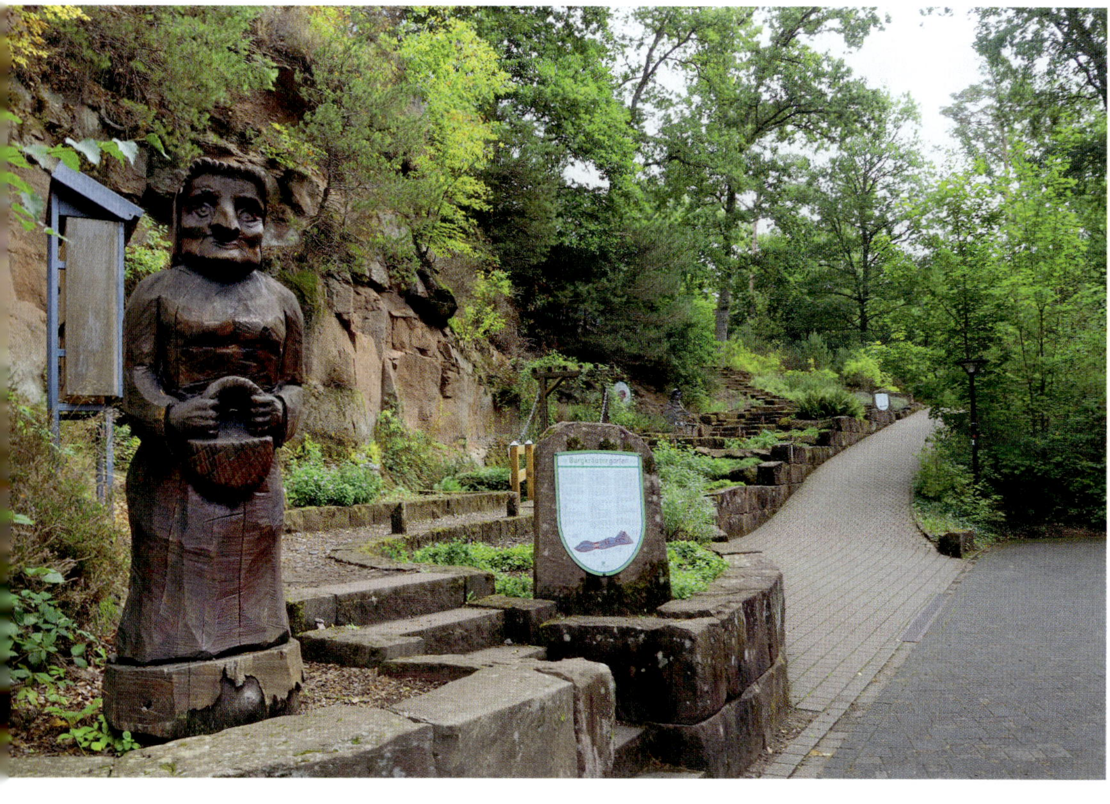

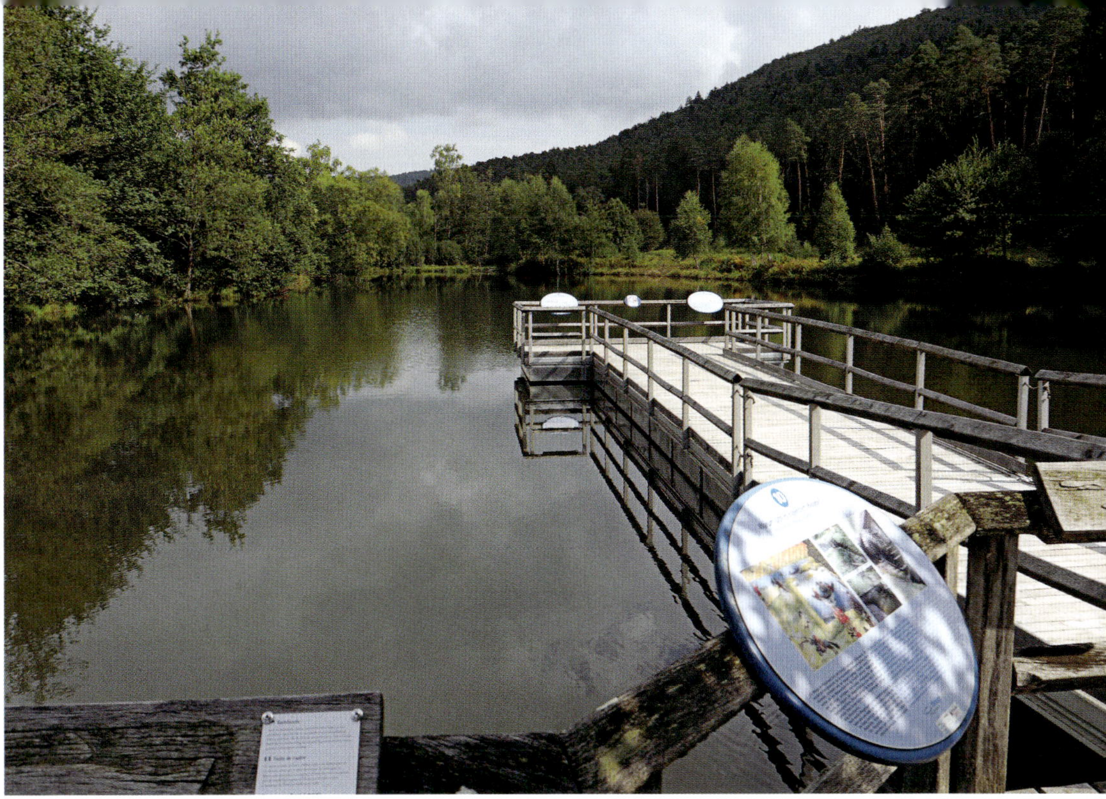

wirtschaftlich genutzte Fläche wurde nach jahrzehntelanger Brache wieder rekultiviert. Leicht zu übersehen ist der Rechtsknick des Weges im Wald kurz nach der zweiten Infotafel des Münchmattparks. Die Wanderzeichen führen uns zu einem restaurierten Wehr an der Sauer, mit deren Regulierung früher die Buckelwiesen bewässert wurden. Dahinter links betreten wir nun auf dem **Sauer-Entdeckerweg** 6 ein einmaliges Biotop. Direkt neben dem glasklaren Wasser verläuft der Wanderpfad durch einen Dschungel mannshoher Schilfstauden. Mit etwas Ruhe und Geduld lassen sich Wasservögel und Amphibien am plätschernden Wasserlauf beobachten. An Tafel 2 folgen wir weiter dem Lauf des Gewässers. Wer genug davon hat, oder wem das Wasser schon zwischen den Zehen hervorquillt, kann den Rest des Weges rechts auf der befestigten Straße zurücklegen. Zurück am Weg halten wir uns links und überqueren die Friedhofstraße. Auf Wiesenweg geht es jetzt quer durch die Talaue hoch zum Wald und dort linkshaltend weiter. Der Wasgau-Seenweg lotst uns weiter durch das weite Tal. Erneut stoßen wir auf das Gewässer und folgen dessen Lauf. An der Tafel über die Wassertemperatur biegen wir links ab, treffen auf die Hauptstraße und gehen zurück zum Parkplatz.

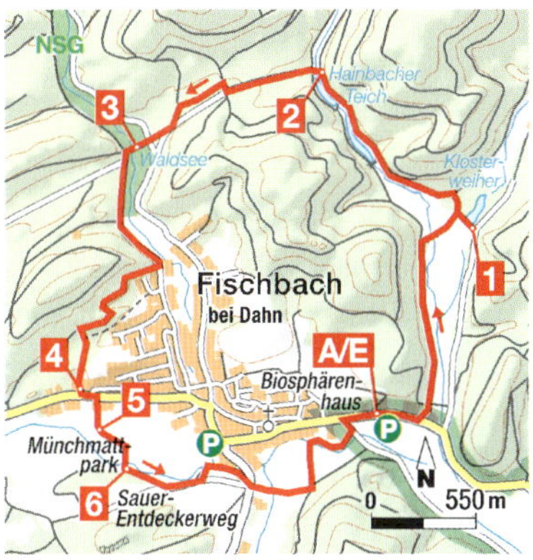

Am Klosterweiher

14 Zur Burg Berwartstein

Auf den Spuren des Raubritters Hans Trapp

Leicht | 8 km | 280 Hm | 3.15 Std.

Tourencharakter
Zu Beginn meist breite Waldwege. Abstieg vom Schniddelfels auf schmalem, aber gut begehbarem Pfad. Viel Schatten. Badesachen mitnehmen

Ausgangs-/Endpunkt
Parkplatz Burg Berwartstein, 260 m

Höchster Punkt
Schniddelfels, 385 m

Anfahrt
GPS 49.1073, 7.8643
Bus/Bahn: Mit der Regionalbahn nach Bad Bergzabern oder Dahn. Von dort mit Bus 545 nach Erlenbach. Von Mai bis Oktober bis zur Haltestelle Seehof unterhalb der Burg
Auto: Von Bad Bergzabern über die B427 nach Erlenbach. Im Ort links hoch zur Burg Berwartstein

Einkehr
Kiosk am Seehof, Ostern bis Okt., tgl. ab 11 Uhr, sonst Mi–So ab 11 Uhr;
Burgschänke Burg Berwartstein, März–Okt. 9.30–17, sonst Sa, So 9.30–17 Uhr

Beste Jahreszeit
Ganzjahrestour

Karte
Pfälzerwald 8, Blatt 42-544, 1:25 000, NaturNavi

Information
Tourist-Information Dahn, Schulstraße 29, Tel. 06391/919600, www.dahner-felsenland.net

Als Kinderschreck geistert der einstige Raubritter Hans Trapp bis heute in Pfalz und Elsass herum. Wegen seiner Fehde mit dem Kloster Weißenburg baute er Burg Berwartstein als uneinnehmbare Festung aus. Rund um die Wälder und Seen folgen wir den Spuren von Hans Trapp.

Burg Berwartstein Unterhalb der trutzigen **Burg Berwartstein** Ⓐ/Ⓔ beginnen wir unsere Tour am Parkplatz. Die 1152 erstmals erwähnte Burg gehörte zeitweise dem Kloster Weißenburg und später den Kurfürsten der Pfalz. Diese übergaben sie als Lehen an den Marschall von Trotha, auch Hans Trapp genannt, der sie zu einer uneinnehmbaren Festung ausbaute und von dort seine Fehden gegen das Kloster Weißenburg austrug. Ob der stattliche Ritter so ein Unhold war, wie er dargestellt wird, ist geschichtlich nicht überliefert. Tatsächlich trug er von Burg Berwartstein um 1490 eine Fehde mit dem Kloster Weißenburg aus. In deren Verlauf staute er die Wieslauter, die den Ort durchfloss, auf und löste den Stau nach Protesten des Abtes wieder

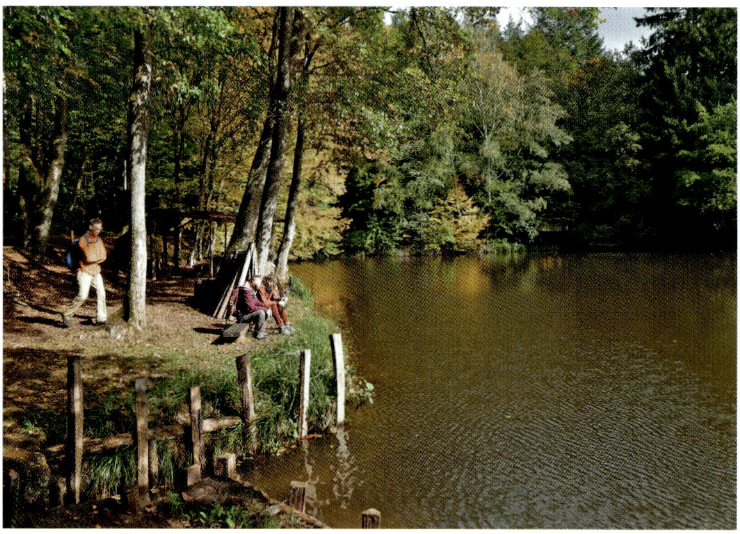

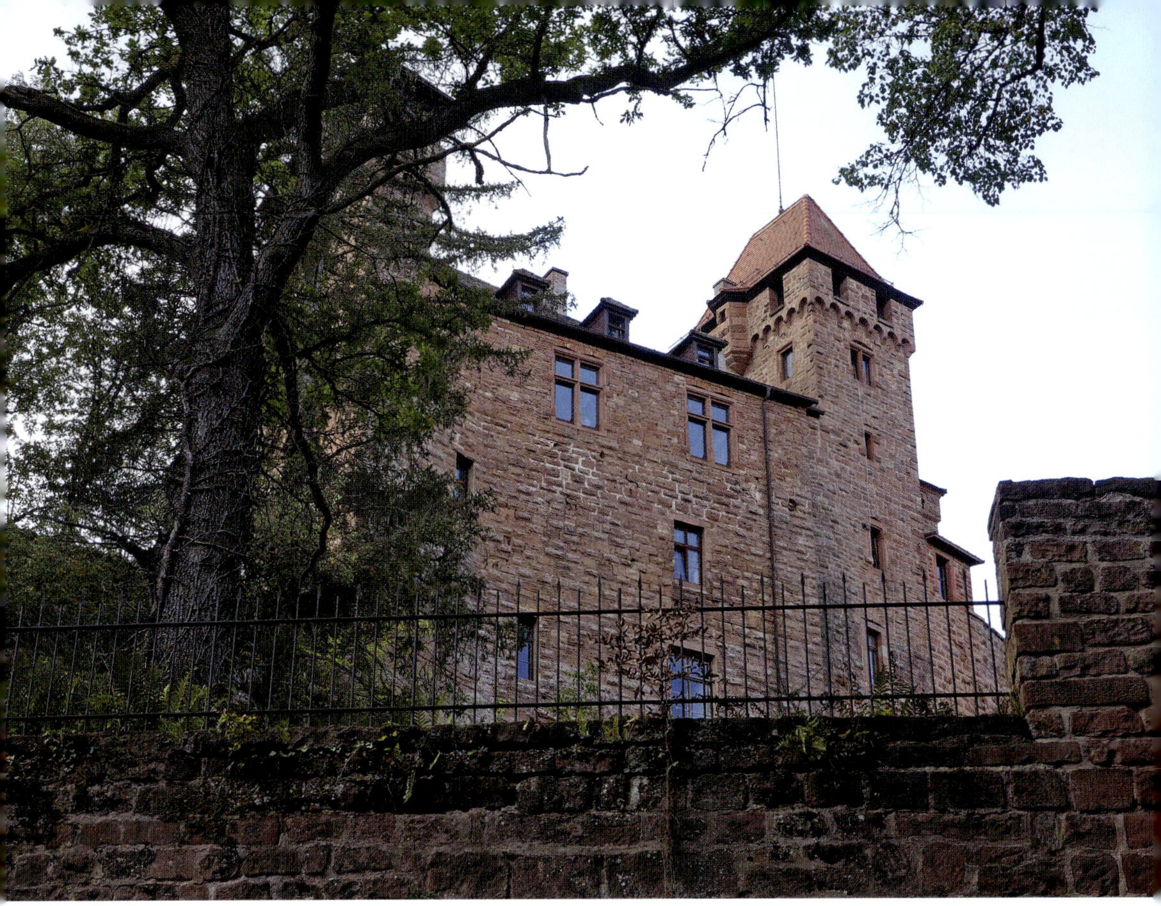

auf, was eine verheerende Überschwemmung zur Folge hatte. Die daraufhin ausgesprochene Reichsacht focht ihn wenig an. Ende des 19. Jahrhunderts wurde die durch Blitzschlag zerstörte Burg in historisierender Form wieder aufgebaut. Die Burg mit Folter- und Waffenkammern kann mit oder ohne Führung besichtigt werden. Aber zuvor foltern wir unsere Waden und machen uns auf die Spuren des Raubritters.

Burg Berwartstein: Stammsitz des Raubritters Hans Trapp

Linke Seite: Am Frauenwoog

Klein-Frankreich In Verlängerung der von Erlenbach kommenden Straße ziehen wir am Parkplatz vorbei talwärts. Dort, wo die Straße nach links schwenkt, geht es rechts in den Wald. Wir folgen dem linken der drei bergauf führenden Wege und biegen am nächsten Wegweiser ab zur Ruine **Klein-Frankreich** ❶. Der solitär stehende Turm wurde zur Zeit des Raubritters als Vorburg und zusätzliche Sicherung für die Burg errichtet. Zurück an der Kreuzung beschreiten

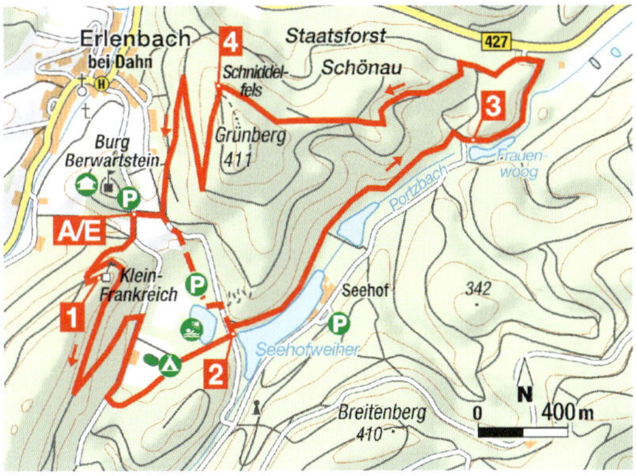

wir den rechts abgehenden Weg und orientieren uns am Hans-Trapp-Symbol mit dem Ritterhelm (Lauterschwan 6,6 km).

Seehofweiher An der Flanke des Nestelberges biegen wir nach Umrundung des Bergsporns, nach einer langen Geraden, scharf links ab und gelangen zur Zufahrtsstraße zum Campingplatz, auf der es nach rechts weitergeht. Wir lassen den Platz links liegen und biegen am Ende des Grundstücks links ab. An nächster Kreuzung verlassen wir den Raubritterweg – der geht nach rechts weiter – und steuern Liegewiese und Kiosk am **Seehofweiher** 2 an. Wer Lust und Laune hat, geht baden, lässt sich auf der Wiese nieder oder genießt einfach mit einer Pfälzer Schorle vom Kiosk die himmlische Ruhe am See. Es sei denn, es ist Sonntagnachmittag im Hochsommer, dann sollten wir die Rast besser noch etwas hinauszögern auf den nächsten Weiher. Am Kiosk

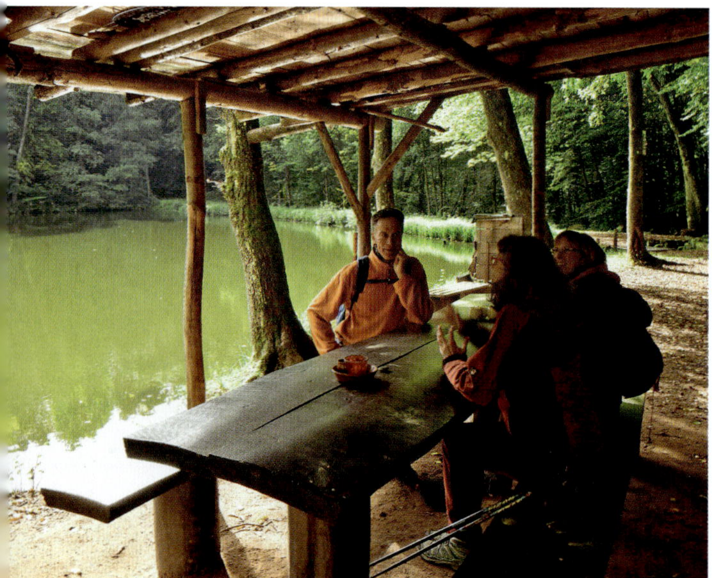

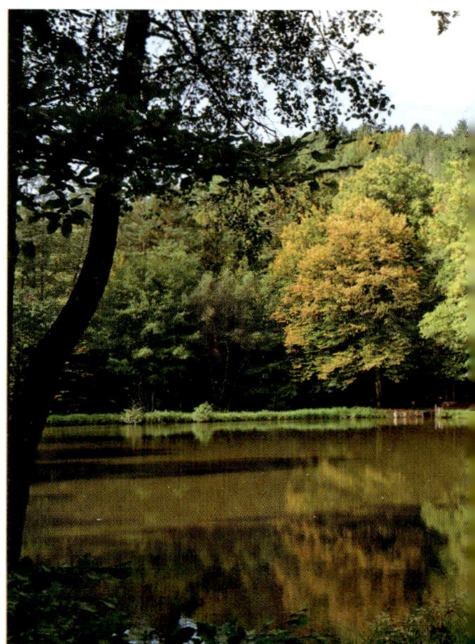

Links: Rast am Frauenwoog

Mitte: Am Seehofweiher

vorbei ziehen wir auf der linken Seite des Seehofweihers weiter. Das violette Symbol des Kapellen-Pilgerweges leitet uns unter dem Blätterdach des Buchenwaldes zu mehreren idyllischen Weihern, die uns zu einem überdachten Picknickplatz kurz vor dem letzten der Gewässer, dem **Frauenwoog** 3, führen. Dahinter weist der Pilgerweg nach rechts, wir gehen stattdessen geradeaus auf dem Sträßchen neben dem Woog weiter.

Zum Schniddelfels Nach 15 Minuten stoßen wir wieder auf den von rechts kommenden Hans-Trapp-Weg, der nach einer Schleife über Lauterschwan hier wieder zurück kommt. Wer einkehren möchte, folgt einfach dem Hans-Trapp-Weg in entgegengesetzter Richtung und findet nach einem etwa 1,5 Kilometer langen Gang das Tal hoch das Naturfreundehaus Bethof linker Hand. Wir vertrauen uns nach links erneut dem Raubritter an, der uns den Rest des Weges zeigt. Sorgfältig achten wir auf dem längeren Anstieg unter mächtigen Douglasien auf die Beschilderung, bis nach einer Kehre ein Schild links

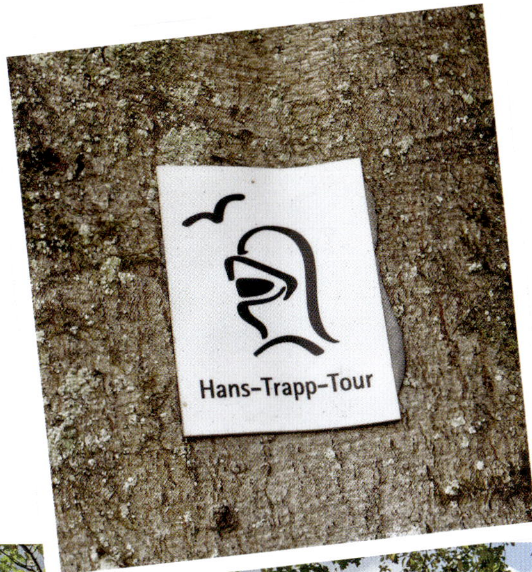

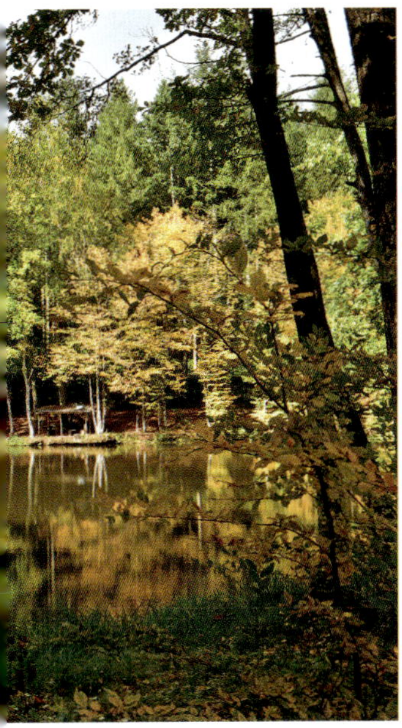

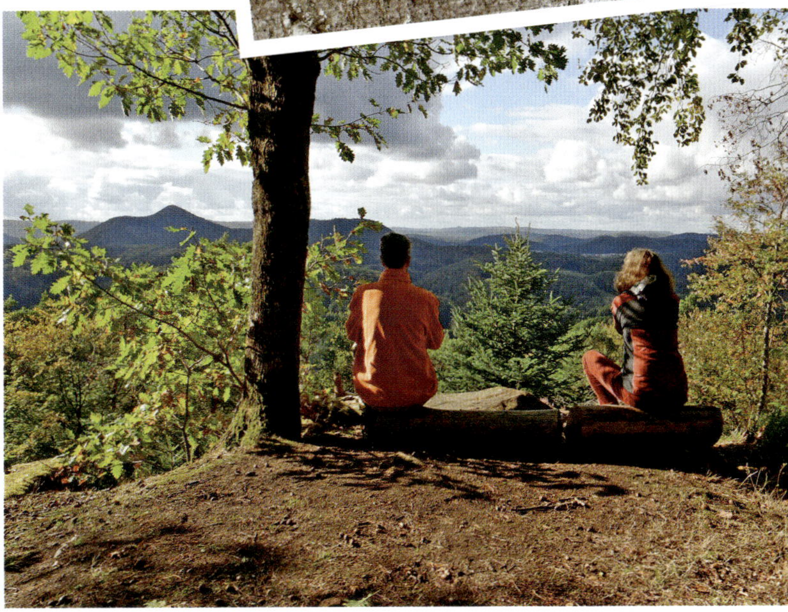

hoch zum **Schniddelfels** 4 weist. Der Pfad entführt uns zu einem Aussichtsfels, der uns auf einem Felsblock einen herrlichen Ausblick über die bewaldeten Hügelketten des südlichen Wasgaus bietet. Auf weichem Waldpfad mit dichtem Blätterteppich geht es jetzt über zwei Kehren ins Tal, wo der Pfad endet und uns die Asphaltstraße nach rechts wieder zum Parkplatz unterhalb der Burg Berwartstein zurückbringt.

Wasgaublick vom Schniddelfels

Ganz oben: Logo der Hans-Trapp-Tour

15 Der Weg der Steinpyramiden

Auf dem Busenberger Holzschuhpfad

Mittel | 7,6 km | 310 Hm | 3 Std.

Tourencharakter
Die Tour fordert ein bisschen Kondition auf den Pfaden mit zwei kurzen Steilanstiegen. Ansonsten läuft man auf schattigen und breiten Waldwegen.

Ausgangs-/Endpunkt
Parkplatz beim Hexenplätzl, 300 m

Höchster Punkt
Löffelsberg, 450 m

Anfahrt
GPS 49.1351, 7.8354
Bus/Bahn: Mit der Regionalbahn nach Bad Bergzabern oder Dahn. Von dort mit Bus 545 nach Busenberg/Ortsmitte. Von der Kirche aus ca. 1 km zum Ausgangspunkt an den Sportanlagen gehen
Auto: Von Bad Bergzabern über die B 427 nach Busenberg. An der Kirche rechts hoch und über die Kirchstraße zur Waldstraße

Einkehr
Bühlhofschänke, Mi, Sa, So von 11–18 Uhr, www.buehlhof.de

Beste Jahreszeit
Ganzjahrestour

Karte
Pfälzerwald 8, Blatt 42-544, 1:25 000, NaturNavi

Information
Tourist-Information Dahn, Schulstraße 29, Tel. 06391/91 96 00, www.dahner-felsenland.net

Ein schwarzer Holzschuh erinnert an die große Zeit des Pfälzer Schuhhandwerks. Heutzutage wandern wir stattdessen in unseren Hightech-Schuhen auf einem der schönsten Premiumwanderwege des Pfälzerwaldes mit spektakulären Felsen und einer rustikalen Ausflugsgaststätte.

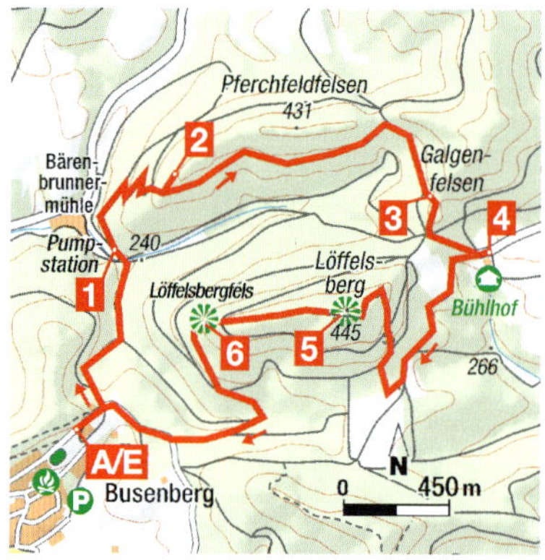

Pferchfeldfelsen Am Parkplatz vor den Sportanlagen oberhalb der Gemeinde **Busenberg** Ⓐ/Ⓔ in der Waldstraße ziehen wir los. An der Kelteranlage des Gartenbauvereins vorbei, geht es zur Kreuzung am **Hexenplätzl.** Leider bekommen wir keine Hexen zu Gesicht und biegen links ab. Bis zum Abstieg vom Löffelsberg bleiben wir nun auf dem markierten Prädikatswanderweg des **Busenberger Holzschuhpfades** (Richtung Bühlhof). Nach dem bergab führenden Wegstück verlassen wir den Forst und benutzen in der Kehre den rechts vom Weg abgehenden Pfad. Vorsicht, hier herrscht akute Stolpergefahr durch viele Wurzeln. Am Ende des Pfades erklärt eine Tafel die Funktionsweise des Waldes als Wasserspeicher. Dahinter biegen wir links und nach der **Pumpstation** ❶ rechts ab.

Es folgt ein gemächlicher Anstieg unter Kiefern und Buchen auf geschottertem Waldweg. An der ersten Kreuzung geht es rechts auf einem Zickzackweg weiter den Berg hinauf. Es sind nur 50 Höhenmeter, die uns allerdings einiges abverlangen. Danach dürfen wir auf ebenem Weg nach rechts wieder verschnaufen (Wegweiser Langenwalderfelsen/Tannenwald). Zuvor machen wir jedoch noch einen Abstecher zum gigantischen Felsmassiv der **Pferchfeldfelsen** ❷ gegenüber. Wer Lust auf

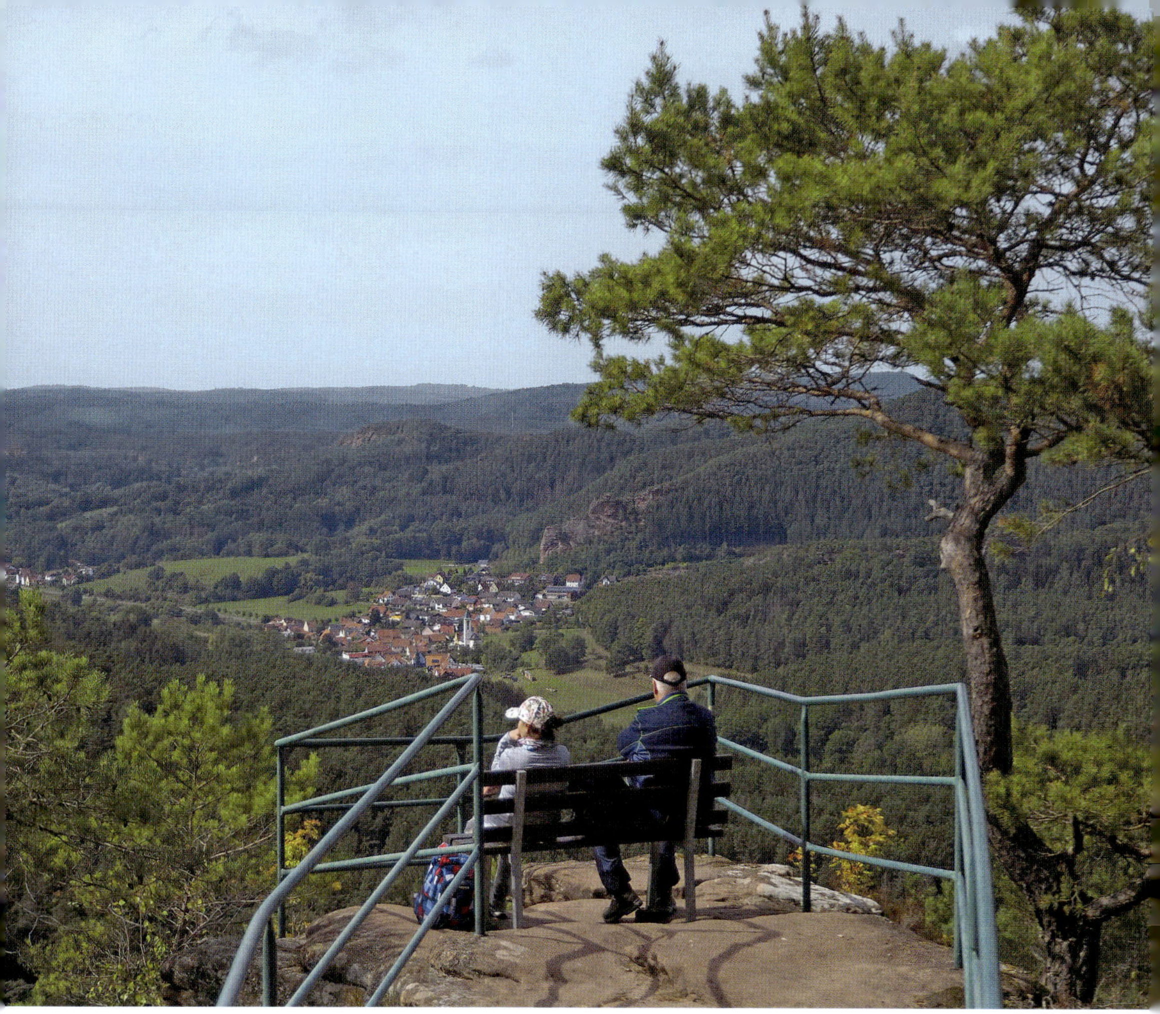

Blick nach Busenberg vom Löffelsbergfels

ein wenig Kraxelei hat, kann ein geraumes Stück unterhalb der mächtigen Sandsteinklippen entlangkrabbeln und gehen. Mit etwas Glück kann man Freeclimber beobachten, die fast senkrechte Wände erklimmen.

Galgenfelsen Zurück am Wegweiser geht es jetzt auf breitem Forstweg weiter. Am ersten Orientierungszeichen nach der langen Waldetappe ziehen wir geradeaus weiter. Zehn Minuten danach verlassen wir den breiten Wirtschaftsweg und steigen links den Pfad hoch (Wasgauer Felsenweg), an alten Grenzsteinen vorbei. Wir zwingen uns rechterhand des kolossalen Busenberger **Galgenfelsens** 3 vorbei und stoßen dahinter wieder auf den Forstweg. An der Kreuzung geht es auf dem zweiten links abgehenden Weg in Richtung Erlenbach, der uns direkt zur Lichtung mit dem **Bühlhof** 4 mit seiner rustikalen Ausflugsgaststätte führt.

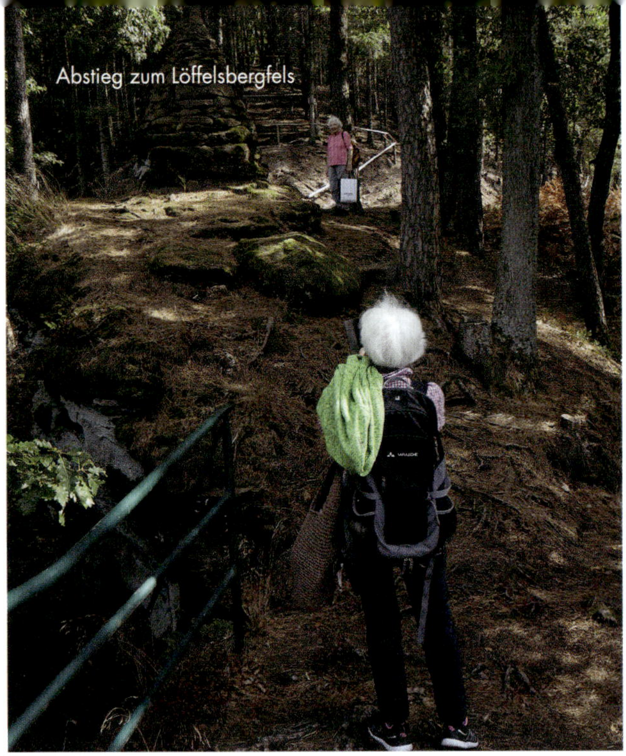
Abstieg zum Löffelsbergfels

Löffelsberg Vor dem Anwesen biegen wir in spitzem Winkel rechts ab in Richtung Löffelsteinfelsen mit dem blau-weißen Symbol des Oberschlettenbacher Höhenweges. Am Waldaustritt beim Wegweiser **Südlich Bühlhof** schlagen wir den rechts abgehenden Weg ein und wandern auf schmalem Pfad zwischen jungen Birken erneut ins Dickicht. Den sandigen Forstweg verlassen wir nach 50 Metern nach links. Ein zweites Mal führt uns ein Serpentinenpfad mit mäßigem Anstieg bergauf. Am nächsten Waldweg weisen die Wanderzeichen nach links. Wer nicht den (nur zu

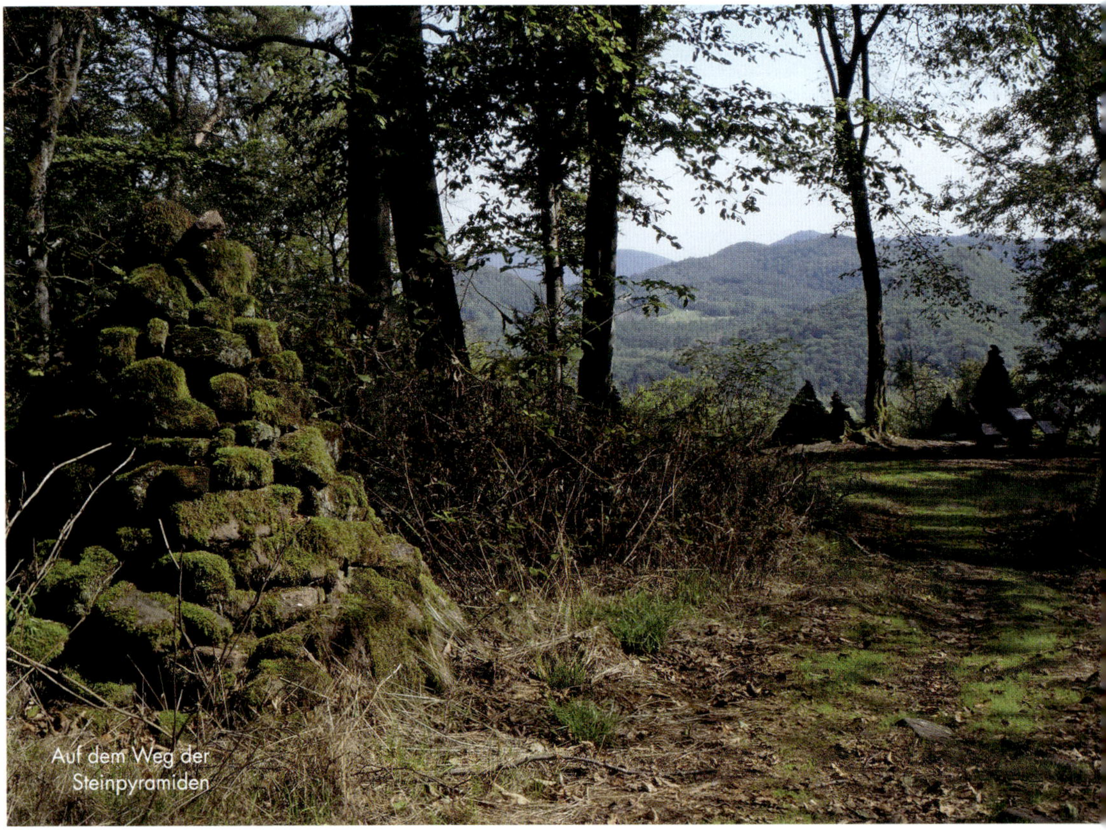
Auf dem Weg der Steinpyramiden

Beginn) anstrengenden Gratweg über den Löffelsberg gehen möchte, folgt hier den Wanderzeichen. Die »Bergziegen« steigen jedoch gegenüber die Stufen hoch. Am Fels vorbei wandern wir über Stock und Stein hinauf zum herrlichen Gratweg auf dem **Löffelsberg** 5. Oben angekommen, umrahmen ein paar gigantische, bis zu zwei Meter hohe Steinpyramiden ein herrliches Panorama mit Ausblick zur Burgruine Lindelbrunn gegenüber.

Kletterer am Pferchfeldfelsen

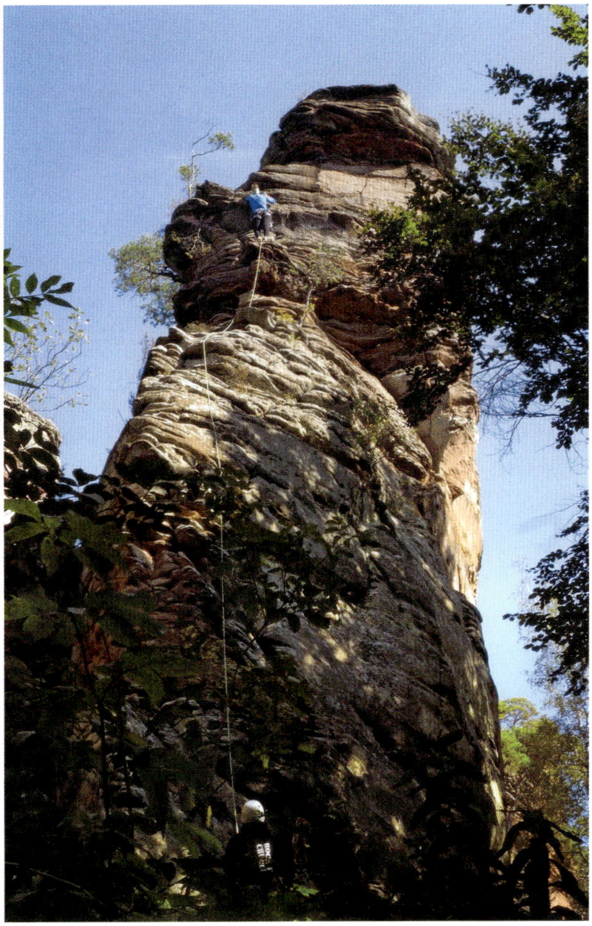

Weg der Steinpyramiden Einzigartig reiht sich nun eine Pyramide an die nächste. Die größtenteils schon bemoosten Steine zeigen, dass die Bauwerke nicht erst gestern errichtet wurden. Gegenüber blicken wir zum mächtigen Massiv der Pferchfeldfelsen, denen wir zuvor begegnet sind. Am markanten **Löffelsbergfels** 6 endet die Steinmännchenallee. Eine Aussichtsbank lädt ein zur Rast mit herrlichem Ausblick über Busenberg und die mächtige Ruine Drachenfels. Vor der Aussichtsterrasse gehen wir rechts weiter bergab, wo uns der Pfad unter dem Felsmassiv zwischen den beiden Blöcken hindurchführt. Unterhalb des Felskolosses geht es nun im Zickzack bergab. Unten an der Kreuzung mit der Ruhebank nehmen wir den zweiten links abgehenden Weg in Richtung Hexenplätzl. Achtung, in der Rechtskehre des Weges verlässt uns der schwarze Holzschuh nach links. Wir bleiben auf dem breiten, leicht bergan führenden Forstweg (nicht den Weg durch die Schranke nehmen). Auf dem Teersträßchen halten wir uns rechts und sind nach fünf Minuten zurück am **Hexenplätzl.**

Ruine Drachenfels

Falls Sie noch Zeit haben, besuchen Sie auf der gegenüberliegenden Talseite die spektakulär auf den Fels gebaute Burgruine Drachenfels, im Volksmund auch Backenzahn genannt, die auf abenteuerlichen Steintreppen und Leitern erklommen werden kann. Ganz oben von der Aussichtsplattform genießt man einen traumhaften Rundumblick.

16 Der Dahner Elwetritscheweg

Lustige Runde auf den Spuren der Fabelwesen

Mittel | 7,4 km | 220 Hm | 2.30 Std.

Tourencharakter
Um die Nistplätze der Elwetritsche zu finden, bedarf es ein bisschen Kondition. Gut begehbare Waldpfade und -wege. Viel Schatten

Ausgangs-/Endpunkt
Dahn, Haus des Gastes, 210 m

Höchster Punkt
Römerfelsen, 350 m

Anfahrt
GPS 49.1482, 7.7815
Bus/Bahn: Mit der Regionalbahn von Landau nach Hinterweidenthal, dann mit Bus 250/252 nach Dahn. Oder von Bad Bergzabern mit Bus 545 nach Dahn Stadtmitte
Auto: Von Landau über die B 427 nach Dahn. Parkplatz am Haus des Gastes, nach dem Kreisel am Ortseingang rechts

Einkehr
Keine Einkehrmöglichkeit unterwegs. Achtung, diebische Elwetritsche stiebitzen gerne mitgebrachte Stullen!

Beste Jahreszeit
Ganzjahrestour

Karte
Pfälzerwald 8, Blatt 42-544, 1:25 000, NaturNavi

Information
Tourist-Information Dahn, Schulstraße 29, Tel. 06391/91 96 00, www.dahner-felsenland.net

Wer noch nie etwas über die Pfälzischen Elwetritsche gehört hat, sollte sich diese Tour vornehmen, am besten in Begleitung der Enkelkinder. Mit Fantasie und den lustigen Texten kann man sich vorstellen, wie die rätselhaften Fabelwesen um die roten Sandsteinfelsen schwirren.

Zur Tritsche-Nistanlage Um mehr über die Elwetritsche zu erfahren, müssen wir kein Studium auf der »Dahner Fachhochschule für Tritschologie« absolvieren. Ein Gang auf dem Elwetritscheweg genügt, um die Pfälzer Fabelwesen kennenzulernen. Beginnen wir am **Haus des Gastes** Ⓐ/Ⓔ, wo gegenüber schon drei prächtige Exemplare der Wasgauer Elwetritsche stehen. Hinter der Eingangsbrücke orientieren wir uns am Wegzeichen und ziehen rechts hoch über die Wiese in Richtung Römerfelsen. An mehreren Tafeln gibt es eine Einführung über die seltsamen Geschöpfe.

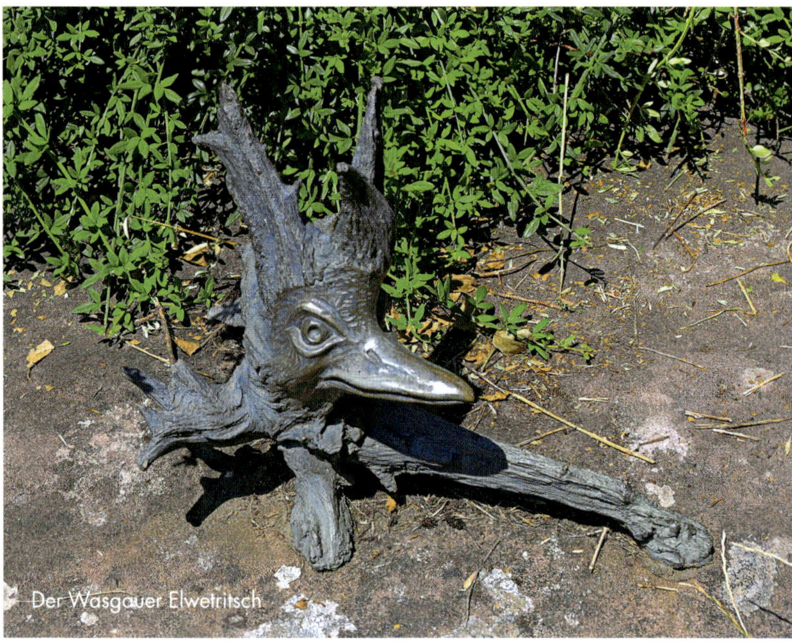
Der Wasgauer Elwetritsch

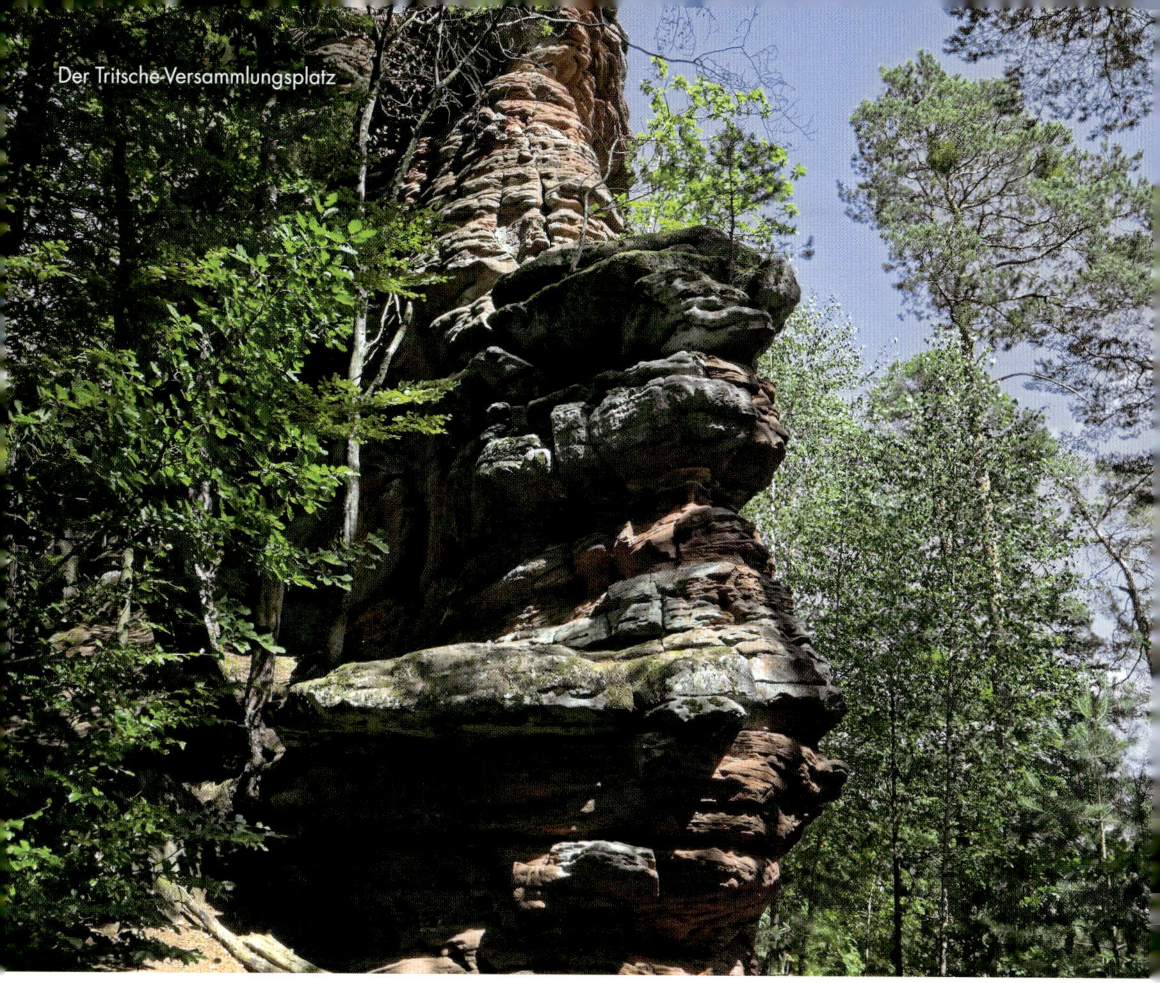

Der Tritsche-Versammlungsplatz

Am Ende des Kurparks gehen wir links über die Wiese bergab, biegen vor dem Teich links ab und laufen nach dem Minigolfplatz rechts in der Ingbert-Naab-Straße an der Felsenland Klinik vorbei. Nach einem Rechts-links-Schwenk geht es am Friedhof vorbei hoch zum Wald (Jungfernsprung). Oberhalb der Treppe halten wir uns rechts und genießen auf dem sandigen Kuckuckspfad erste Ausblicke über die Stadt. Nach 100 Metern geht es links auf einem Felspfad weiter bergan. Achtung, Linksabzweig nach den Serpentinen nicht verpassen! Das Markierungszeichen ist hier eher für hochgewachsene Westfalen angebracht. Nach dem Felsdurchbruch geht es sofort nach rechts, wo wir schon bald die mächtige Klippe des leicht überhängenden **Kuckucksfelsens** ❶ erreichen, dessen Aushöhlungen laut Beschilderung **Nistanlagen der Tritsche** sind.

Dahner Sommerspiele

Ab April bieten die Dahner Sommerspiele ein reichhaltiges kulturelles Angebot. An malerischen Plätzen, wie etwa vor der Kulisse der spektakulären Sandsteinfelsen, bietet die Stadt im Felsenland ein Repertoire aus Kabarett, Comedy, Schauspiel und Musik. Programme in der Tourist-Info.

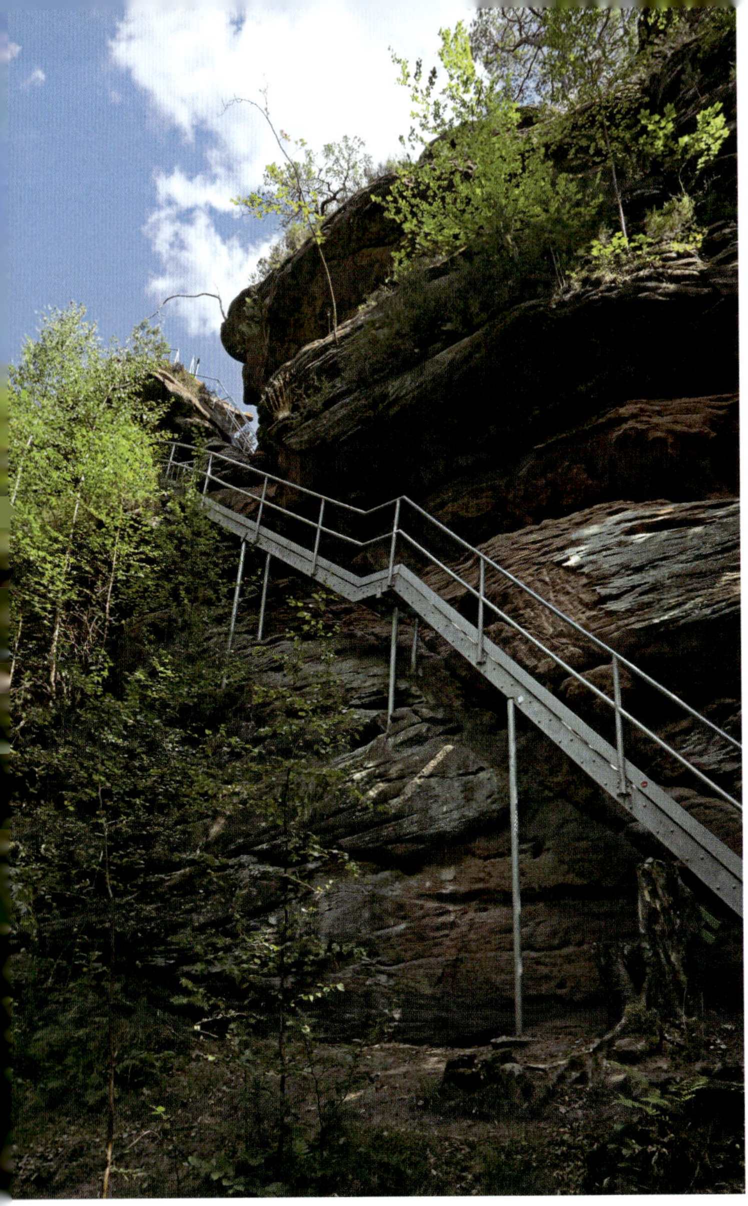

Eine stählerne Treppe führt hoch zum Römerfelsen.

Nach einer ehemaligen Klinik darunter wird er bei Kletterern auch »Krankenhausfelsen« genannt. Analog dazu nennen sie die Klettertouren Intensivstation, Ambulanz oder Rehazentrum.

Zum Tritsche-Versammlungsplatz Wir gehen am Fels wieder zurück und halten uns davor links. Weiter geht es unterhalb des herauspräparierten Riffs am solitär stehenden **Lachbergtürmchen** vorbei. Es folgt eine steilere Passage hinauf zum **Lachbergblick** 2, der laut Tafel auch Ritualplatz für die Balz ist. Durch die Kiefern gibt der herrliche Gratweg Blicke frei auf die drei Altdahner Felsenburgen gegenüber. An der Verzweigung auf der Höhe halten wir uns rechts und steigen über Serpentinen hinab zu einer Einsattelung, wo eine Ruhebank auf uns wartet. Nach der kurzen Verschnaufpause geht es wieder stramm bergauf. Ein herrlicher Terrassenweg, zum Teil unter überhängenden Felsen, führt zum **Burgblick** 3. Aber nicht nur die Burgen, auch ein **Elwetritschehorst** kann hier beobachtet werden. Wer noch nicht gerastet hat, kann am steinernen Tisch Platz nehmen und warten, ob ein lustiges Fabeltier vorbeihuscht. An der großen Gabelung dahinter orientieren wir uns am **Römerfelsen** 4. Der mächtige Felsenturm mit zwei Spitzen kann über eine eiserne Leiter erklommen werden. Oben am **Tritsche-Versammlungsplatz** genießt man einen weiten Ausblick über die Burgengruppe Altdahn bis zur Wegelnburg nahe Elsass und im Norden zum Luitpoldturm.

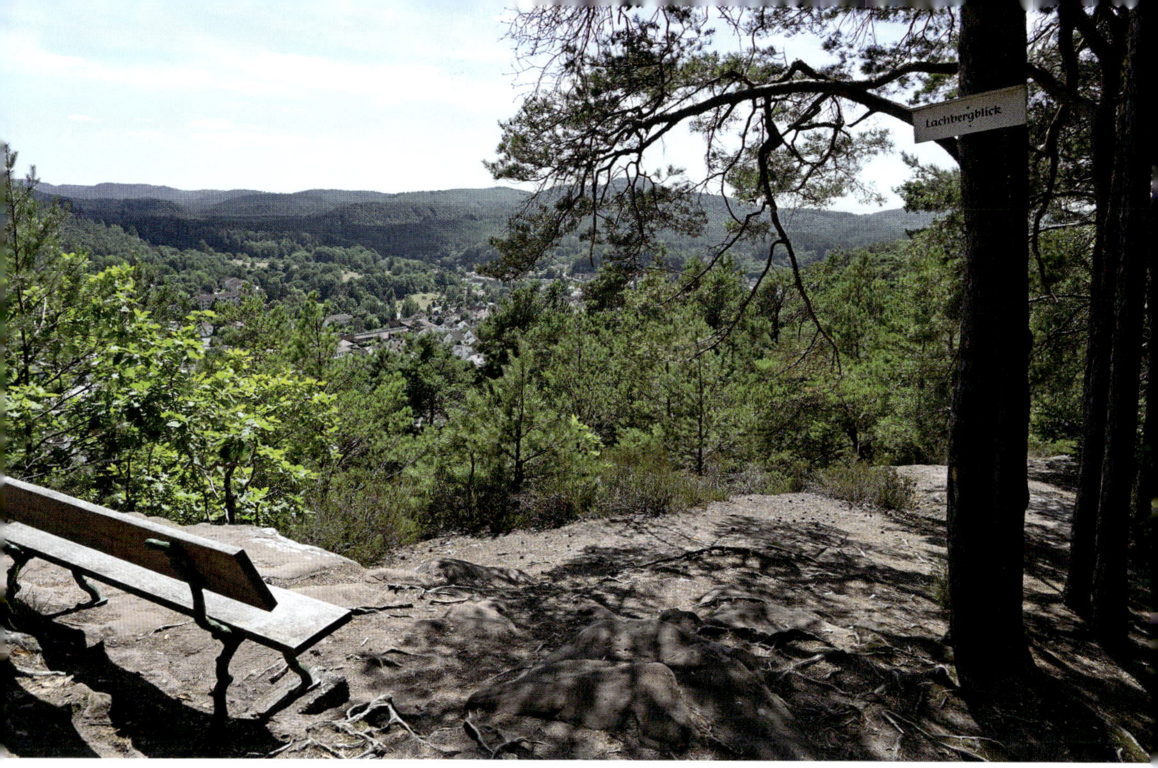

Galgenfelsen Nach dem Abstieg vom Römerfelsen geht es rechtshaltend auf Forstweg weiter. Kurz darauf führt der Elwetritscheweg erneut nach rechts. Wir ersparen uns die Schleife zum Gerstberger Kopf mit der **Tritsche-Einflugschneise** und ziehen hier geradeaus weiter. Nach zehn Minuten an der Verzweigung finden wir wieder ein Hinweisschild und gehen nach rechts in Richtung Galgenfelsen. Nach einer langen Geraden treffen wir nach der Rechtskurve wieder auf unser bekanntes Logo des Elwetritschenweges, der von rechts einmündet. Links bergab machen wir nach 100 Metern am Wegweiser geradeaus einen Abstecher zur Aussichtskanzel auf den **Galgenfelsen** 5. Die gruselige Tatsache, dass dies eine mittelalterliche Richtstätte war, lässt einen etwas schaudern. Auf federweichem Waldboden geht es weiter zum **Bubenfelsen** 6 mit ähnlichem Ausblick. Ein gemächlicher Serpentinenpfad führt uns nun talwärts. An der Straße wenden wir uns nach links, überqueren bei der Eisdiele die Straße und steigen 20 Meter dahinter rechts die Stufen zum **Rentnerpfad** hoch. Er führt gemütlich und mit weniger Autolärm oberhalb der Häuser entlang und eröffnet noch mal schöne Ausblicke über die Felsenstadt. Am Friedhof folgen wir den Wanderzeichen rechts die Stufen hinab ins Zentrum und wandern auf der Durchgangsstraße zurück zum Haus des Gastes.

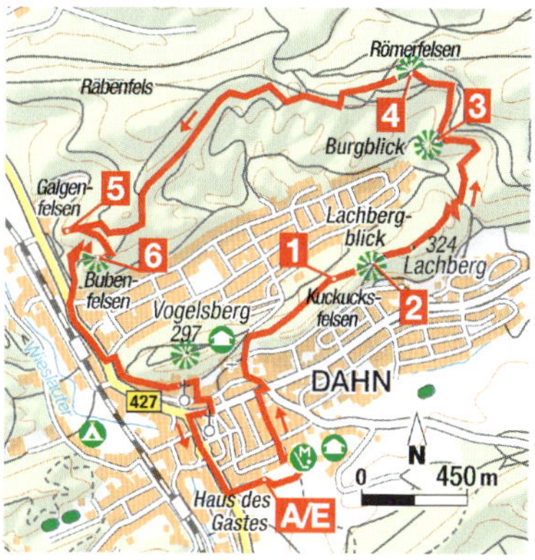

Am Lachbergblick

17 Teufelstisch bei Hinterweidenthal

Zum Abendessen beim Teufel

Leicht | 4,1 km | 140 Hm | 1.45 Std.

Tourencharakter
Gemütliche Spazierrunde auf gut begehbaren und schattigen Waldwegen und -pfaden

Ausgangs-/Endpunkt
Bahnhof Hinterweidenthal Ort, 220 m

Höchster Punkt
Flanke des Etschberges, 340 m

Anfahrt
GPS 49.1975, 7.7506
Bus/Bahn: Von Landau verkehrt die Regionalbahn nach Hinterweidenthal. Haltebahnhof ist allerdings jenseits der B 10.
Auto: Von Landau über die B 10 bis nach Hinterweidenthal. Parken am Bahnhof Hinterweidenthal Ort, nach der Bahnlinie rechts

Einkehr
Brauhaus Ehrstein, Winter, Do–Sa ab 17, So ab 11.30, Sommer Mi–Sa ab 15, So ab 11.30 Uhr, www.brauhaus-ehrstein.de; Landgasthof am Teufelstisch, tgl. ab 11.30 Uhr, www.am-teufelstisch.de

Beste Jahreszeit
Ganzjahrestour

Karte
Pfälzerwald 5, Blatt 41-546, 1:25 000, NaturNavi

Information
Tourist-Info Südwestpfalz Touristik e. V., Pirmasens, Tel. 06331/809126, www.suedwestpfalz-touristik.de

Dass der Teufel ein Pfälzer war, erfahren wir auf diesem kurzen Spaziergang. In Ermangelung eines Sitzplatzes baute er sich kurzerhand den Teufelstisch und nahm daran sein Abendessen ein. Die beschauliche Runde führt zu einem der spektakulärsten Felsen des Pfälzerwaldes.

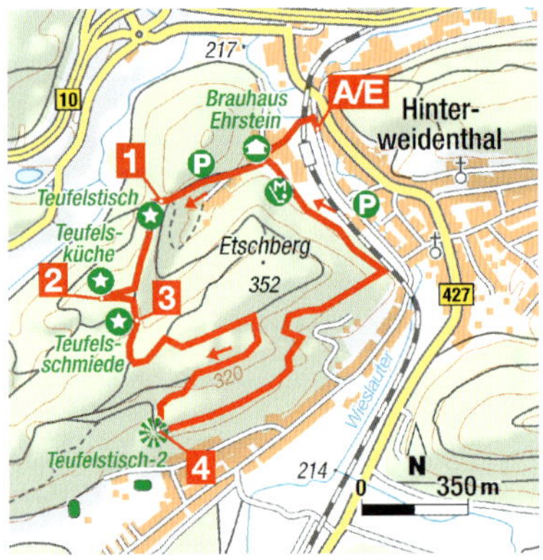

Abendessen mit dem Teufel

Vor dem alten Fachwerk-Bahnhofsgebäude von **Hinterweidenthal** Ⓐ/Ⓔ finden wir einen Wegweiser, der uns nach links zum Teufelstisch weist. Vor dem Parkplatz biegen wir rechts ab und folgen nach links den Wanderwegen. An der Kreuzung bei der **Holzschuhbank** führt der reguläre Teufelstisch-Wanderweg geradeaus. Da wir eine kürzere Variante wählen, gehen wir direkt links die Stufen hoch und sind nach wenigen Minuten am spektakulären **Teufelstisch** ❶ angelangt, den sich der Legende nach der Teufel zum Abendessen erbaut hat. Der mächtige Felsblock wirkt, als würde er bald herabstürzen. Aber keine Bange, er hat schon viele Jahrtausende überstanden und hält noch etwas.

Zum Teufelstischchen

Der wurzelige Pfad führt am Fels vorbei auf dem Kamm weiter. Schon nach wenigen Minuten schickt uns ein Schild nach rechts zur **Teufelsküche** ❷, wo sich der Teufel anscheinend das Abendessen zusammengebrutzelt hat. Wir machen den Abstecher zum illustren Felsblock und kehren zurück zum Weg, der uns zum Hufschmied des Teufels, an der **Teufelsschmiede** ❸, leitet. Wir wandern halbrechts weiter und finden in der Linkskurve des Weges einen verspielten Steinmännchen-

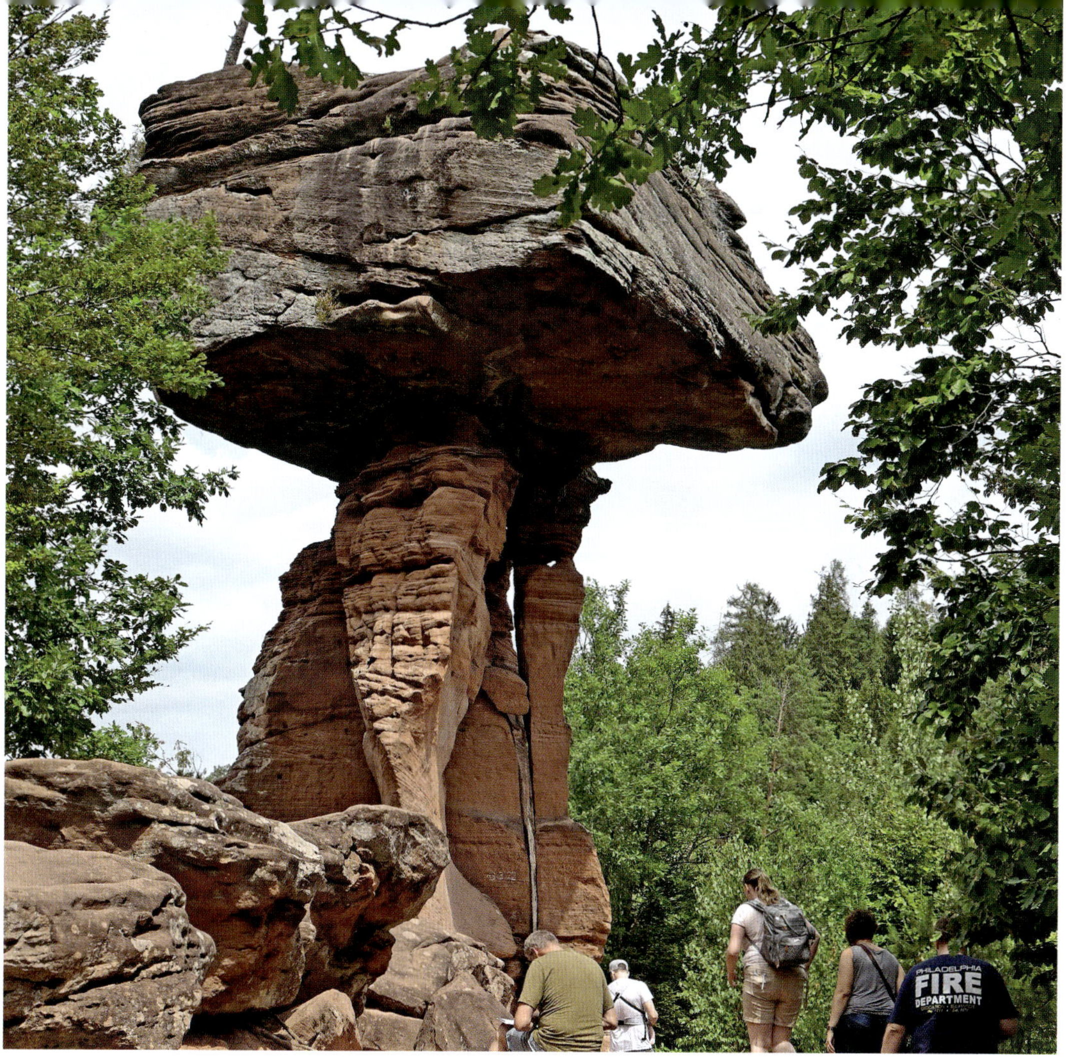

Park. Etwa 100 Meter danach lotsen uns die Wegezeichen an der Kreuzung nach rechts. Nach einer 90-Grad-Kehre schickt uns die Markierung nach links und wir machen einen kurzen Abstecher zum bescheidenen **Teufelstisch-2** ④, den der Teufel vermutlich beim Abendspaziergang nach dem Essen zur Aussicht ins Seebachtal errichtet hat. Zurück an der Kreuzung gehen wir nach links um die Kurve und folgen dem gemütlichen Waldweg auf der Talschulter. Noch ein Aussichtsfels bietet einen hübschen Ausblick über den Ort. Nach zweimaligem Richtungswechsel kehren wir zurück zum originellen **Brauhaus Ehrstein**, wo wir die Tour gemütlich ausklingen lassen dürfen.

Erlebnispark Teufelstisch

Ein Barfußpfad, Minigolfanlage und Wasserspielplatz bietet der Erlebnispark direkt unterhalb des Teufelstisches. Während die Enkel sich auf der 50 Meter langen Rutschbahn vergnügen, dürfen sie es sich an Picknicktischen gemütlich machen (www.hinterweidenthal.de).

Der spektakuläre Teufelstisch

18 Sandsteine und Schuhe

Auf dem Hauensteiner Schusterpfad

Mittel | 9,2 km | 280 Hm | 3.15 Std.

Tourencharakter
Eine der anspruchsvollsten Touren, auf der etwas Kondition und Trittfestigkeit nicht schaden kann. Mitunter sind wurzelige Waldpfade zu bewältigen. Vorwiegend schattig

Ausgangs-/Endpunkt
Ortsmitte, Lorenz-Wingerter-Platz, 230 m

Höchster Punkt
Nahe Dörreinfelsen, 360 m

Anfahrt
GPS 49.1919, 7.8546
Bus/Bahn: Von Landau aus verkehrt eine Regionalbahn nach Hauenstein.
Auto: Von Landau über die B 10 bis nach Hauenstein. Parkplatz am Bürgerhaus im Ortszentrum, Johann-Naab-Platz

Einkehr
Paddelweiher-Hütte, März–Nov., tgl. ab 11 Uhr, sonst Sa, So ab 11.30 Uhr. Weitere Gaststätten in Hauenstein

Beste Jahreszeit
Ganzjahrestour

Karte
Pfälzerwald 8, Blatt 42-544, 1:25 000, NaturNavi

Information
Tourist-Info-Zentrum Pfälzerwald in Hauenstein, Schuhmeile 1, Tel. 06392/923 33 80, www.urlaubsregion-hauenstein.de

Außer einem einzigartigen Schuhmuseum mit gläserner Schuhfabrik hat das ehemalige Zentrum der Schuhproduktion noch mehr zu bieten. Rot leuchtende Buntsandsteinfelsen, verbunden mit sandigen Waldpfaden unter knorrigen Kiefern, bieten exzellentes Wandervergnügen.

Zum Kreuzelfelsen Bei den beiden Schusterfiguren am Lorenz-Wingerter-Platz im Ortsmittelpunkt von **Hauenstein** Ⓐ/Ⓔ schnüren wir unsere Wanderstiefel und ziehen los. Der Ort beruft sich auf seine Vergangenheit und nennt sich größtes Schuhdorf Deutschlands. Fast überall wird man auf die einst bedeutende Schuhproduktion aufmerksam gemacht. Sei es das Deutsche Schuhmuseum, die Schuhmeile Hauenstein oder der Qualitätswanderweg **Hauensteiner Schusterpfad**, dem wir auch für eine Weile folgen.

Hinter der Skulptur gibt es einen eingezäunten Fußgängerweg, der zwischen Häusern und Gärten hindurchführt. Am Ende biegen wir links ab und wandern die bergauf führende Gartenstraße hoch. In der Kurve liegt das Deutsche Schuhmuseum, das wir uns schon mal vormerken. Oben am Waldrand halten wir uns links. Kurz bevor die Siedlungsstraße wieder auf die Hauptstraße mündet, steigen wir rechts neben einer Garage auf schmalem Pfad den Hang hoch und finden bald das Symbol des Hauensteiner Schusterpfades, das uns bis zum Backelstein den Weg weist. Für eine geraume Zeit verläuft der Pfad an der Flanke des Weimersberges entlang. Am nächsten Wegweiser haben wir die Möglichkeit, nach rechts zum 100 Meter entfernten **Kreuzelfelsen** ❶ mit herrlicher Aussicht zu wandern. Genauso schön ist aber der Ausblick, wenn wir über ein paar Wurzeln zum **Felstisch** hochklettern.

Burg Backelstein Vom Kreuzelfels führt ein schmaler abenteuerlicher Kraxelpfad zum nächsten Ausblickfelsen. Wem das zu mühsam ist, geht zurück zum Wegweiser und folgt dem

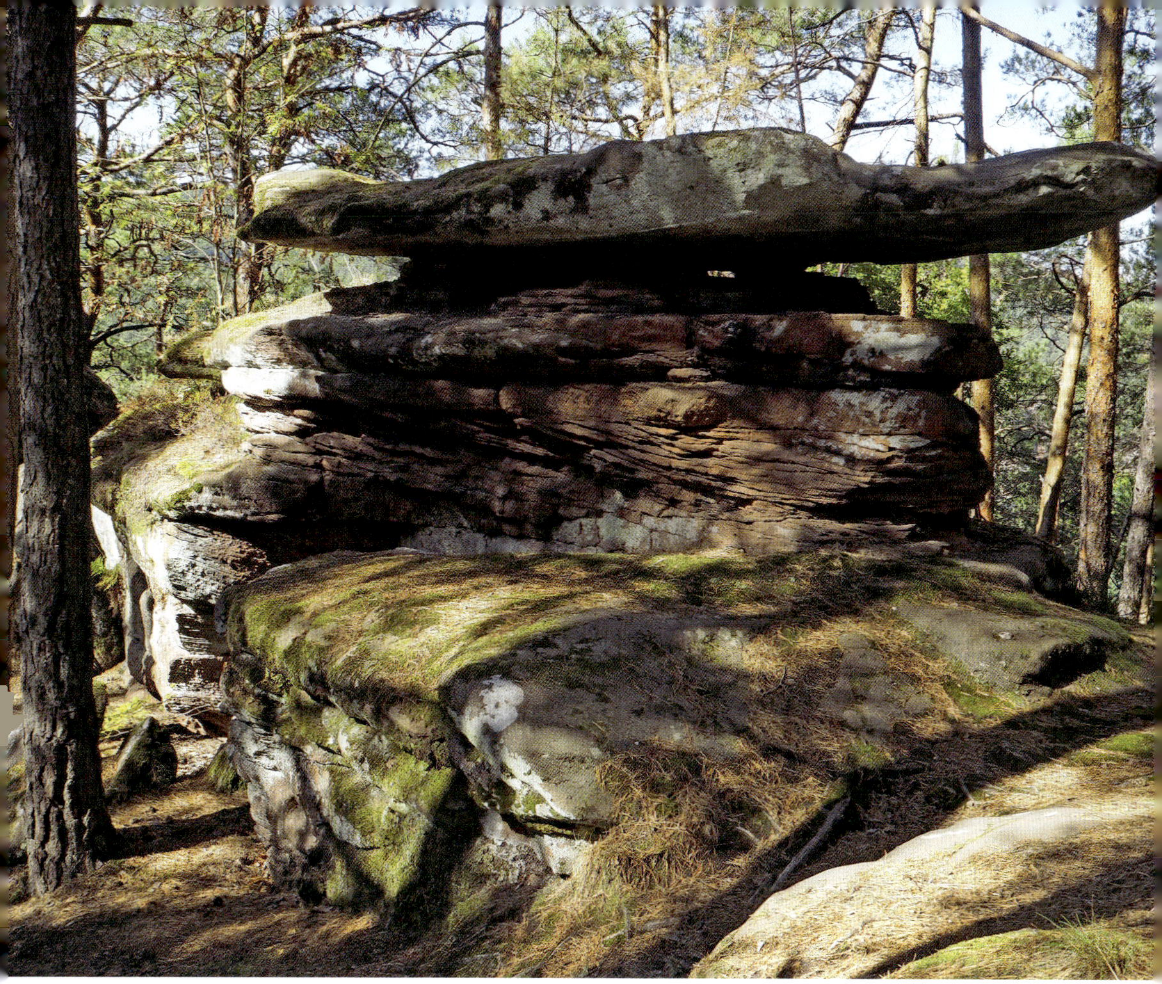

Schusterpfad zum **Kahler Felsen** 2. Achtung, bei beiden Ausblickfelsen besteht erhöhte Absturzgefahr, wie das Kreuz zur Erinnerung an einen verunglückten jungen Mann zeigt. An der Kreuzung vor dem Aussichtsfels halten wir uns links in Richtung Hühnerstein und wenden uns kurz danach nach rechts. Der samtweiche Waldboden führt uns in sanftem Auf und Ab durch prächtigen Buchenwald. Schon nach 100 Metern kommt der nächste Stichweg zum 200 Meter entfernten **Dörreinfelsen,** dessen zugewachsener Ausblick jedoch kaum lohnenswert ist. Am nächsten Wegweiser (Abzweig-Buckelstein) verlassen wir nun den Schusterpfad und gehen nach rechts auf etwas unwegsamem Wurzelpfad (Stolpergefahr) in Richtung Burg Backelstein. Nach einem Brücklein finden wir einen Eisensteg, der zur frühmittelalterlichen, an den Fels geklebten Burg **Backelstein** 3 hinaufführt. Außer den Einlasslöchern der ehemaligen Pfosten sieht man jedoch kaum noch Spuren der alten Befestigungsanlage, die vermutlich eine Vorburg der Trifels war.

Bizarre Felsen auf Schritt und Tritt

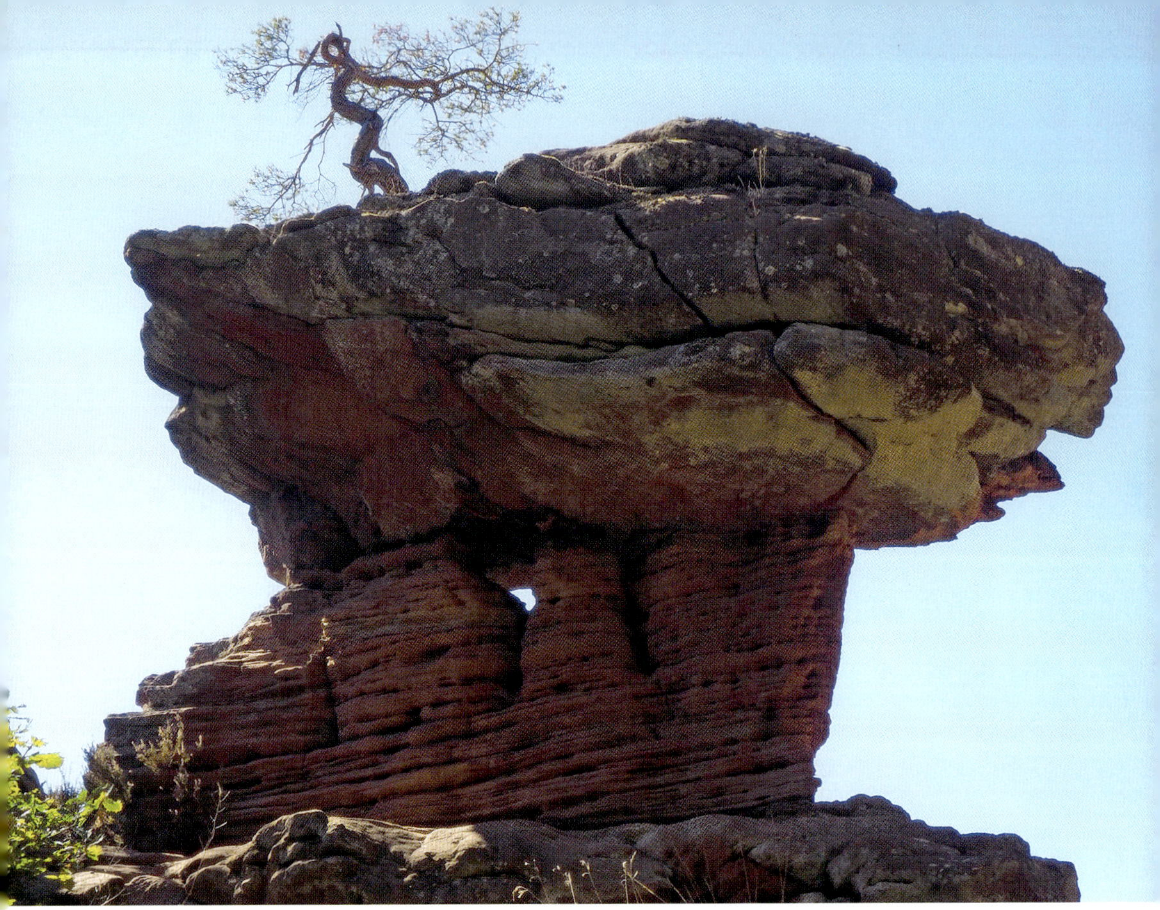

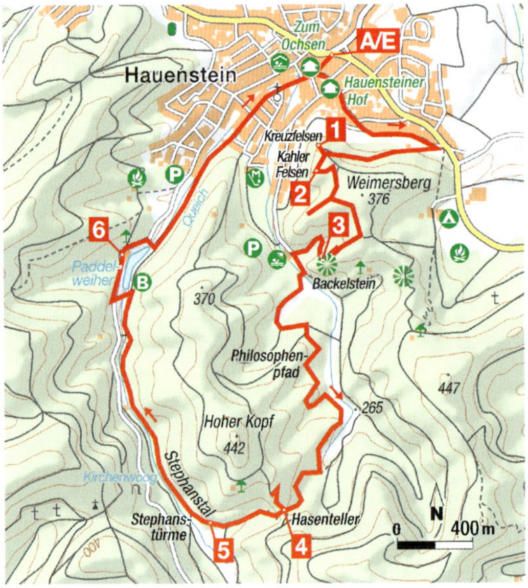

Dümpeltalweg Zurück über die kleine Brücke, kraxeln wir vor dem nächsten Fels links bergab. Über Serpentinen führt der Weg stetig den Hang hinab bis zum Freibad im Tal, wo es nach links geht. Am Ende der Liegewiese orientieren wir uns nach rechts auf den Burghalder Weg (Lanzenfarter-Felsen). Im Linksbogen bleiben wir auf dem breiten Waldweg. Wer Lust auf noch einen spektakulären Felsen mit fast senkrechter Aufstiegsleiter hat, macht noch einen Abstecher zum **Lanzenfarter-Felsen**. In der nächsten Kurve verlassen wir den Forstweg und folgen geradeaus den Wanderzeichen. Nun heißt es, die Augen ein wenig aufzumachen, um einige Lebensweisheiten auf diversen Kupfertafeln an den Bäumen zu entdecken. Der **Philosophenweg** knickt nach links und führt durch einen Hohlweg bergauf, vollzieht eine Kehrtwende und führt auf rechter Talseite auf

Am Hohen Kopf

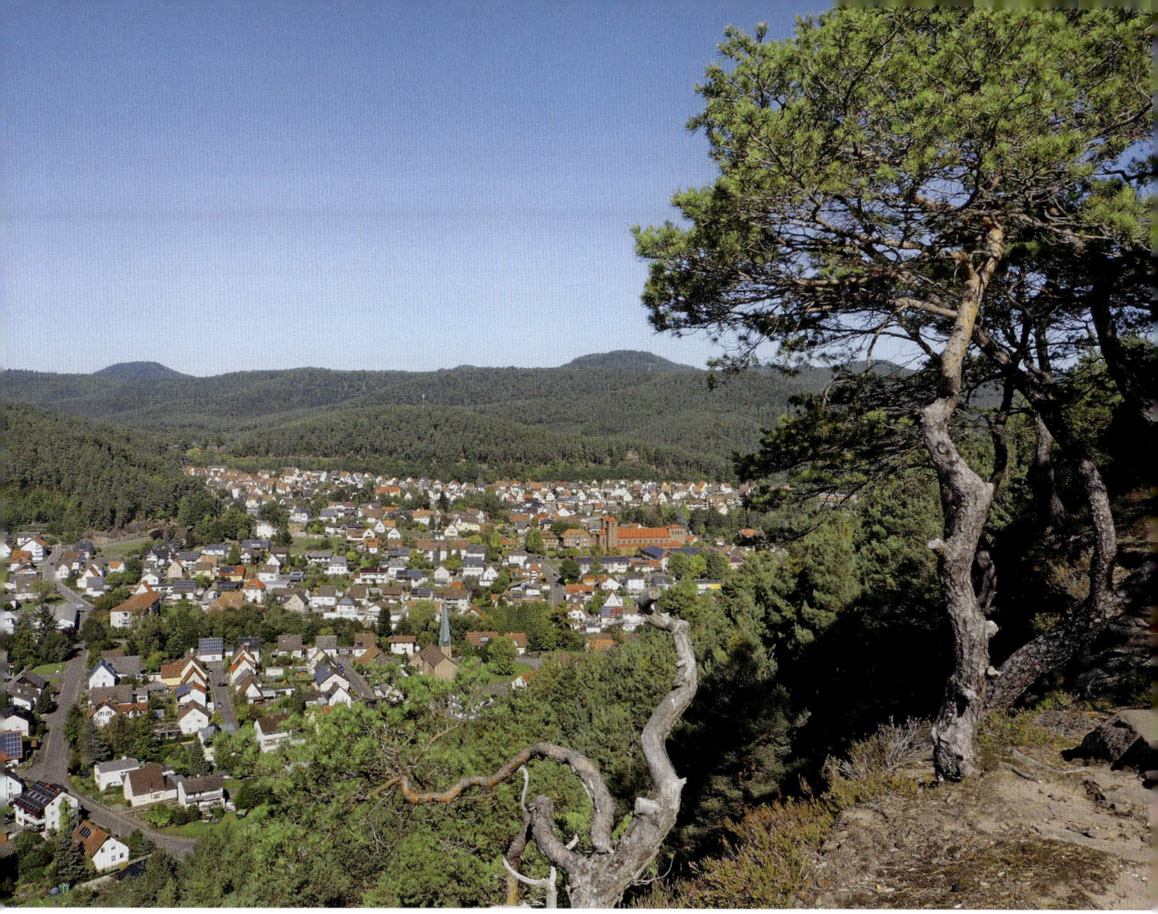

verträumtem Pfad abwärts. Der idyllische **Dümpeltalweg** empfängt uns mit Vogelgezwitscher und einem plätschernden Bächlein. Eine wahrlich traumhafte Wegstrecke zum Genießen und Entspannen. Am Ende treffen wir auf einen Forstweg und biegen in spitzem Winkel rechts ab in Richtung Paddelweiher. Wir achten sorgfältig auf die Schilder (hier Spazierwanderweg 11), die uns jetzt im Buchenwald wieder bergauf leiten. An der Ruhebank vor dem **Hasenteller** 4 können wir noch einen Abstecher nach rechts zum **Hohen Kopf** machen. Ein kurzer und steiler Pfad führt zum eindrucksvollen Felskoloss ähnlich dem Teufelstisch in Hinterweidenthal (s. Tour 17).

Der Schuh des Riesen

Welcher Riese hat hier seinen Schuh vergessen? Mit 7 Metern Höhe und 4 Metern Länge können Sie im Deutschen Schuhmuseum den größten Schuh der Welt bestaunen. Und wenn Sie noch mehr über die Schuhproduktion erfahren möchten, gibt es noch die Gläserne Schuhfabrik der Firma Josef Seibel, dem einzigen Unternehmen, das heute noch in Hauenstein Schuhe produziert (www.josef-seibel.de).

Ausblick auf die Schustergemeinde Hauenstein

Paddelweiher Zurück an der Bank folgen wir nun dem Wegweiser in Richtung Paddelweiher und ignorieren die links

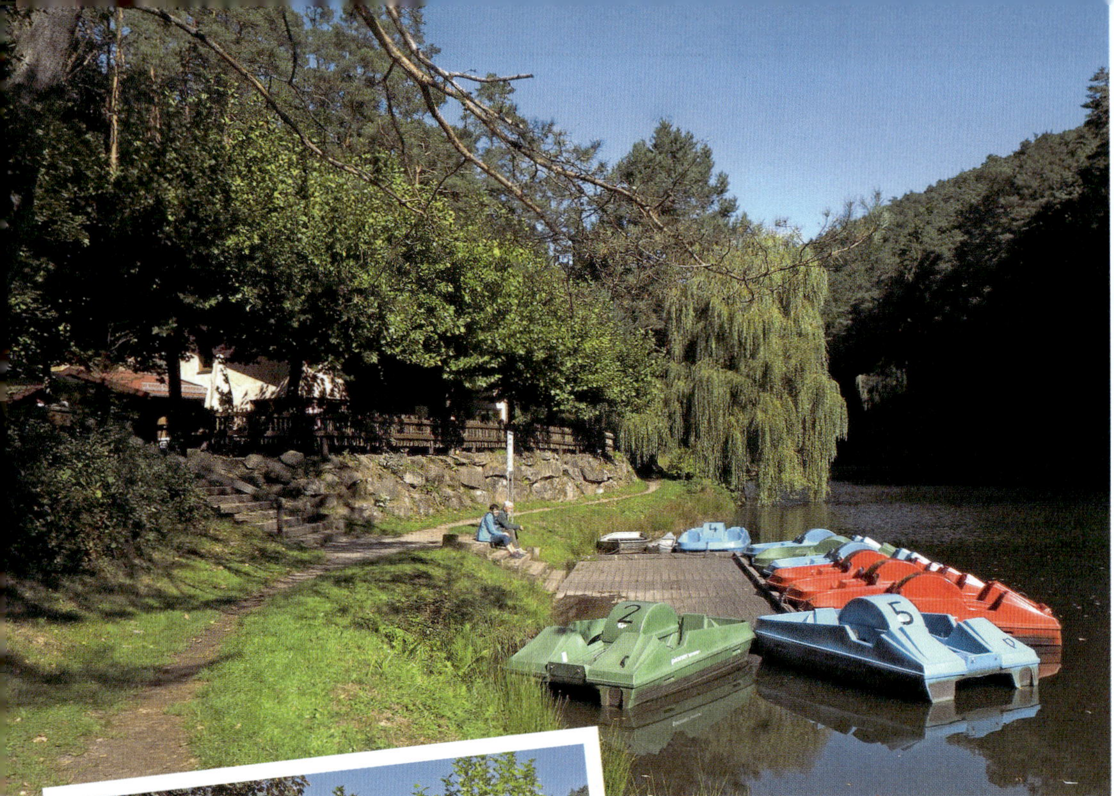

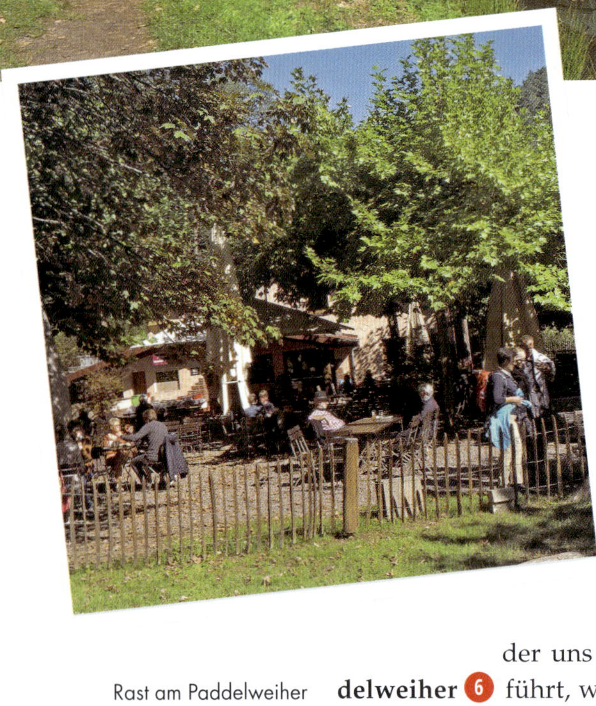

Rast am Paddelweiher

Ganz oben: Wer mag, darf paddeln.

abgehenden Wanderzeichen. Der leicht verwachsene Pfad führt unterhalb des Hasentellers in Serpentinen bergab. An der Ruhebank im **Stephanstal** 5 mündet unser Weg auf einen Forstweg, auf dem mehrere Wanderwege rechtshaltend talwärts führen. Wenige Meter danach ragen zu unserer Rechten die imposanten **Stephanstürme** in den Himmel. Gemütlich und idyllisch läuft der Weg im Wiesengrund an aufgestauten Weihern vorbei. Nach der Viehweide wechseln wir die Talseite und folgen dem Uferpfad, der uns direkt zur beliebten Gaststätte am **Paddelweiher** 6 führt, wo wir uns ein Päuschen unter schattigen Platanen verdient haben. Wir gehen nach der Gaststätte wieder hinüber zur rechten Talseite und wandern auf dem Weg mit der Nummer 1 geradeaus in Richtung Hauenstein. Über den kleinen Fußgängerweg, der in der Rechtskurve abgeht, erreichen wir wieder unseren Ausgangspunkt bei den beiden Schustern in Hauenstein.

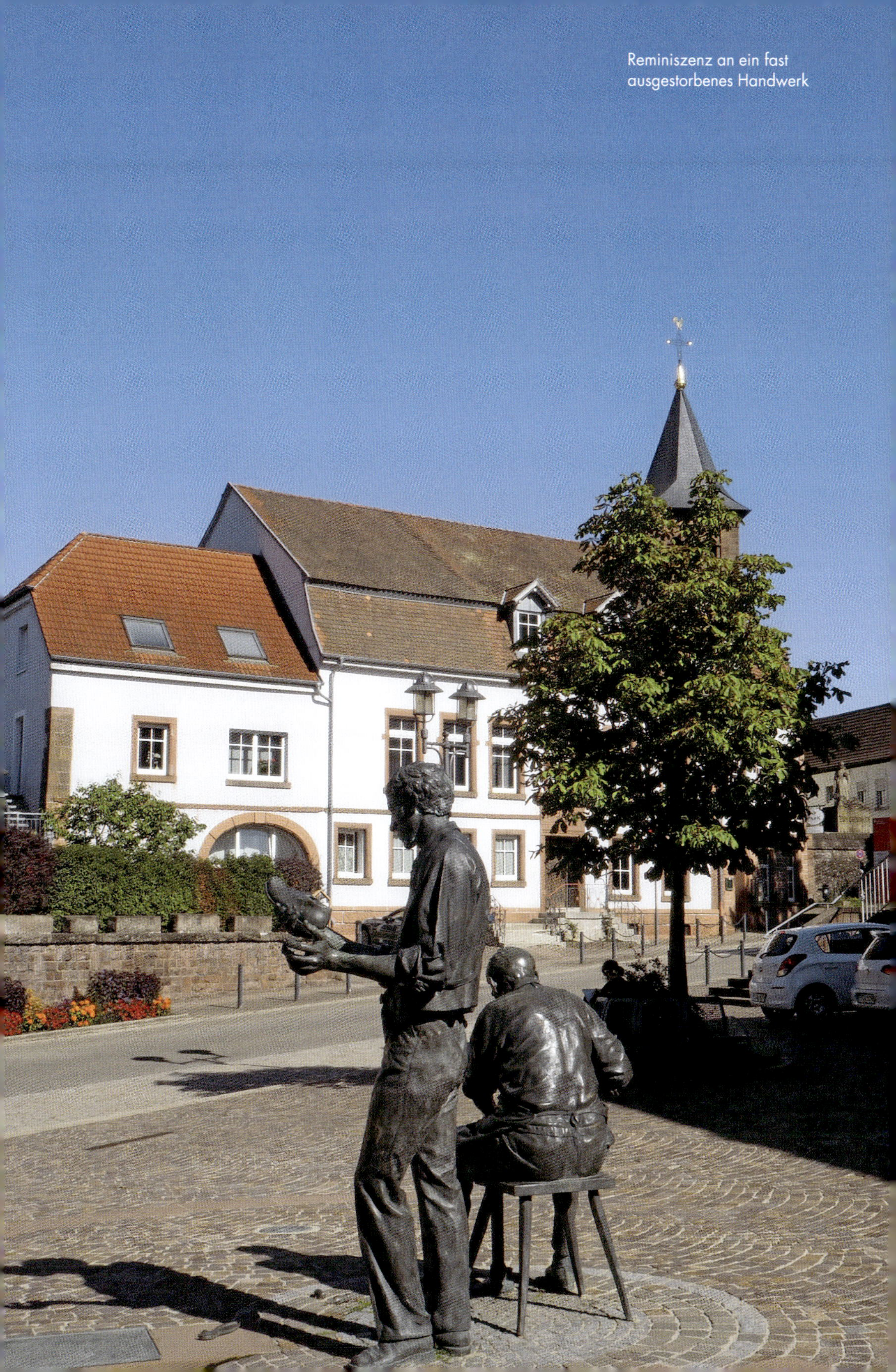

Reminiszenz an ein fast ausgestorbenes Handwerk

19 Luger Geiersteine

Wo früher noch die Adler kreisten

Mittel | 6,8 km | 270 Hm | 2.30 Std.

Tourencharakter
Abwechslungsreiche Rundwanderung auf reizvollen Waldpfaden. Zu Beginn ist etwas Kletterei angesagt. Danach über lockeren Kammweg zu markanten Aussichtsfelsen

Ausgangs-/Endpunkt
Ortsmitte an der Kirche (Bushaltestelle), 220 m

Höchster Punkt
Heischberg, 400 m

Anfahrt
GPS 49.1817, 7.8923
Bus/Bahn: Bahn bis Wilgartswiesen, dann Bus 258 (wenige Verbindungen) oder Taxi nach Lug
Auto: B 10 bis Annweiler am Trifels. Hinter dem Ort links in Richtung Lug. Parkplatz an der Gemeindehalle in Lug an der Hauensteiner Straße

Einkehr
Keine Einkehrmöglichkeit unterwegs. Bäckerei Burkard mit Kaffeeausschank am Dorfplatz, Di–Sa 6–12 und Mi–Fr auch 15–18 Uhr

Beste Jahreszeit
Ganzjahrestour

Karte
Pfälzerwald 8, Blatt 42-544, 1:25 000, NaturNavi

Information
Tourist-Info-Zentrum Pfälzerwald in Hauenstein, Schuhmeile 1, Tel. 06392/923 33 80, www.urlaubsregion-hauenstein.de

Eigentlich waren es Adler, die früher um die rötlichen Felsen kreisten, der Volksmund nannte sie Geier. Die Premiumtour führt auf schattigen Waldpfaden zu einzigartigen Buntsandsteinformationen mit herrlichen Ausblicken zur Reichsfeste Trifels und bis zu den Vogesen.

Zum weißen Gipfelkreuz Wir starten in Ortsmitte des verträumten Pfalzdörfchens **Lug** Ⓐ/Ⓔ. Rechts neben der Kirche, in der Mühlstraße, begegnen uns schon die ersten Schilder der Geiersteine-Tour mit einem fliegenden Vogel vor der Felssilhouette. Am Pfarrheim folgen wir der Beschilderung erst links, dann halbrechts die Bergstraße hoch und bewundern zahlreiche Buddhas im Vorgarten eines Hauses. Nach dem letzten Haus halten wir uns rechts und steigen auf schattigem Waldpfad bergan. Nach einer Richtungsänderung geht es in spitzem Winkel nach

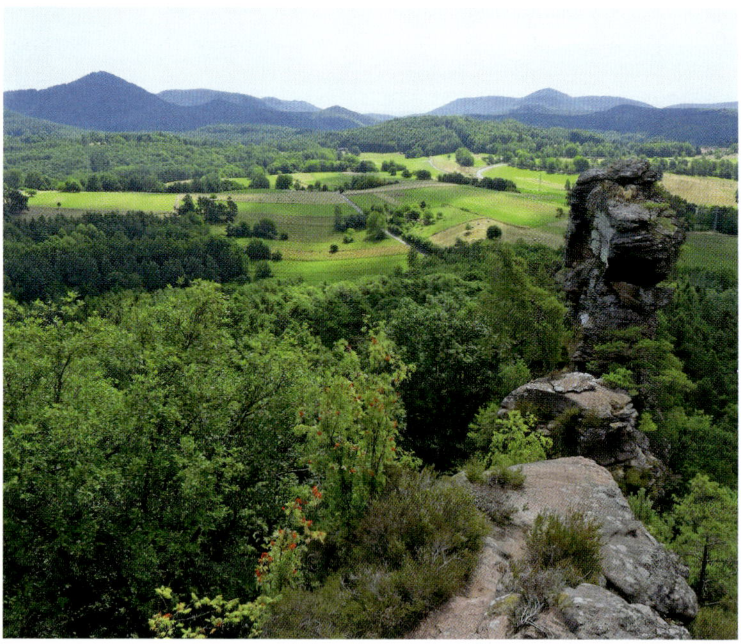

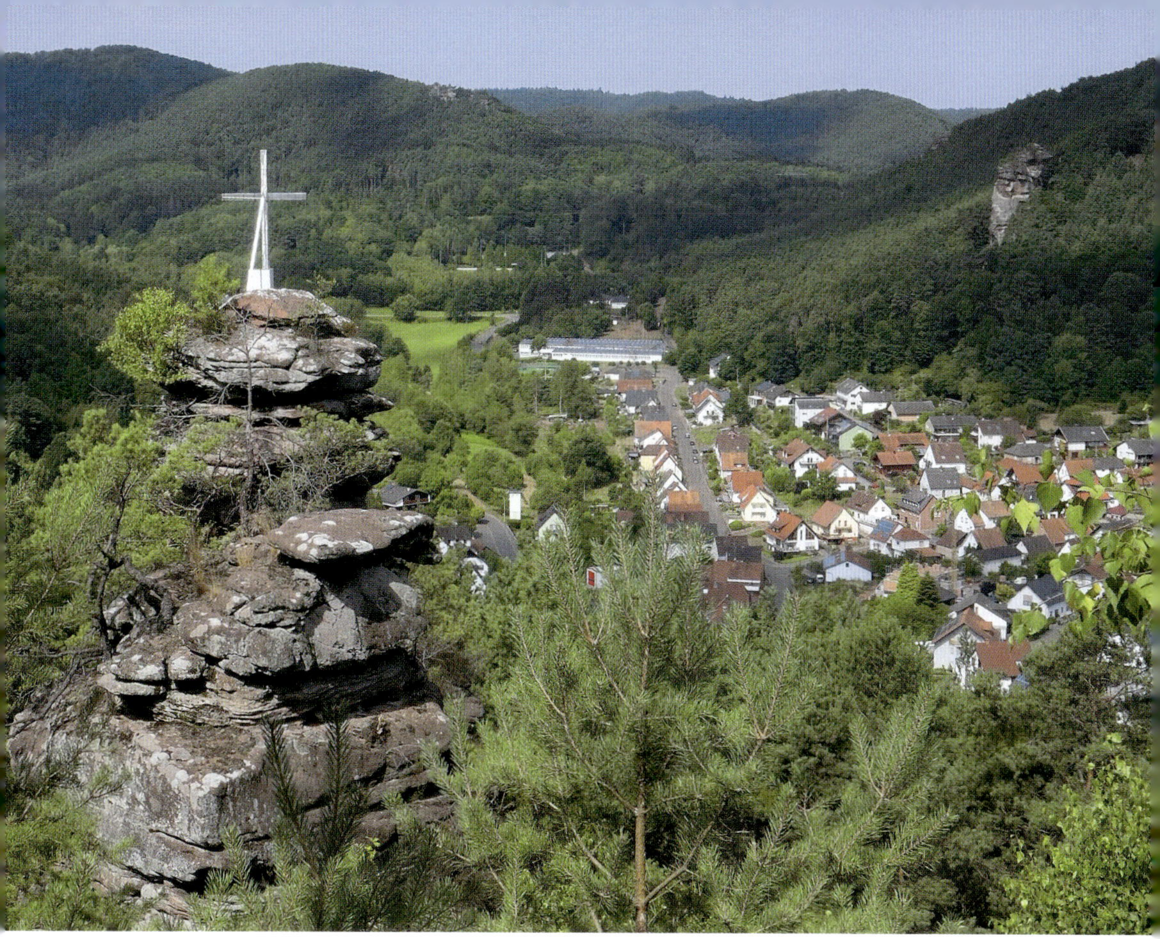

Hornstein mit Weißem Kreuz

Linke Seite: Ausblick von den Geiersteinen

rechts weiter. Linkshaltend geht es nun nach dem sanften Einstieg über knorrige Wurzeln etwas strammer bergauf. Der Weg verflacht sich nach wenigen Metern wieder und führt als Forstweg unter Buchen und Kiefern weiter den Berg hinan. Am zweiten abgehenden Waldweg verlängern wir nach links und gehen 50 Meter dahinter, nach dem ersten Felsturm, rechts hoch. Ab hier ist für eine Weile Kraxeln über Wurzeln und Steine angesagt. In Serpentinen schlängelt sich der Pfad hoch und führt schon nach wenigen Metern durch einen ersten Felsdurchbruch. Davor geht es linkshaltend weiter empor, genauso am nächsten imposanten Felskoloss. An einer Linkskehre des Pfades blicken wir zum **Hornstein** (1) mit dem weißen Gipfelkreuz.

Katz und Maus Eine Ruhebank lädt ein zum Verweilen beim Ausblick ins Tal des Lugbaches. Weiter oben passieren wir eine überdachte »Einzimmer-Fels-Wohnung«. Wäre interessant zu wissen, wer hier schon alles übernachtet hat. Dahinter geht es in sanftem Auf und Ab auf gemütlichem Gratwanderweg weiter.

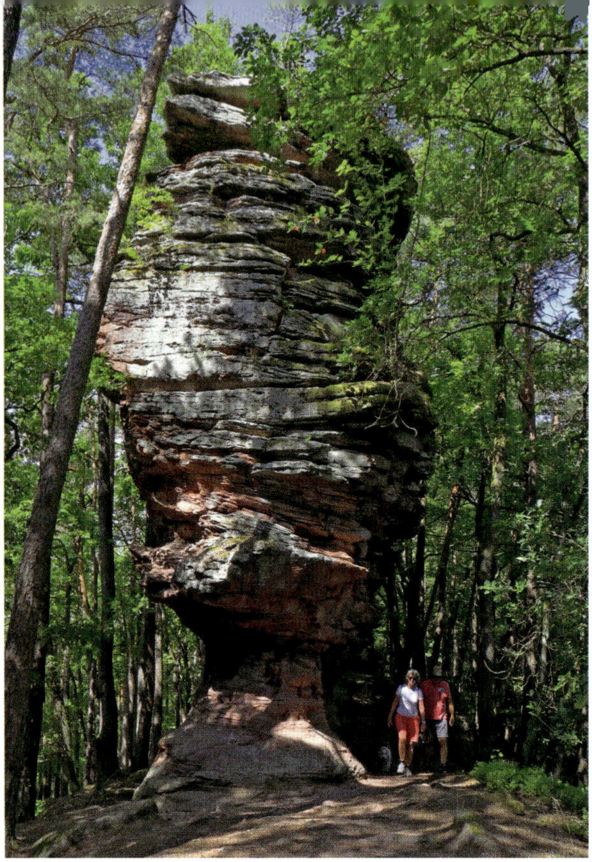

Kurz darauf haben wir an einem alten Gemarkungsstein die höchste Stelle unserer Tour erreicht. Der schattige Gipfelpfad führt uns an drei markanten Felsen vorbei, die uns mit den lustigen Namen **Katzenfels** ❷, **Katerfels** und **Maus** (in dieser Reihenfolge) wohl eine Geschichte erzählen könnten.

Ausblick wie die Geier Am Ende des Bergrückens, beim Wegweiser, geht es noch ein paar Schritte geradeaus und wir genießen an den **Geiersteinen** ❸ hoch über dem Rimbachtal einen einzigartigen Rundumblick über den südlichen Pfälzerwald. Links im Blickfeld die Burg Trifels, das Wahrzeichen des Wasgaus, und die Madenburg. Die beiden vor uns liegenden Felstürme werden bezeichnenderweise Geierkopf und Geierschnabel genannt. Eine aussichtsreiche Sitzbank lädt ein zur Rast, auf der wir erst mal das Panorama auf uns wirken lassen. In Ermangelung einer Einkehrmöglichkeit bietet es sich an, hier unser Pausenbrot auszupacken und mit genüsslichem Rundumblick zu verspeisen. Zurück am Richtungszeiger, halten wir uns rechts und wandern in Richtung Runder Hut. Weiter geht unsere Tour an einem bizarr erodierten Felskamm entlang. An dessen Ende finden wir wieder eine **Höhlenwohnung** ❹, diesmal sogar »möbliert«.

Wie Lug zu seinem Namen kam

Zur Namensgebung des fast 1000-jährigen Dörfchens erzählt man diese Geschichte: Als Gott mit dem Teufel zusammen auf dem nordwestlich des Ortes liegenden Friedrichsfelsen, auch Luger Fritz genannt, saß und ihm den schönen Ort zeigen wollte, sagte er zu ihm: »Lug mal da hinunter.«

Wanderer am Katzenfels

Ein Hut aus Stein Am nächsten Wegweiser gehen wir halbrechts weiter über den **Heischberg** zum Aussichtsfels **Runder Hut** ❺ unter einer Krüppelkiefer. Auch hier erspähen wir zwischen den Baumwipfeln in östlicher Richtung die legendäre Reichsfeste Trifels, in der einst Richard Löwenherz schmachtete. Wer

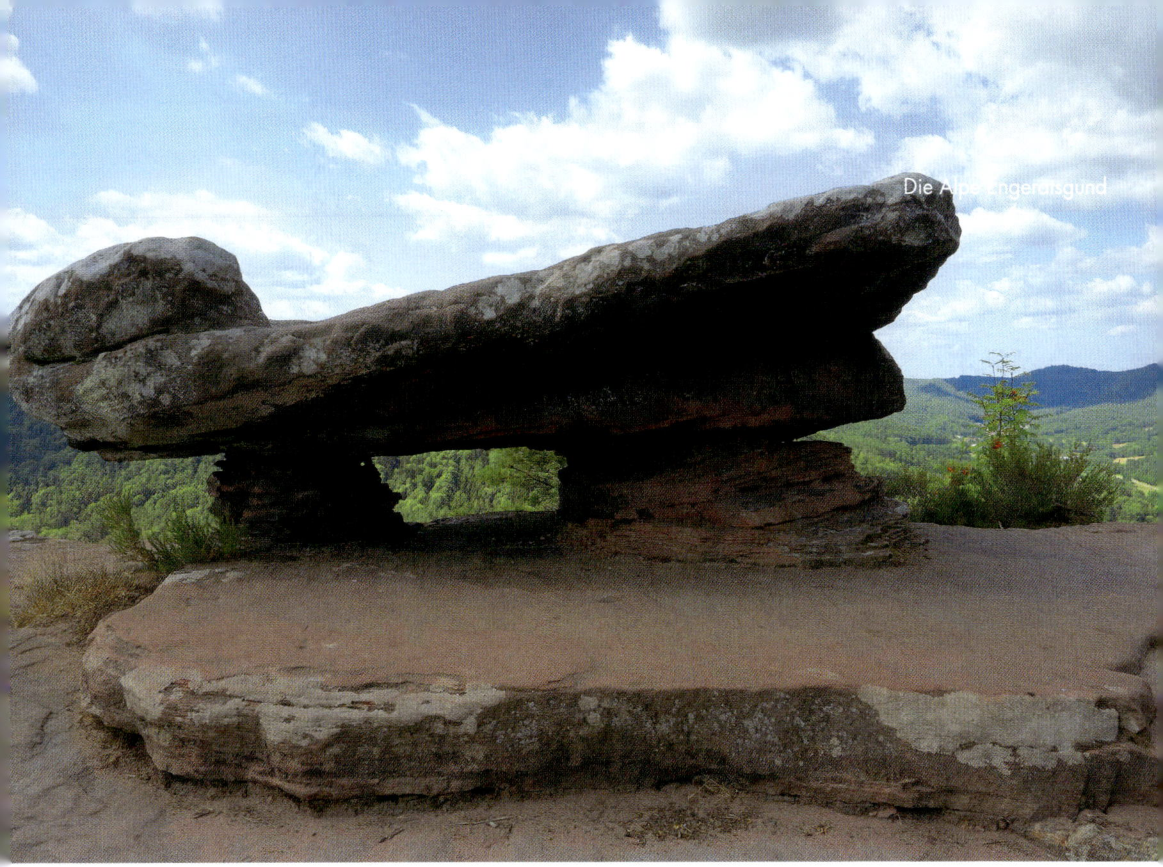

es sich zutraut, folgt am Aussichtsfels links dem abenteuerlichen und verwachsenen Serpentinenpfad bergab, hält sich am Ende links und wandert auf Weg 36 zurück nach Lug. Gemütlicher, jedoch unspektakulär, ist der mit schwarz-weißem Logo beschilderte Hauptweg. Zurück am Wegweiser halten wir uns rechts in Richtung Lug. Auf breiter Forstpiste geht es unter Buchen wieder talwärts. Der Rundweg führt uns schließlich zum Abzweig am Fels, den wir vom Hinweg schon kennen. Hier biegen wir am Wegweiser scharf rechts ab und folgen dem Wegverlauf, der auch vom **Pfälzer Keschdeweg** genutzt wird. An einer Ruhebank überqueren wir einen Forstweg und wandern halb links auf dem markierten Pfad weiter, bis wir wieder auf bekanntem Terrain die Ortsmitte von **Lug** erreichen.

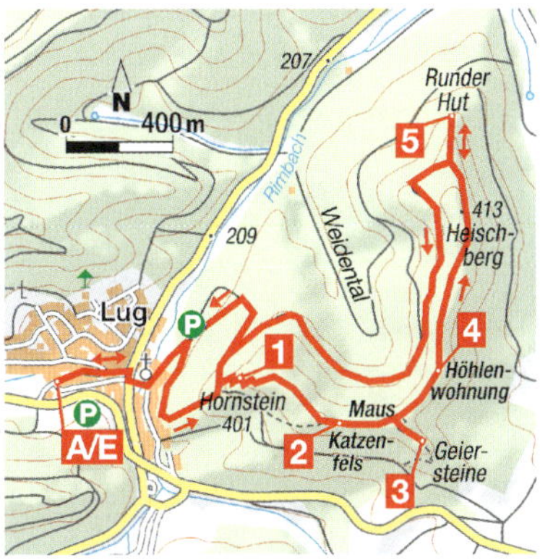

Geiersteine: Kunstwerke der Natur

20 Wildsauweg in Gräfenhausen

Zur Jung-Pfalz-Hütte auf dem Schinderkopf

Mittel | 8,1 km | 340 Hm | 3.15 Std.

Tourencharakter
Es sind sind einige Höhenmeter zu bewältigen. Der Anstieg erfolgt jedoch sanft, meist auf breiten Forstwegen. Viel Schatten

Ausgangs-/Endpunkt
Altes Schulhaus Gräfenhausen, 220 m

Höchster Punkt
Nahe Holderquelle, 490 m

Anfahrt
GPS 49.2238, 7.9684
Bus/Bahn: Mit Regionalbahn nach Annweiler. Von dort verkehrt die Buslinie 523 nach Gräfenhausen.
Auto: Die B 10 vor Annweiler verlassen und im Ort rechts nach Gräfenhausen abbiegen. Parkplatz in der Hahnenbachstraße neben der Feuerwache, oder am Sportplatz in der Waldstraße

Einkehr
Jung-Pfalz-Hütte, Sa, So 11–17 Uhr, im August geschlossen; Waltrauds Hofschänke in Gräfenhausen

Beste Jahreszeit
Ganzjahrestour

Karte
Pfälzerwald 6, Blatt 43-546, 1:25 000, NaturNavi

Information
Büro für Tourismus Annweiler, Messplatz 1, Tel. 06346/2200, www.suedlicheweinstrasse.de/trifelsland

Zwei süße Schweinchen zeigen uns den Weg zur Jung-Pfalz-Hütte, auf deren Terrasse wir (an Wochenenden) hausgemachten Kuchen vor herrlichem Panorama verspeisen können. Vom Burgunderdorf Gräfenhausen ziehen wir ohne große Schinderei hoch zum Schinderkopf.

Zum Krappenfelsen Von der Ortsmitte in **Gräfenhausen** Ⓐ/Ⓔ geht es am Infopunkt an der Bushaltestelle links in die Hügelstraße und am nächsten Brunnen rechts. Hier finden wir auch schon unser Wegzeichen, zwei braune Wildschweine auf grüner Wiese. Am Sportplatz geht es scharf nach links in Richtung **Semmerstal**. An der Wegkehre begegnen wir schon der ersten Wildsau, die glücklicherweise nur aus Holz ist (Wegweiser Jungpfalzhütte). Schon bald geht es durch üppigen Kastanienwald sanft, aber stetig bergauf. Wir ignorieren den Rechts-

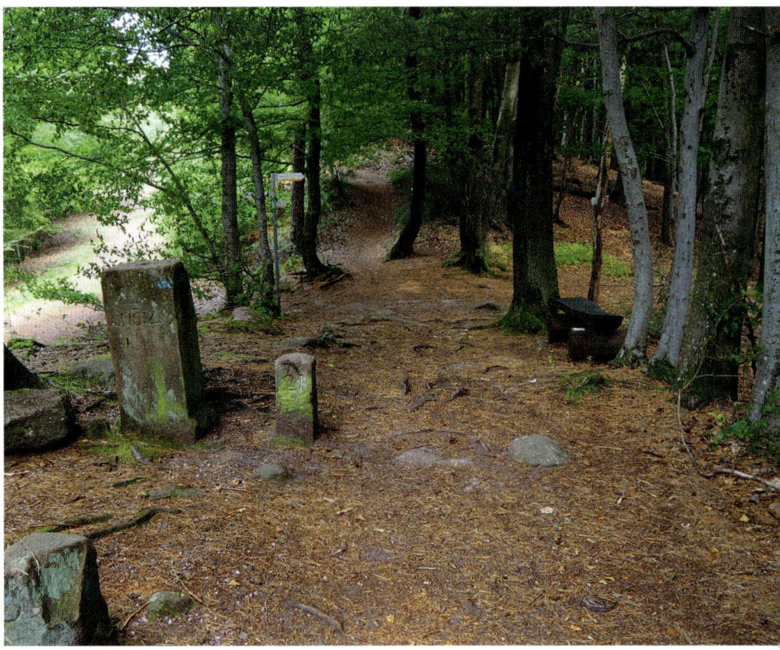

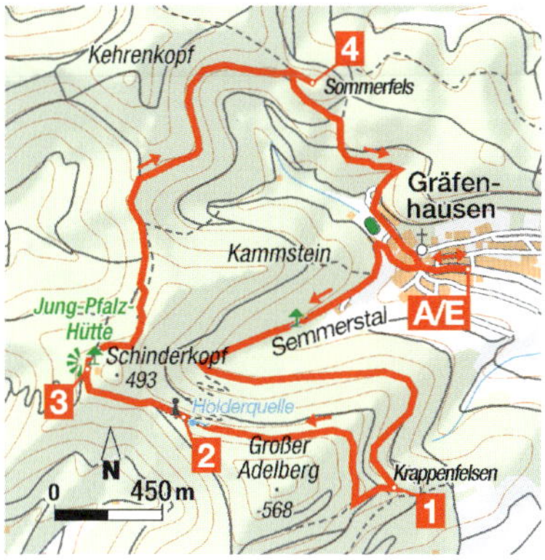

abzweig des Pfälzer Weinsteigs – er führt auf einem steilen Zickzackpfad ebenfalls zur Hütte – und gehen stattdessen geradeaus weiter. Nach einem großen Rechtsbogen des Weges erreichen wir den Abzweig nach links zum **Krappenfelsen** ❶. Bei guter Sicht bietet die Aussichtskanzel auf dem Fels einen weiten Ausblick zu den burgengekrönten Höhen bei Annweiler. Aber auch das Rheintal ist in einiger Entfernung noch gut sichtbar.

Zur Holderquelle am Adlerberg Wir legen kurz den Berggang ein und steigen gegenüber dem Aussichtsfelsen die Stufen hoch, wo uns auch die rot-weiße Markierung des Pfälzer Weinsteigs den Weg weist. An der Kehre eines Forstweges gehen wir kurz rechts und sofort wieder links den etwas versteckten Pfad hoch. Nach 100 Metern sollten wir den Rechtsabzweig nicht verpassen. Schon bald verläuft der Pfad auf fast ebenem Niveau herrlich

Linke Seite: Alte Grenzsteine des Klosters säumen den Weg.

Rastplatz an der Holderquelle

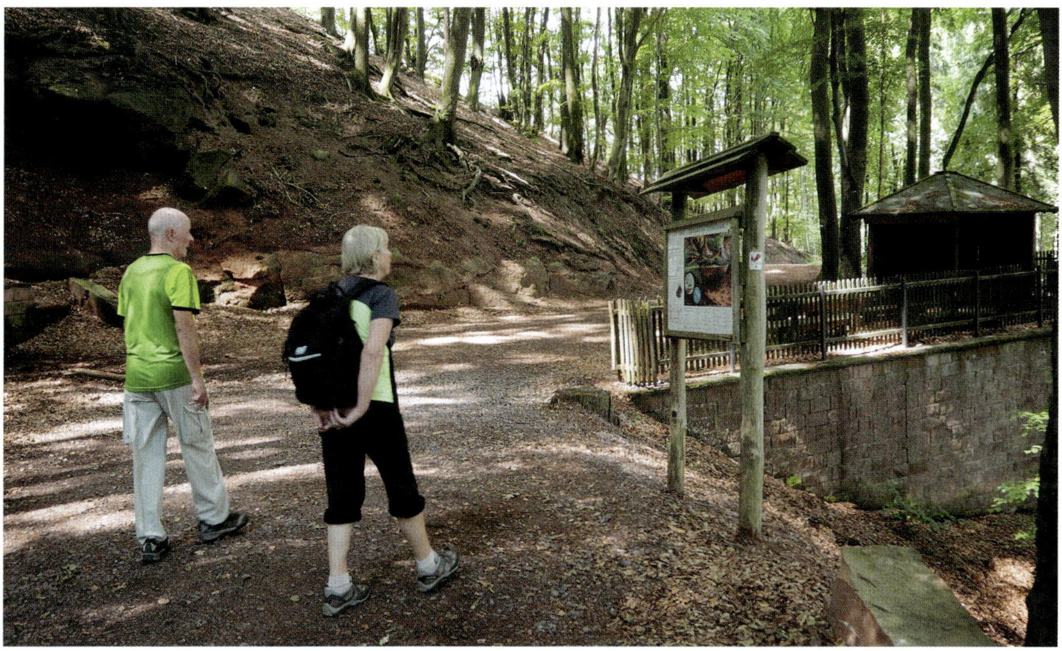

unter Kastanien, Kiefern und Buchen. In einem großen Linksbogen geht es an der Flanke des Großen Adlerberges entlang. Wir erreichen die im Sommer meist trockene **Holderquelle** ❷, deren aussichtsreiche Schutzhütte mit wunderschönen Picknicktischen davor zur Rast einlädt.

Burgunderdorf Gräfenhausen

Eußerthaler Mönche schmuggelten einst die Reben aus dem Burgund in den Ort, die auf den nährstoffreichen Böden des Rotliegenden beste Bedingungen vorfanden. Am dritten Wochenende im Juni bietet sich auf dem Burgunderweinfest die Gelegenheit, die vollmundigen Weine zu verkosten.

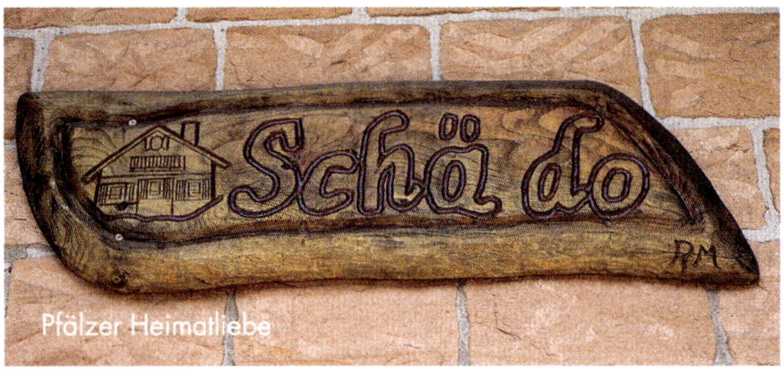

Pfälzer Heimatliebe

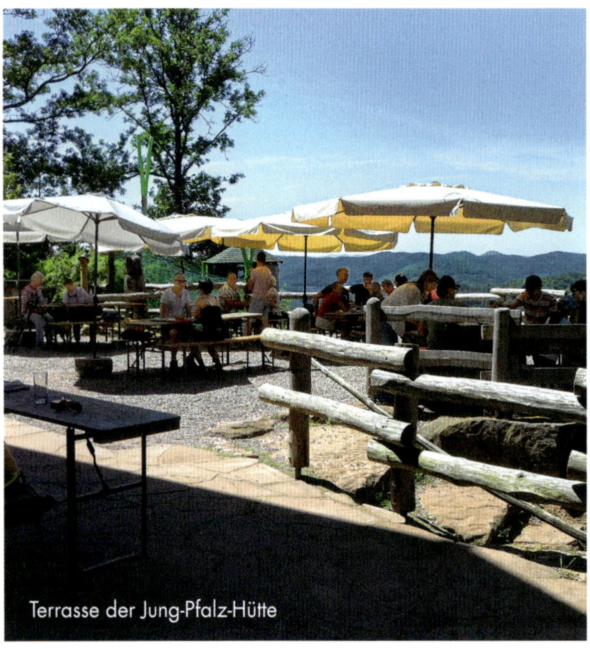

Terrasse der Jung-Pfalz-Hütte

Jung-Pfalz-Hütte An der nächsten Waldkreuzung ziehen wir geradeaus weiter. Selbst wenn die Wanderhütte geschlossen hat und der Wildsauweg nach rechts weist, lohnt sich allein wegen des Ausblicks der kleine Schlenker. Infotafeln informieren über Flora und Fauna des Waldes, die von aktiven Mitgliedern des Jugendpflegevereins der **Jung-Pfalz-Hütte** ❸ errichtet wurden. Bei typischer Pfälzer Kost, selbst gebackenem Kuchen oder, falls geschlossen, selbst geschmierter Stulle kann man bei gutem Wetter auf der Terrasse herrliche Weitblicke über die Hügel des Wasgaus genießen.

Sommerfelsen Wir stiefeln an der Hütte vorbei, wo uns ein geschnitzter Bär grüßt. Am nächsten Wegekreuz neben einer Felsgruppe gehen wir nach links (Gräfenhausen 3 km) und folgen der weiß-blauen Markierung. Durch lockeren Mischwald führt der herrliche **Grimmeisenpfad** in Kehren an der Flanke des Berges hinab, umgeben von himmlischer Ruhe. Alte Grenzsteine des Klosters Eußerthal flankieren den Weg. Am Kreuzungspunkt mit einem großen Findling ziehen wir geradeaus weiter. Wunderschön schlängelt sich der steinige Pfad zwischen Kiefern und

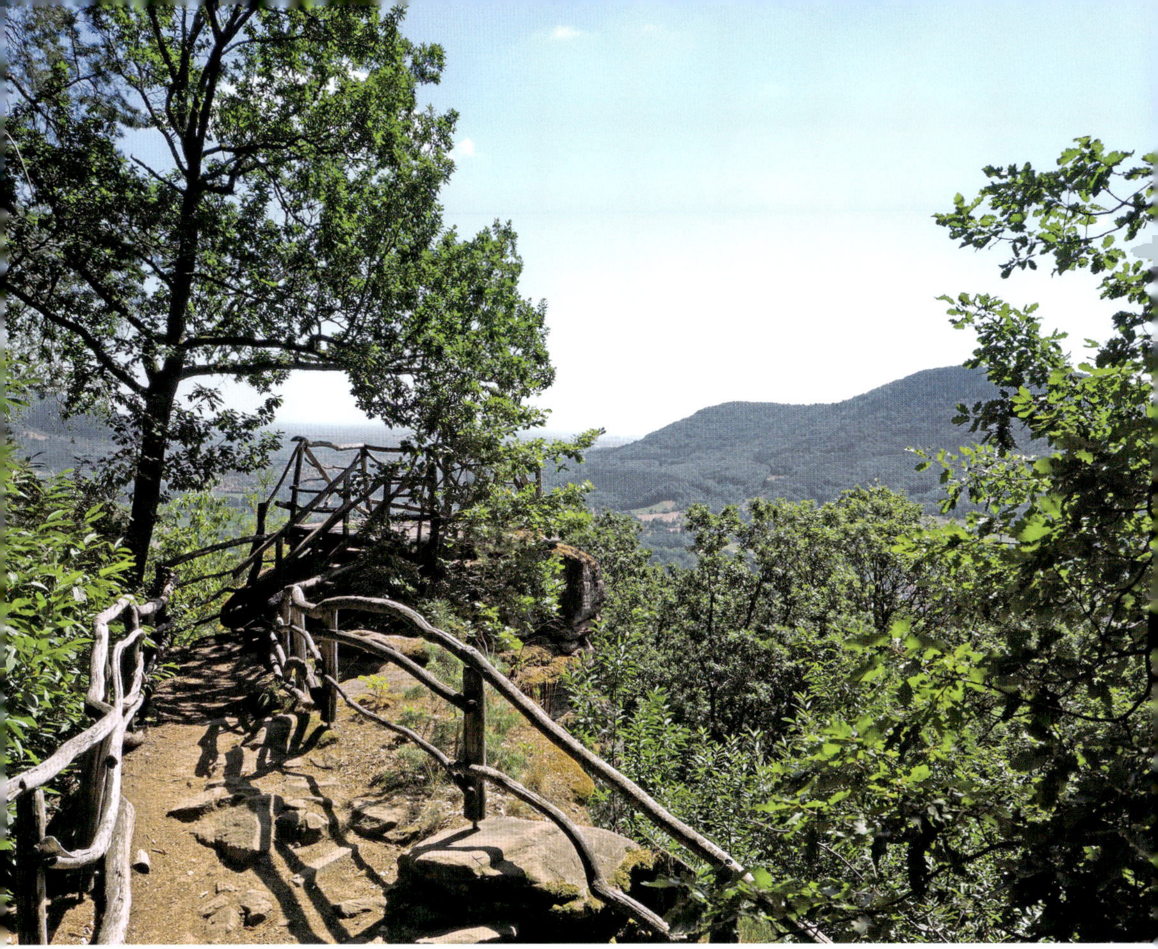

Ausguck am Krabbenfelsen

Buchen hindurch. Am Ende, beim Picknicktisch, geht es auf breitem Forstweg nach rechts. Am langen Abstiegsweg finden wir nach 20 Minuten einen Pfad, der links vom Weg abgeht. Ein Holzschild am Baum weist auf den **Sommerfelsen** 4 hin. Ein lohnenswerter kleiner Abstecher auf dem eintönigen, lang gezogenen Waldweg. Links an der bizarren Sandsteinklippe entlang findet man am Ende einen rußgeschwärzten Durchbruch. Wer mag hier wohl campiert haben? Zurück am Weg wandern wir am ersten Abzweig im Rechts-links-Schwenk weiter. Auch den nächsten Forstweg verlassen wir unmittelbar nach rechts auf einen verwachsenen Pfad (Wegzeichen Wildsauweg beachten). Nun gilt es, einen fast dschungelartigen urwüchsigen Wald zu durchqueren. Am Waldaustritt finden wir links des Weges ein paar Höhlen im Sandstein, die früher vermutlich als Lagerräume dienten. Wir ziehen geradeaus den Grasweg hinab und halten uns oberhalb des Sportplatzes links. Auf altem Pflasterweg geht es hinab ins Dorf. In **Waltrauds Hofschänke** kann man noch mit Flair der 50er-Jahre ein Gläschen zum Abschluss trinken.

21 Zum Luitpoldturm

Vom Aussichtsturm zum NatURWALDpfad

Leicht | 5 km | 110 Hm | 1.45 Std.

Tourencharakter
Gemütlicher Spaziergang, der allenfalls im kurzen Aufstieg zum Weißenberg auf dem NatURWALDpfad etwas anstrengend wird

Ausgangs-/Endpunkt
Parkplatz Rodelbahn, Hermersbergerhof, 540 m

Höchster Punkt
Luitpoldturm, 610 m

Anfahrt
GPS 49.2414, 7.8297
Bus/Bahn: –
Auto: Auf der B 10 von Landau bis Wilgartswiesen. Von dort über die K 56 nach Hermersbergerhof. Zum Parkplatz Rodelbahn im Ort links abbiegen

Einkehr
Keine Einkehrmöglichkeit unterwegs

Beste Jahreszeit
Ganzjahrestour

Karte
Pfälzerwald 5, Blatt 41-546, 1:25 000, NaturNavi

Information
Tourist-Info-Zentrum Pfälzerwald in Hauenstein, Schuhmeile 1, Tel. 06392/923 33 80
www.urlaubsregion-hauenstein.de
Infos zum Luitpoldturm unter: www.luitpoldturm.info

Dem Pfarrer und Heimatdichter Fritz Claus (1853–1923) verdanken wir den Luitpoldturm, der einen umwerfenden Panoramablick beschert. Der kurze Spaziergang in der Kernzone des Biosphärenreservates mit Turmbesteigung ist eine der Attraktionen im Pfälzerwald.

Bollenblick Am Waldparkplatz von **Hermersbergerhof** Ⓐ/Ⓔ finden wir die Infotafel über das Quellgebiet der Wieslauter, das zur Kernzone des Biosphärenreservates Pfälzerwald zählt. Da hier im »Urwald von morgen« die Waldbewirtschaftung eingestellt wurde, bedeutet dies für uns Wanderer, dass viele Wanderwege nicht mehr gepflegt werden und wir demzufolge vorsichtig sein sollten. Wir orientieren uns am blau-rot markierten Weg in Richtung Luitpoldturm. Schon wenige Schritte danach bietet uns die Aussichtskanzel **Bollenblick** ① mit dem neu erbauten

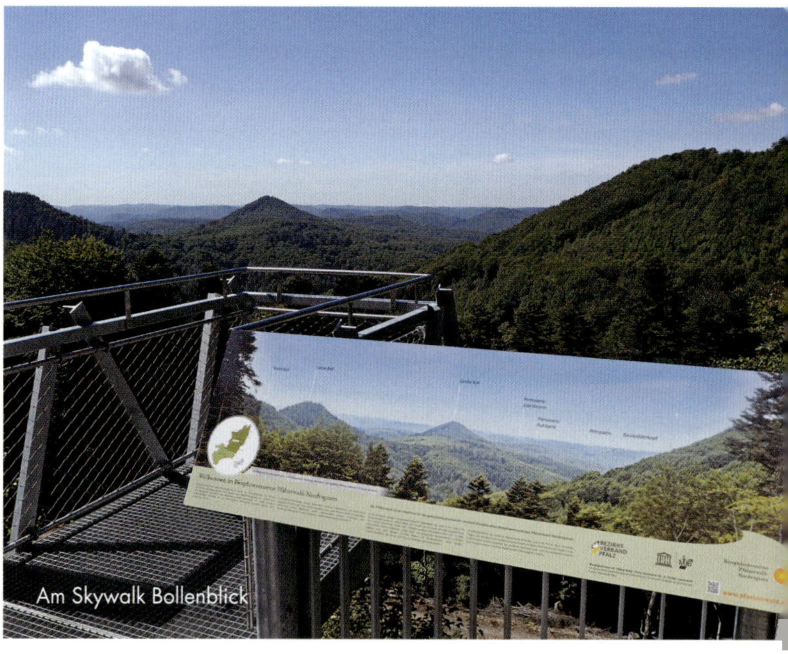

Am Skywalk Bollenblick

Skywalk einen prächtigen Fernblick über die drei bewaldeten Bollhügel bis hinüber nach Pirmasens.

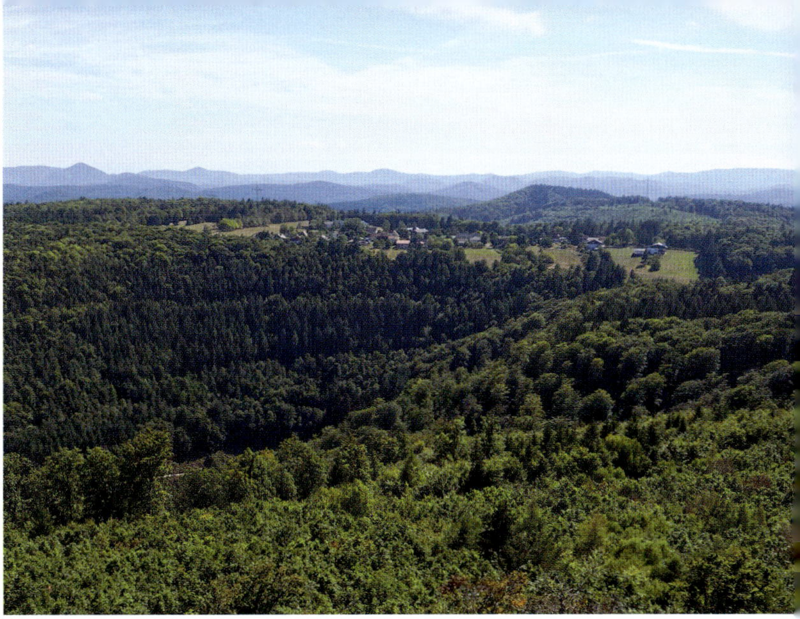

Grandioser Weitblick vom Luitpoldturm

Luitpoldturm Weiter geht es auf kurvigem Waldpfad, auf dem wir aber nach 300 Metern zur anderen Straßenseite wechseln. Etwas im Gebüsch versteckt finden wir einen historischen Grenzstein. Der vom PWV deutlich gekennzeichnete **Dreiherrenstein** 2 aus dem Jahr 1773 markierte die Grenzen der Herzöge von Pfalz-Zweibrücken (PZ), der Leininger Grafen und der Herrschaft Gräfenstein, die zur Markgrafschaft Baden (MB) gehörte. Die eingravierten Kürzel und der Grenzverlauf sind gut zu erkennen. An der nächsten Kreuzung mit der Picknickbank am **Luitpoldstein** gehen wir geradeaus auf dem Teersträßchen weiter. Nach einem halben Kilometer trifft man auf den markanten **Luitpoldturm** 3. Der Turm auf dem 610 Meter hohen Weißenberg, dem dritthöchsten Berg der Pfalz, wurde 1908 zu Ehren des Prinzregenten Luitpold von Bayern errichtet. Die Pfalz gehörte politisch damals noch zum Königtum Bayern. Eine Wendeltreppe mit 164 Stufen führt hoch zur Aussichtsplattform. Dort bietet sich eine grandiose Rundumsicht über das Kerngebiet des Biosphärenreservates Pfälzerwald. Vom Saarland im Westen, den Vogesen im Süden, der Reichsfeste Trifels im Osten und ganz im Norden dem Donnersberg reicht der überwältigende Ausblick.

Holländerklotz Am Turm setzen wir die Richtung fort und bleiben auf dem grün-weiß markierten **Pfälzer Waldpfad** in Richtung Holländerklotz. Wir wandern in nördlicher Richtung weiter und verlassen den breiten Weg nach 50 Metern nach rechts auf den leicht zu übersehenden Pfad unter Buchen. Der kurvige, stets bergab führende Pfad stößt auf eine Teerstraße, vor der wir links abbiegen und parallel dazu weitermarschieren. Nach fünf Minuten sind wir am Ritterstein **Holländerklotz** 4, einem

Markstein unter einer gewaltigen Eiche. Der Stein erinnert an die vielen Tannen, die bis zum 17. Jahrhundert hier standen. Sie wurden für den Hausbau in Holland gefällt und mit Eseln bis zu den nächsten Rheinzuflüssen geschleppt. Von dort verschiffte man sie mit großen Flößen nach Holland, wo sie zur Befestigung im sumpfigen Untergrund verwendet wurden.

NatURWALDpfad Wir biegen vor dem Stein in spitzem Winkel links ab und setzen in der »Zone für natürliche Entwicklung« fort (nicht den bergab führenden Weg nehmen). Nach der langen Geraden biegen wir 20 Meter vor dem nächsten Schild mit gleicher Aufschrift scharf links ab. Hinter einer Buchenhecke versteckt sich das Forsthaus Weißenberghütte. Sofern wir danach ein blau-weißes Wanderzeichen finden, sind wir richtig. An der nächsten Verzweigung orientieren wir uns am Schild des Pfälzer Waldpfades und biegen rechts ab. Ein weicher, angenehmer Forstweg führt uns weiter bergab. Kurz darauf liegt rechts vom Wegesrand etwas versteckt der zerklüftete **Husarenfelsen** 5. Achtung: Absturzgefahr! Gehen sie nicht zu weit nach vorn auf dem Fels. Achten Sie auf dem folgenden Wegstück auf den Abzweig nach links. Ein schmaler Wanderpfad zieht sich nun an der Westflanke des Weißenberges hinauf. Der **NatURWALDpfad** macht seinem Namen alle Ehre. Viele dahingesprenkelte Felsblöcke säumen den ansteigenden Wurzelpfad. Am Ende, nach dem steinübersäten Hang, schlängelt sich unser Pfad durch dichten Jungwald. Am Wegedreieck Luitpoldstein treffen wir wieder auf den Hinweg und kehren auf bekanntem Weg zurück. Wir passieren wieder den Bollenblick und verlängern bis zur Infotafel am Parkplatz.

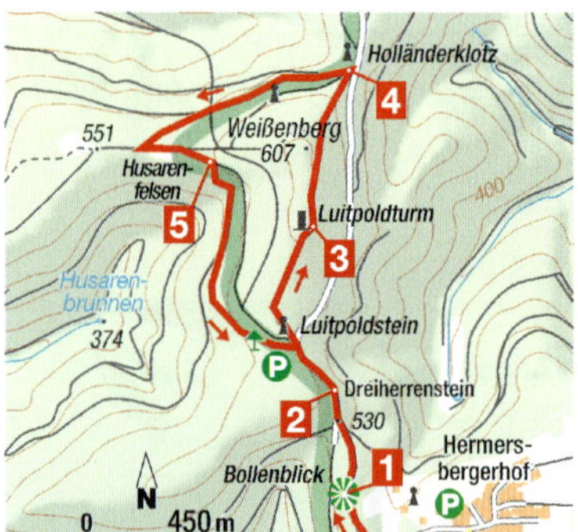

Hermesbergerhof

Das höchstgelegene Dorf der Pfalz entwickelte sich aus einem Hof des Klosters Eußerthal im 15. Jahrhundert. Nach seinem Verfall erfolgte im 18. Jahrhundert eine Wiederbesiedlung mit Waldarbeitern, Flößern und Fuhrleuten. Machen Sie einen kurzen Abstecher zur Klosterschmiede. Rund um das Anwesen des ehemaligen Steinmetzbetriebes kann man zahlreiche filigrane Holzfiguren besichtigen.

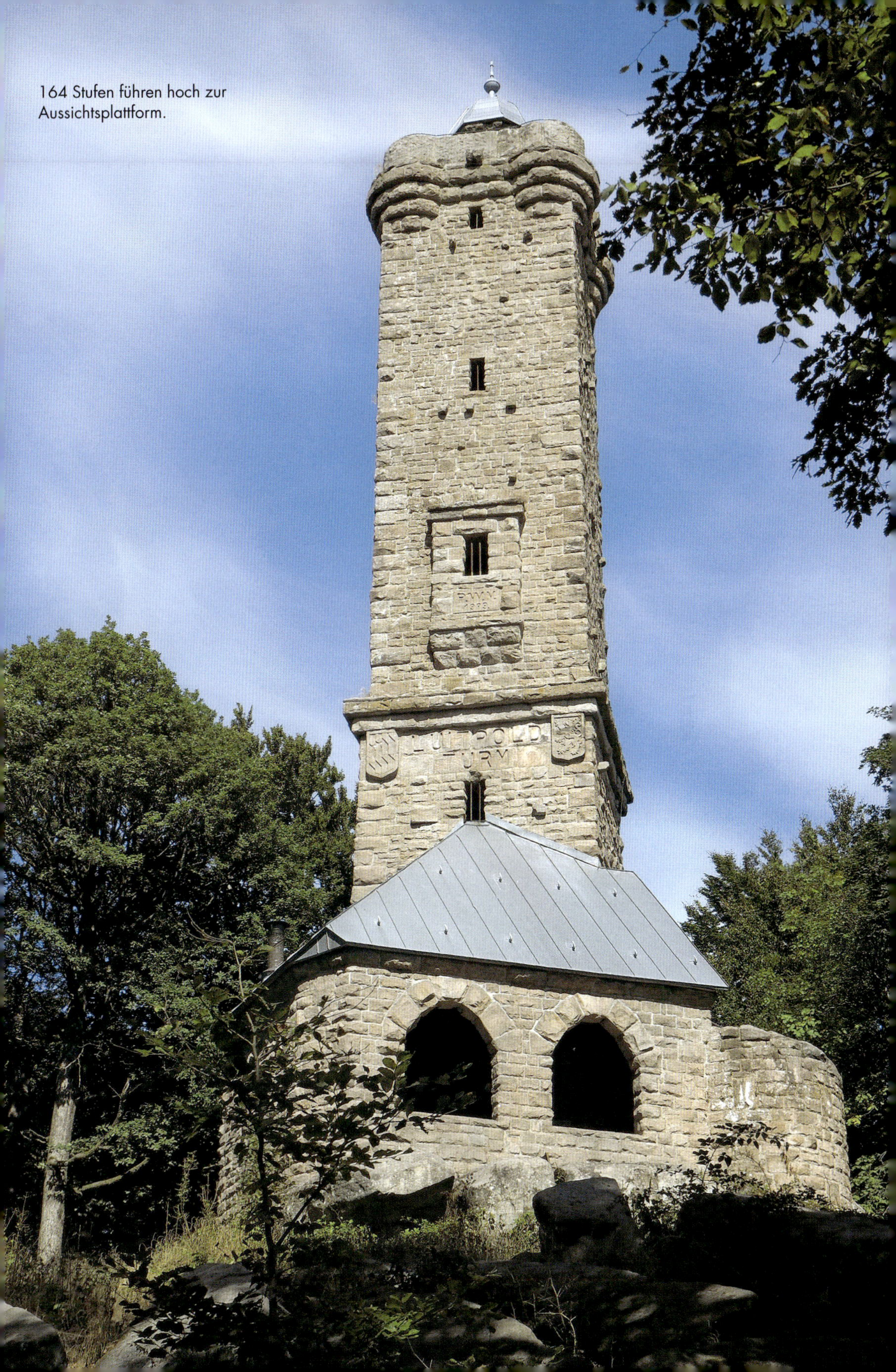

164 Stufen führen hoch zur Aussichtsplattform.

Blick vom Kaiserweg
ins Rheintal (Tour 22)

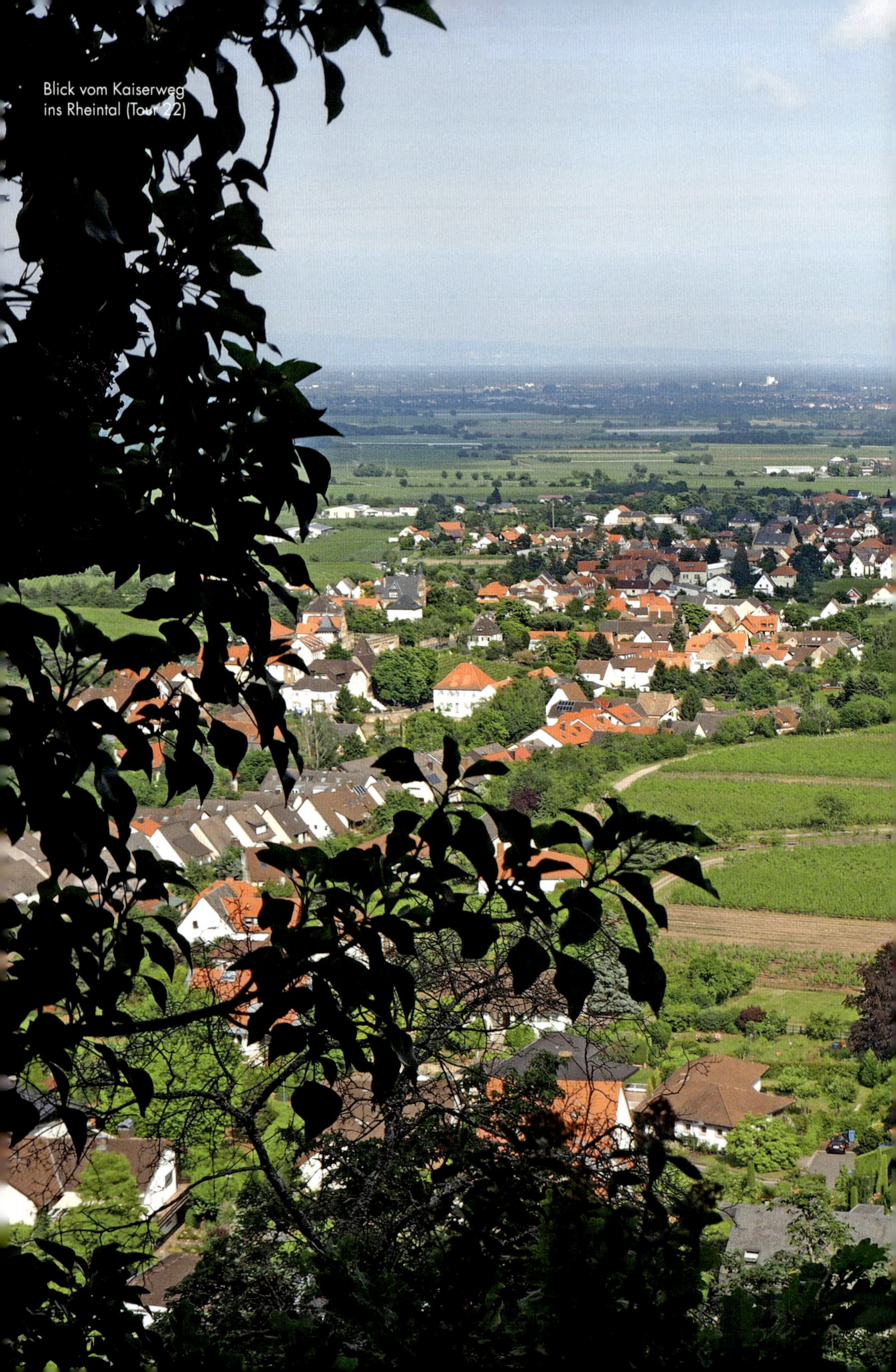

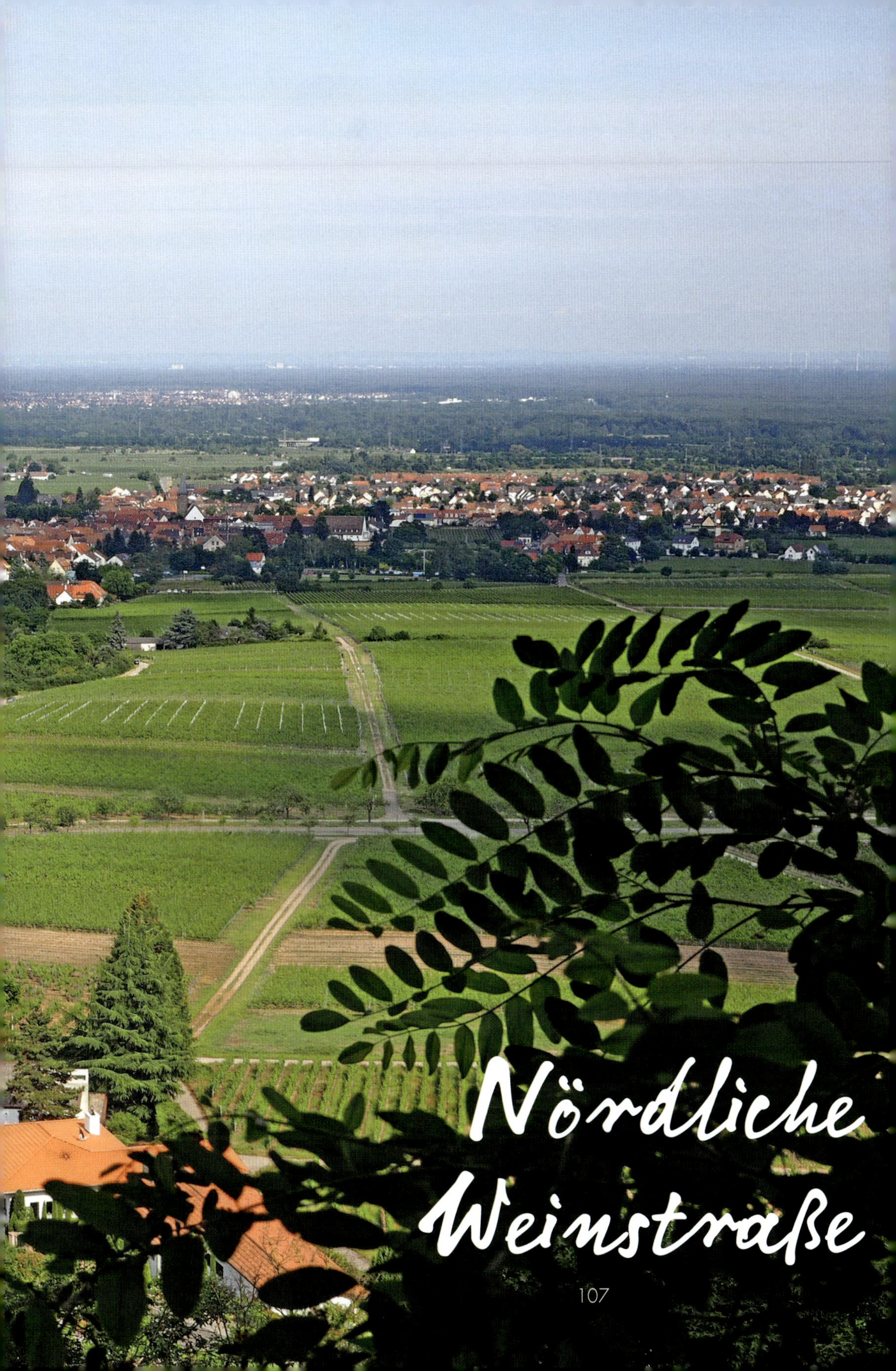

Nördliche Weinstraße

22 Auf dem Kaiserweg

Von Neustadt an der Weinstraße nach Gimmeldingen

Mittel | 10,8 km | 270 Hm | 3.45 Std.

Tourencharakter
Gemütliche Tour, die erst durch die Weinberge und im Wald wieder zurück führt. Kurze Anstiege zu Beginn und in Gimmeldingen. Stellenweise wurzelige Pfade. Mit Rollstuhl oder Rollator ist die Tour bis Gimmeldingen möglich.

Ausgangs-/Endpunkt
Bahnhof Neustadt an der Weinstraße, 140 m

Höchster Punkt
Steinbruch bei Haardt, 300 m

Anfahrt
GPS 49.3504, 8.1406
Bus/Bahn: Neustadt an der Weinstraße ist gut an das Liniennetz der DB angeschlossen.
Auto: Von Norden oder Süden auf der A65 zu erreichen. Von Osten führt die B39 nach Neustadt. Parkplätze und Tiefgaragen rund um den Bahnhof

Einkehr
Restaurant Gimmeldinger Winzer, Mi–So 12–14 und ab 17.30 Uhr; Sportgaststätte im Tal, Mi–Sa ab 16.30, So ab 12 Uhr

Beste Jahreszeit
Ganzjahrestour

Karte
Pfälzerwald 6, Blatt 43-546, 1:25 000, NaturNavi

Information
Tourist-Information Neustadt an der Weinstraße,
Hetzelplatz 1,
Tel. 06321/92680,
www.neustadt.eu

Von Neustadt an der Weinstraße, wo Victor von Scheffel gerne verweilte, führt uns die gemütliche Tour zum Vorort Gimmeldingen, der besonders zur Zeit der Mandelblüte Besucher von nah und fern anlockt. Zurück geht es auf dem aussichtsreichen Kaiserweg.

Neustädter Villen Los geht's am Bahnhof von **Neustadt an der Weinstraße** Ⓐ/Ⓔ. Wir halten uns links und überqueren die Landauer Straße, wo wir direkt gegenüber die Tourist-Info finden. Daran vorbei geht es in die belebte Fußgängerzone der Friedrichstraße. Kurz vor dem Ende der Straße biegen wir rechts ab in die Wallgasse, die wir an erster Möglichkeit nach links verlassen. An der belebten B38 wenden wir uns nach rechts und überqueren sie nach 100 Metern am schmiedeeisernen Tor

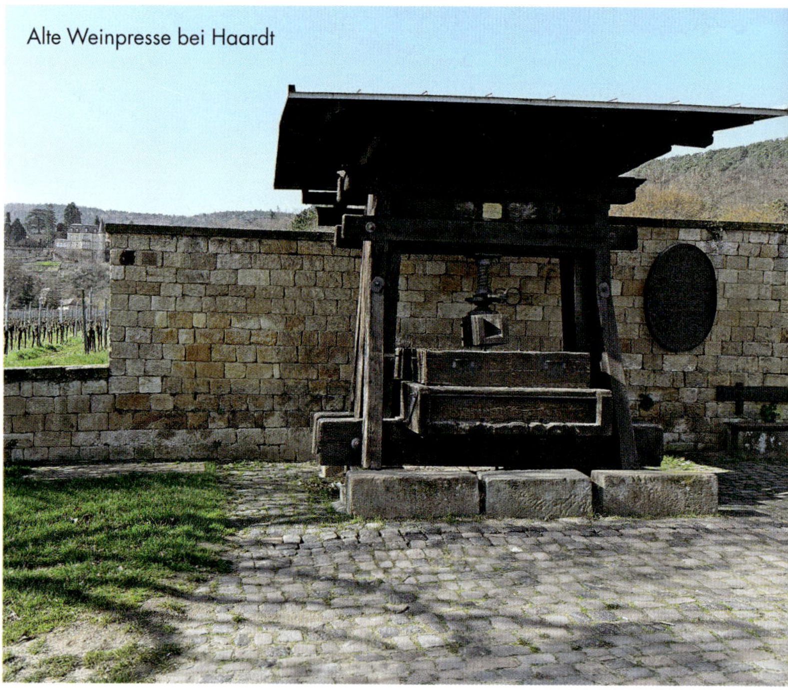

Alte Weinpresse bei Haardt

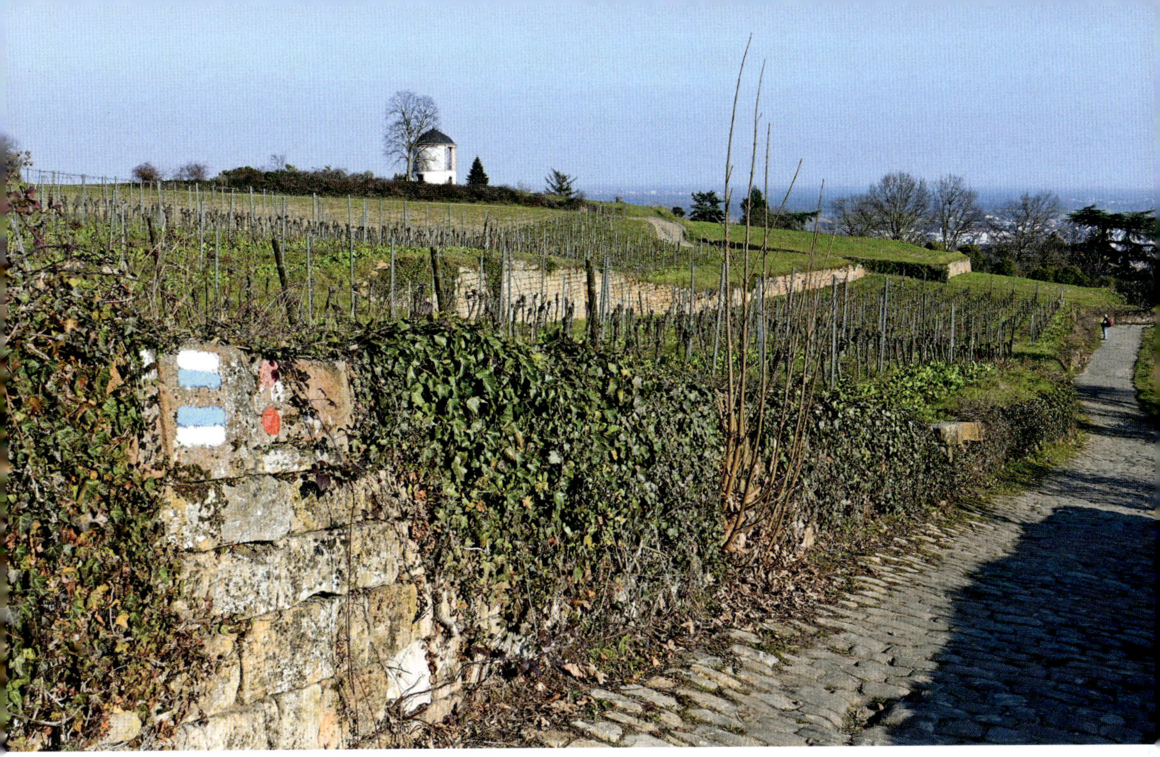

Der Deidesheimer Tempel hoch über Neustadt a. d. Weinstraße

der Villa Böhm, eine der repräsentativsten Villen Neustadts, von denen wir noch mehr sehen werden. Villa Böhm, 1900 vom gleichnamigen Weinhändler erworben, hatte als Sitz des NSDAP-Gauleiters Josef Bürckel zwischen 1935 und 1944 auch dunklere Zeiten gesehen. Heute wird das Gebäude von der Stadt für wechselnde Ausstellungen genutzt. Wir ziehen rechts an der prächtigen Villa mit dem goldverzierten Erker vorbei. Dahinter machen wir einen Links-rechts-Schlenker und finden bald das rosa Wanderzeichen des **Pfälzer Mandelpfades**, dem wir uns bis Gimmeldingen anvertrauen. Schon blicken wir zur Rechten durch das Geäst auf die nächste bombastische Villa. Das Jugendstilgebäude mit zwei Hektar Grund wurde im Auftrag der Winzerfamilie Lieberich-Merkel um 1900 vom Karlsruher Architekten Ludwig Levy erbaut.

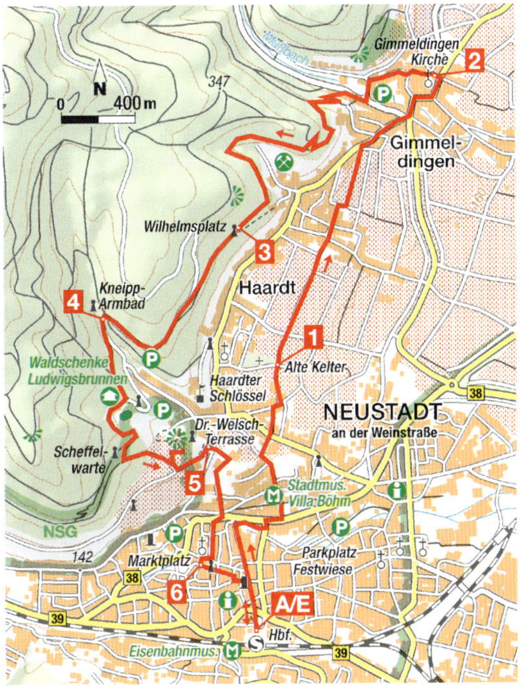

Haardter Schloss Hinter dem Anwesen steigen wir rechts die Stufen hoch und schreiten zwischen den Anwesen weiterer Villen hindurch. Rollstuhl- oder Rollatorfahrer kommen bis ans Ende der Gasse, biegen dort rechts ab und stoßen über den Aspenweg wieder auf die Route. Achtung, nach Überquerung der Straße rechts den schmalen Pfad neben der Hecke benutzen. Dahinter ziehen wir im Rechts-links-Versatz hinaus, am **Friedhof** 1 vorbei, in die Rebflur. Zur Linken blickt man auf das Haardter Schloss, daneben den Kirchturm des Ortsteils Haardt. Ein wohlhabender Neustädter Kaufmann baute das Schloss auf den Grundmauern der ehemaligen Burg Winzingen.

Gimmeldingen Am Ortseingang von Gimmeldingen, vor dem Anwesen mit der Buchenhecke, verlassen wir den Mandelpfad und gehen links und nach dem Grundstück sofort wieder nach rechts weiter. Wer dem Ort keinen Besuch abstatten möchte, hat die Möglichkeit, auf dem links abgehenden Steinbruchweg die Tour um etwa 1,5 Kilometer abzukürzen. Der Wanderweg Deutsche Weinstraße mit der grünen Traube führt uns ins Zentrum

Das idyllische Weindorf Gimmeldingen

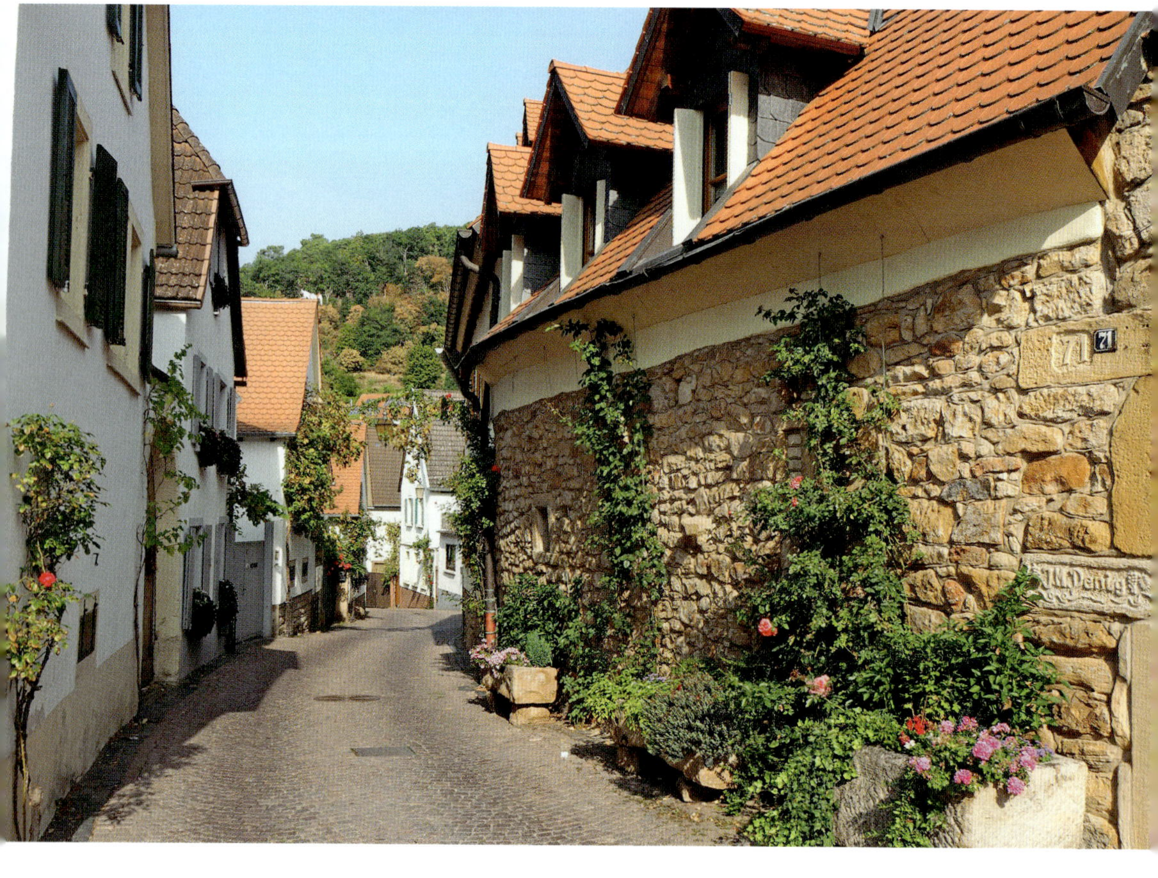

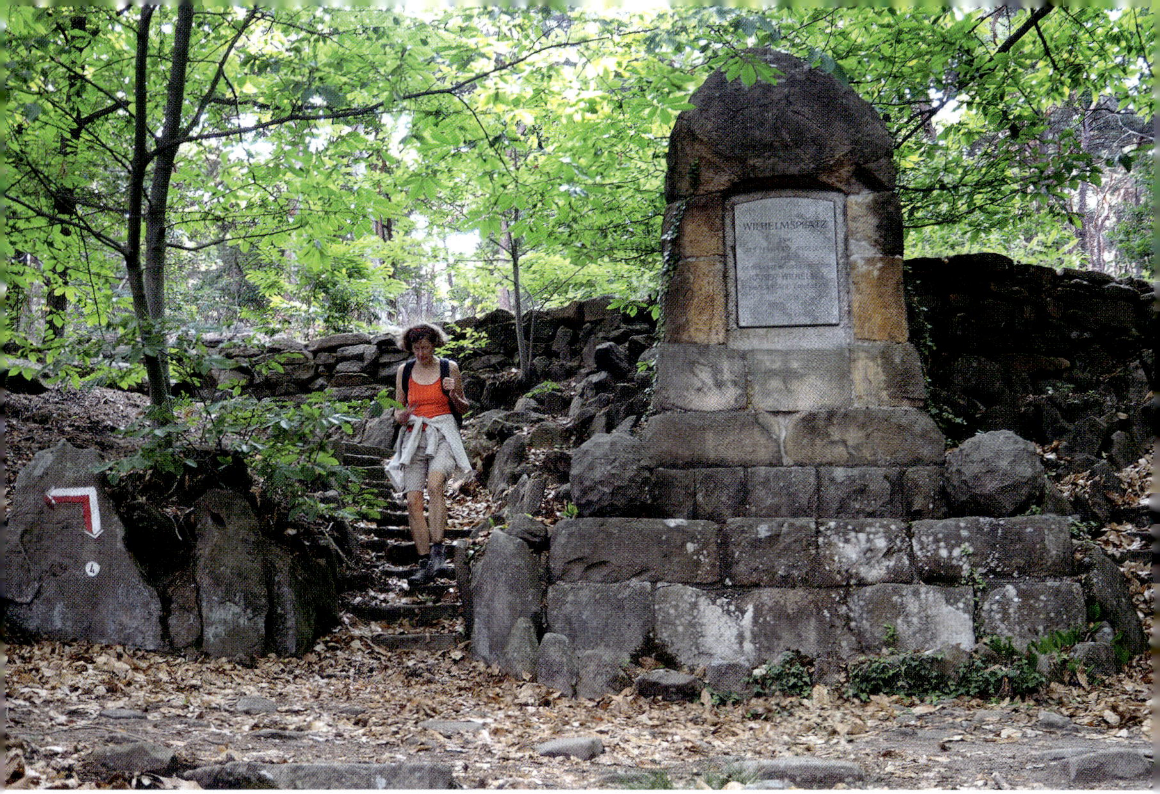

Am Wilhelmsplatz

des Weindorfes. An der Kreuzung, vor der kleinen Grünanlage, ziehen wir rechts die Meerspinnstraße hoch. Achtung, hier gibt es für ein paar Meter keinen Bürgersteig. Wir biegen links ab und halten uns am Traditionslokal Gimmeldinger Winzer erneut links in Richtung **Gimmeldingen Kirche** 2. Am Kirchplatz davor finden wir das gelb-rote Zubringerschild des Pfälzer Weinsteigs, das uns in die Peter-Koch-Straße hinableitet, wo herrliche Winzerhöfe den Weg säumen. Am Weingut Klohr biegen wir rechts ab, halten uns vor dem Sportplatz links und gehen direkt dahinter, vor den drei Bäumen, rechts hoch.

Oskar-Wiedemann-Blick Nach dem letzten Haus finden wir jetzt das **weiß-rote Wanderschild**, das uns auf dem Rückweg begleitet und nach links hoch in den Wald zeigt (Neustadt Kaiserweg 2,5 km). Ob der Kaiser sich die Mühe machte, hier zu Fuß aufzusteigen, ist leider nicht überliefert. Der Blick bis hinüber zum Odenwald, den wir nach dem kurzen Anstieg genießen dürfen, ist jedenfalls kaiserlich. Unter niedrigstämmigem Kiefernwald umrunden wir nun auf wurzeligem Pfad (Achtung: Stolpergefahr) einen Steinbruch. Von Süden lugt das Hambacher Schloss durch das Geäst der Kiefern. Nachdem wir wieder in Nord-Süd-Richtung eingeschwenkt sind, treffen wir auf den

Skulptur vor der Pfarrkirche von Gimmeldingen

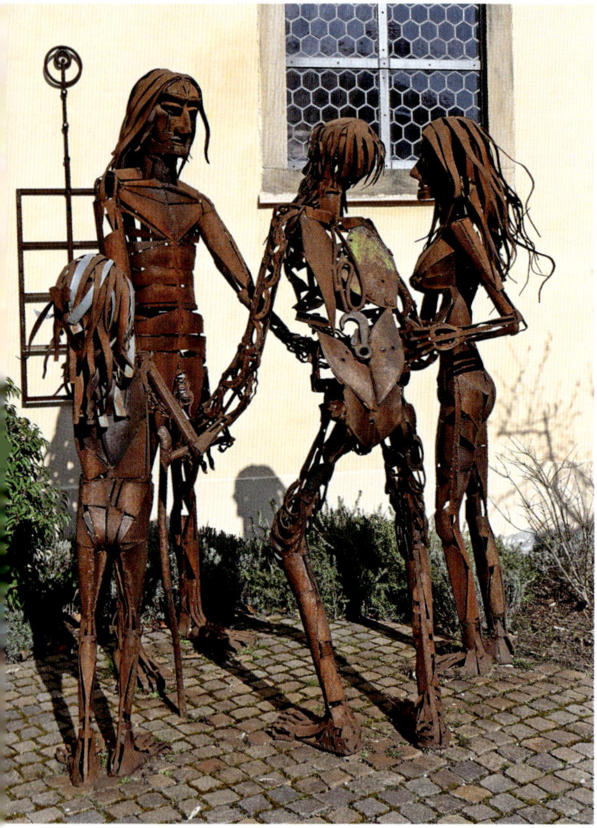

Wilhelmsplatz 3, 1896 als Festplatz angelegt, mit der Schutzhütte am Oskar-Wiedemann-Blick. Ein lauschiger Platz, der zum Verweilen einlädt. Das Schild nach links zu den **Wolf'schen Anlagen** ignorieren wir, es sei denn, wir möchten abkürzen. Wilde Pfade führen durch die verwunschene Parkanlage hinunter in die Stadt. Auf einem Teersträßchen ziehen wir hinab ins Meisental und dürfen (im Sommer) in der Kehre des Weges im **Kneipp-Armbad** 4 unsere Durchblutung anregen.

Tempel mit Ausblick Wir ziehen links um die Kurve und verlassen den breiten Forstweg auf den rechts bergauf führenden Pfad. In Höhe des Parkplatzes der nahe liegenden Waldschenke – sie schließt leider im Sommer 2023 – ziehen wir rechts die Böschung hoch und wandern im Halbkreis um die Gaststätte herum. Am hinteren Ende des Sportplatzes biegen wir rechts ab und machen einen Abstecher zur **Scheffelwarte** (siehe Kasten). Wir wenden am Halbrund des Platzes und finden die rot-weiße Welle des Pfälzer Weinsteigs, der uns zurück in die Stadt bringt. Auf dem holprigen, gepflasterten Weg machen wir noch einen Abstecher links hoch zum **Deidesheimer Tempel**, mit weitem Blick über die Stadt. Darunter halten wir uns links und ziehen die kurze Rampe hoch zur **Dr.-Welsch-Terrasse** 5. Dort rechts über die Stufen treffen wir auf den Haardter Treppenweg, an dessen Ende wir wieder im Zentrum der Weinstadt sind. Am herrlichen **Marktplatz** 6 vor der zweitürmigen Stiftskirche und dem verspielten Scheffelhaus vorbei schlendern wir über die Friedrichstraße zurück zum Bahnhof.

Joseph Victor von Scheffel

Der große Dichter des vorletzten Jahrhunderts hielt sich öfters bei seinem Neustädter Freund, dem Buchhändler Eduard Witter, auf. Die Aufschrift an der Scheffelwarte bezeugt seine Hingabe zur Pfalz.

»Und nähert sich solch einem Schoppen
Mein Herz – Dann überwallts
S'ist halt ein verflucht feiner Troppen
Ich segne die Hügel der Pfalz!«

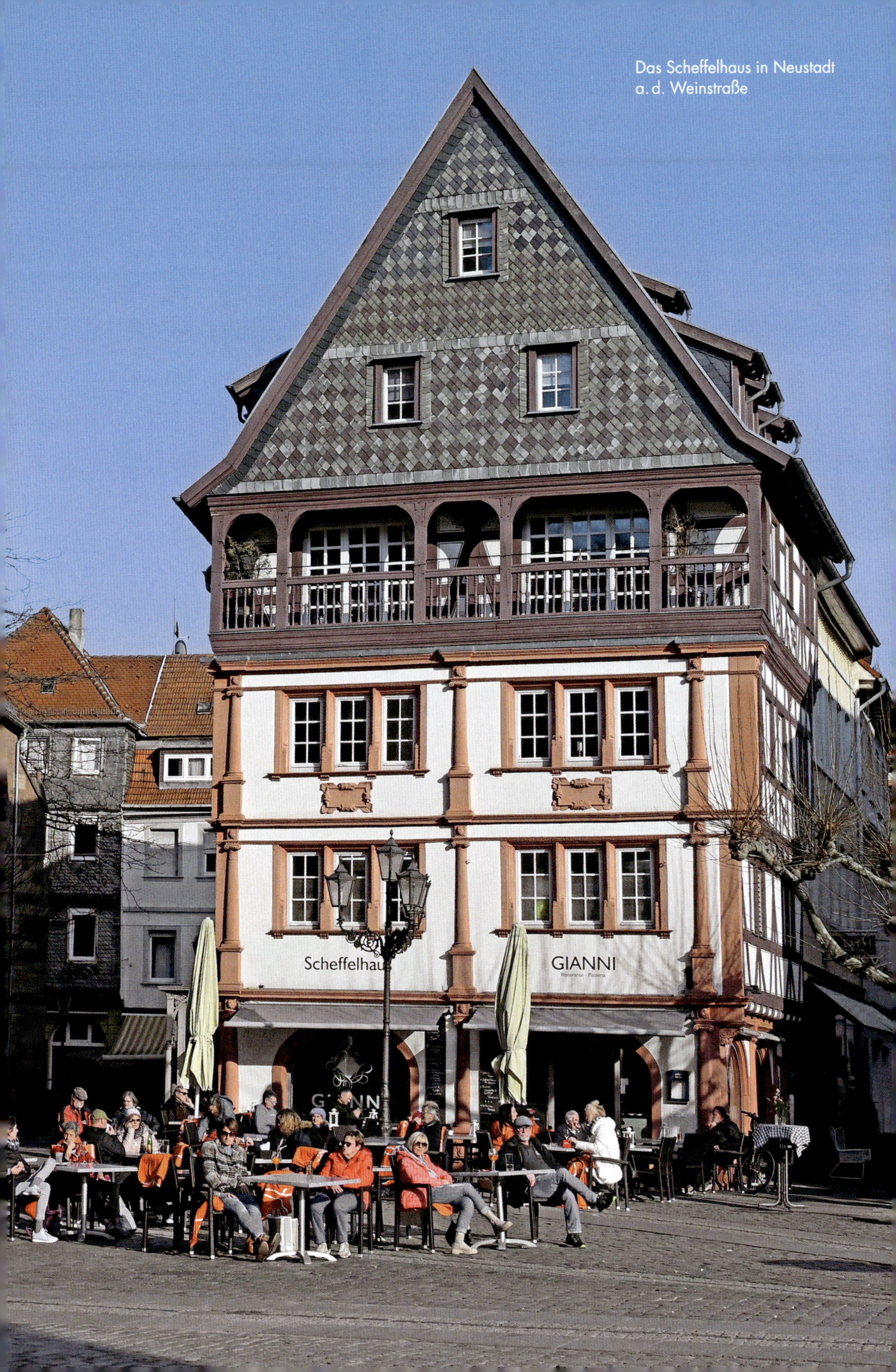

Das Scheffelhaus in Neustadt
a.d. Weinstraße

23 Drei-Burgen-Weg

Historische Relikte an jeder Ecke

Leicht | 7,1 km | 280 Hm | 2.45 Std.

Tourencharakter
Angenehme Rundwanderung auf breiten Forstwegen und gut begehbaren schattigen Waldpfaden. Zu den Burgruinen sind kurze Anstiegswege zu meistern.

Ausgangs-/Endpunkt
Parkplatz Ruine Breitenstein, 220 m

Höchster Punkt
Burgbrunnen, 310 m

Anfahrt
GPS 49.3451, 8.0006
Bus/Bahn: Von Neustadt an der Weinstraße verkehrt die Buslinie 517 nach Breitenstein.
Auto: Von Neustadt an der Weinstraße auf B 39 bis Frankeneck. Dort links durch das Speyerbachtal bis Parkplatz Ruine Breitenstein

Einkehr
Forsthaus Breitenstein am Beginn- und Endpunkt der Tour, im Sommer tgl. 11–18 außer Di, Winter, Fr–So 11–18 Uhr; Burgschänke Burg Spangenberg, März–Nov., Mi, Sa, So 10–18 Uhr

Beste Jahreszeit
Ganzjahrestour

Karte
Pfälzerwald 6, Blatt 43-546, 1:25 000, NaturNavi

Information
Pfalz.Touristik
Neustadt an der Weinstraße, Martin-Luther-Straße 69, Tel. 06321/39160, www.pfalz.de

Freunde alter Burgen kommen auf dieser Runde voll auf ihre Kosten. Auf kurzer Distanz, verbunden mit angenehmen Waldwegen, treffen wir gleich drei Ruinen staufischer Burgen an, die das Speyerer Tal schützen sollten, sich aber auch gegenseitig in die Haare kamen.

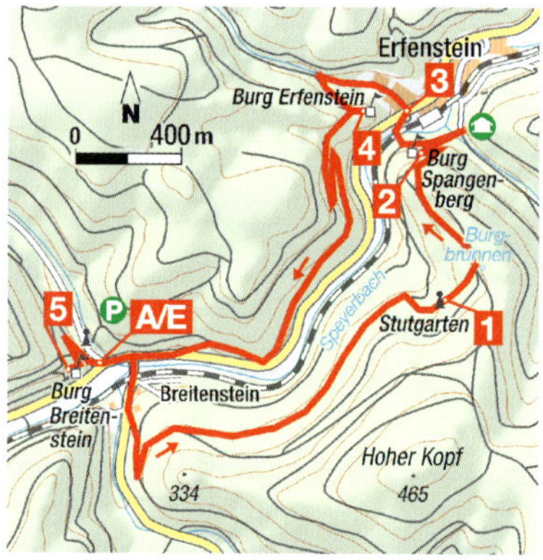

Zur Burg Spangenberg Vom **Parkplatz Ruine Breitenstein** Ⓐ/Ⓔ aus überqueren wir die Talstraße und wandern einen kurzen Moment auf der Totenkopfstraße (Richtung Maikammer). Rechter Hand versteckt sich hinter den Bahngleisen das **Forsthaus Breitenstein,** das wir schon mal für den gesel-

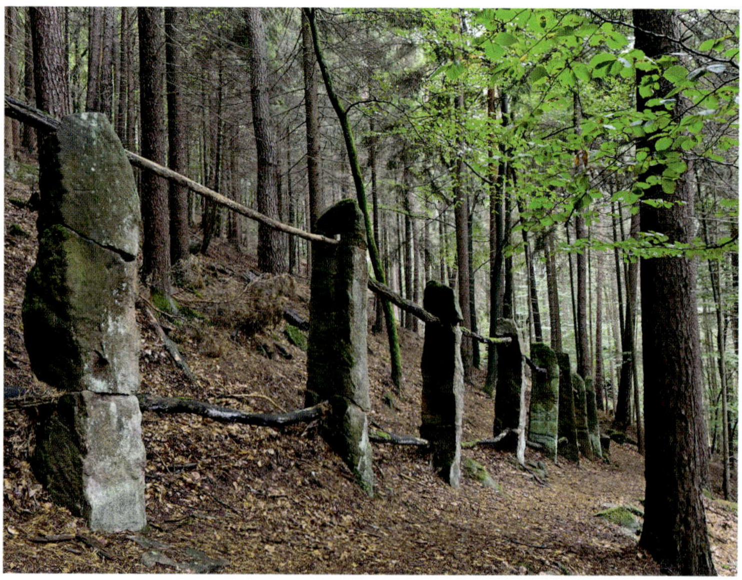

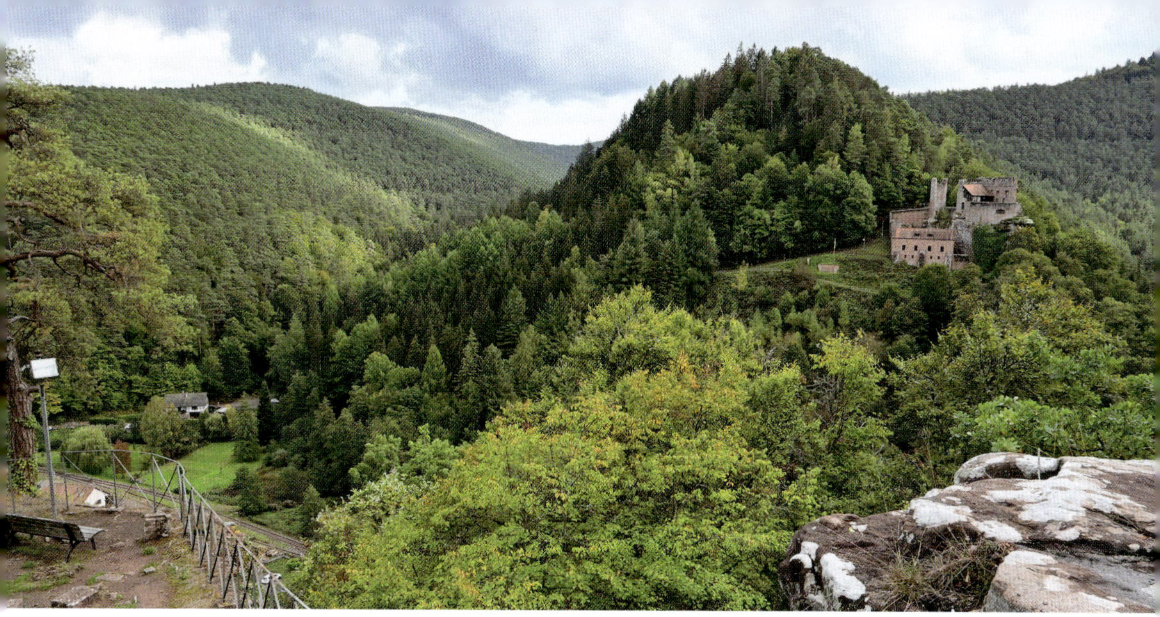

ligen Abschluss der Runde notieren. Vor der Einfahrt zum Forsthaus geht es links hoch mit dem Logo **Drei-Burgen-Weg** mit der schwarzen Burg auf braunem Fels**.** Achtung, ca. 100 Meter nach der ersten Kehre folgen wir dem linken Zweig. Der üppig begrünte Weg führt mit sanftem Anstieg an der Flanke des Tales entlang. Etwa nach einer halben Stunde am Abzweig **Burgbrunnen/Stutgarten** verlassen wir den breiten Forstweg nach rechts auf einen steiler bergan führenden Wanderpfad. Schon nach wenigen Metern trifft man mitten auf dem Weg auf die merkwürdigen steinernen Pfosten des **Stutgarten 1,** eine spätmittelalterliche Pferdekoppel von 1505 der Bischöfe von Speyer. Auch im folgenden Anstieg links des Weges finden wir überall Fragmente des einstigen Pferdegeheges. Ein kleiner Schlenker abseits des Weges zeigt ein fast vollständig erhaltenes Stück des Zaunes. Kurz dahinter der **Burgbrunnen**, der die nahe gelegene Burg Spangenberg mit Wasser versorgte. Wir biegen am Brunnen links ab und wandern nun auf samtweichem Waldpfad unter Tannen weiter. Am Waldaustritt erhebt sich vor uns auf einem Felsporn die **Burg Spangenberg 2.** Auf gegenüberliegender Talseite lugt ihr Pendant, die Burg Erfenstein, über die Baumwipfel. Während Spangenberg dem Speyerer Erzbischof gehörte und im 16. Jahrhundert Unterkunft der bischöflichen Stutmeister war, zählte Burg Erfenstein zu den Besitztümern der Leininger Grafen. Der Weißenburger Fehde zwischen den beiden Kontrahenten fiel Erfenstein zum Opfer. Burg Spangenberg wurde endgültig im Pfälzischen Erbfolgekrieg 1688 zerstört und später teilweise rekonstruiert.

Blick auf Burg Spangenberg

Linke Seite: Spätmittelalterliche Umzäunung am Stutgarten

Burg Erfenstein Wir gehen 100 Meter nach der Burg links den talwärts führenden Pfad hinab. Nach den Stufen folgen wir links dem Wanderweg neben dem Fluss, der uns nach 200 Metern rechts über die Bahngleise leitet. Achtung, an Sonntagen könnte das Kuckucksbähnel pfeifend und quietschend um die Kurve kommen. Wir queren die Straße in **Erfenstein** 3 und wandern zwischen den hübschen Pfälzer Sandsteinhäusern hoch zur nächsten Burg. Den ersten Abzweig nach den Häusern ignorierend, folgen wir 150 Meter dem nächsten Pfad nach links. Wo früher die Schlossherren sich hochkutschieren ließen, sind deutliche Wagenspuren auf dem felsigen Weg erkennbar. Nach kurzem Anstieg erstürmen wir die **Burg Erfenstein** 4, wo sich auf einer Aussichtsterrasse vor dem Bergfried eine wundervolle Picknickmöglichkeit bietet. Wir gehen weiter die Stufen hoch, zur Burg **Alt-Erfenstein**, von der allerdings kaum etwas zu sehen ist. Ein

Kuckucksbähnel

Wer Spaß an alten Dampfloks hat, sollte eine Tour mit dem Kuckucksbähnel durch das Speyerer Tal nicht versäumen. Von Mai bis Mitte Oktober rattert das dampfende und pfeifende Züglein sonntags von Neustadt nach Elmstein und wieder zurück. Ein einmaliges Erlebnis (www.eisenbahnmuseum-neustadt.de).

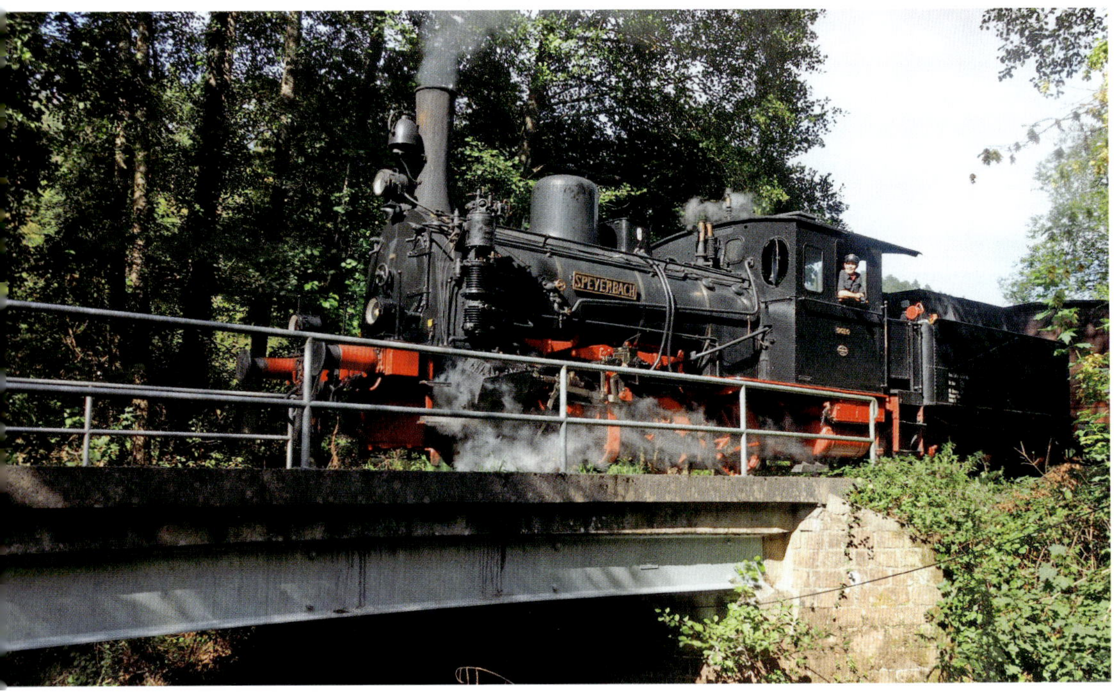

Das dampfende Kuckucksbähnel

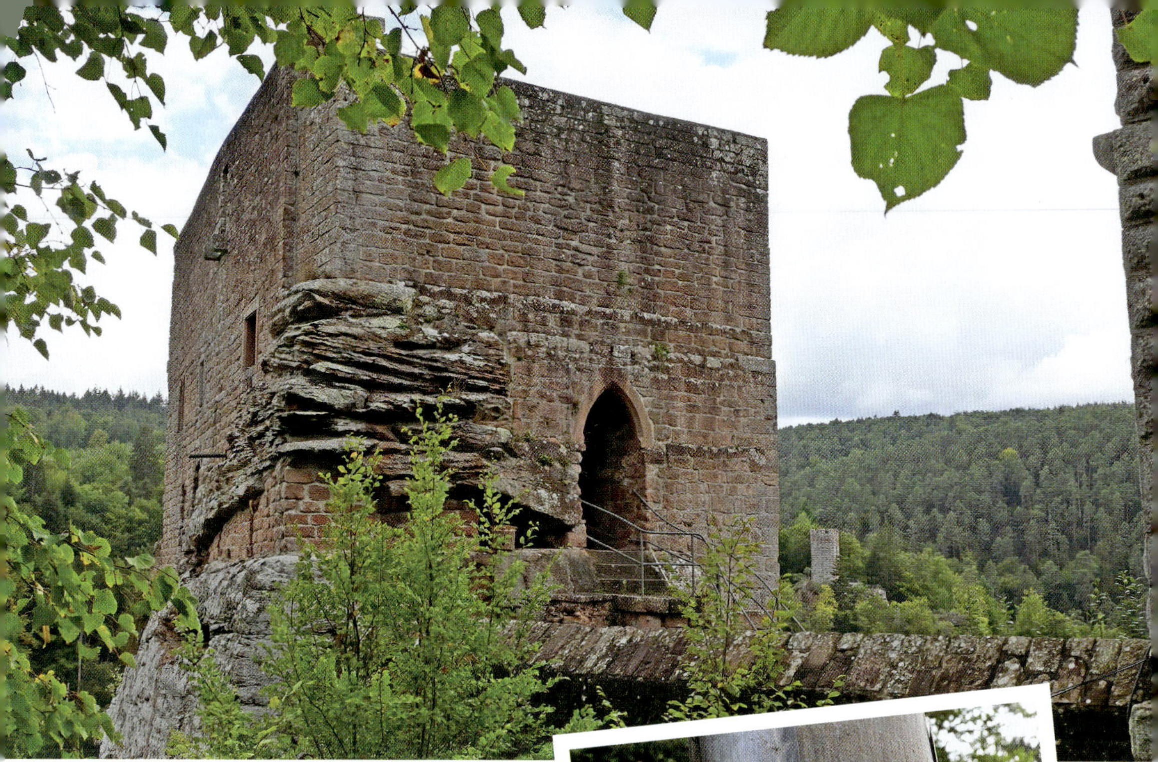

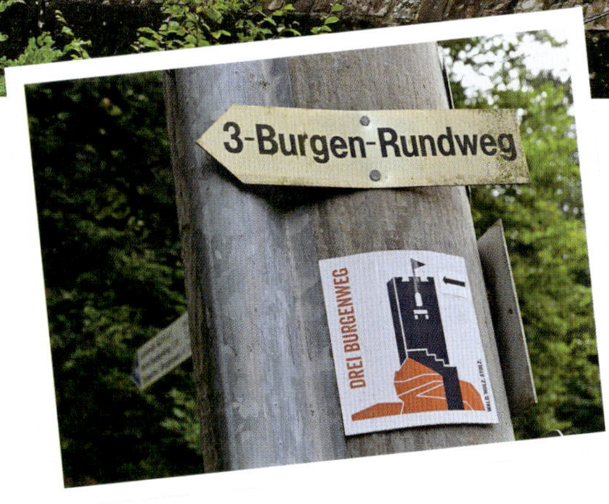

Pfeil unterhalb der Felsen weist uns die Richtung nach links. An der ersten Gabelung nach der Burg ändern wir erneut die Richtung nach links. Achtung, in der Kehre des Weges auf keinen Fall geradeaus weitermarschieren, da der Weg in einer Sackgasse endet. Folgen Sie unbedingt den Wanderwegschildern. Nach einem längeren Wegestück auf der Talschulter tangieren wir fast die Talstraße am Speyerbach. Wir gehen noch einmal kurz bergauf und verlassen fünf Minuten danach den breiten Weg nach links auf einen Pfad, der uns schließlich zurück zum Parkplatz bringt.

Der Drei-Burgen-Weg

Ganz oben: Burg Spangenberg

Burg Breitenstein Eine fehlt uns noch in unserer Burgensammlung. Zurück am Parkplatz gehen wir auf die linke Seite des Breitenbaches und machen noch einen kurzen Abstecher zur ausgeschilderten, etwa 300 Meter entfernten **Burg Breitenstein** 5. Die Mitte des 13. Jahrhunderts erbaute Burg wurde in einer Fehde zwischen den Kurpfälzischen Herrschern und den damaligen Besitzern, den Grafen von Leiningen, im Jahr 1470 zerstört. Reste der Schildmauer und ein romanisches Portal sind noch erhalten.

24 Im Breitenbachtal

Eine stille Waldtour von Breitenstein nach Elmstein

Mittel | 9,1 km | 270/250 Hm | 3.15 Std.

Tourencharakter
Gemütliche Waldrunde auf Forstwegen und gut begehbaren Waldpfaden. Mäßige Anstiege. Viel Schatten

Ausgangspunkt
Parkplatz Ruine Breitenstein 220 m

Endpunkt
Elmstein

Höchster Punkt
Schwabenbach, 340 m

Anfahrt
GPS 49.3451, 8.0006
Bus/Bahn: Von Neustadt an der Weinstraße verkehrt die Buslinie 517 nach Breitenstein.
Auto: Von Neustadt an der Weinstraße auf B 39 bis Frankeneck. Dort links durch das Speyerbachtal bis Parkplatz Ruine Breitenstein

Einkehr
Wolfsschluchthütte, Mi, Sa, So, 11–19 Uhr; Naturfreundehaus Elmstein, Mi–So ab 10 Uhr

Beste Jahreszeit
Ganzjahrestour

Karte
Pfälzerwald 6, Blatt 43-546, 1:25 000, NaturNavi

Information
Pfalz.Touristik
Neustadt an der Weinstraße, Martin-Luther-Straße 69, Tel. 06321/391 60, www.pfalz.de
Viele Infos auch auf der Homepage der Gemeinde Elmstein: www.elmstein.de

Natur pur und gleich zwei herrliche Einkehrmöglichkeiten bieten sich auf dieser beschaulichen Waldrunde durch das Breitenbachtal an. Außer dem Zwitschern der Vögel und dem Plätschern des Baches ist es die Stille des Waldes, die den Reiz der Tour ausmacht.

Wolfsschluchthütte Am Ende des **Parkplatzes Ruine Breitenstein** Ⓐ finden wir eine alte hölzerne Wandertafel. Rechts davon führt ein Pfad das Breitenbachtal hoch, auf dem mehrere Wanderwege verlaufen (Besichtigung der Ruine Breitenstein, s. Tour 23). Mit moderater Steigung geht es stets neben dem plätschernden Bach das Tal hinan (grün-blau und grün-weiß markiert). Munter hüpft das glasklare Wasser auf sandigem Grund über Stufen und bildet dabei im Winter einige bizarre kleine Eiskunstwerke. Bänke, auf denen wir die Ruhe des Tales genießen

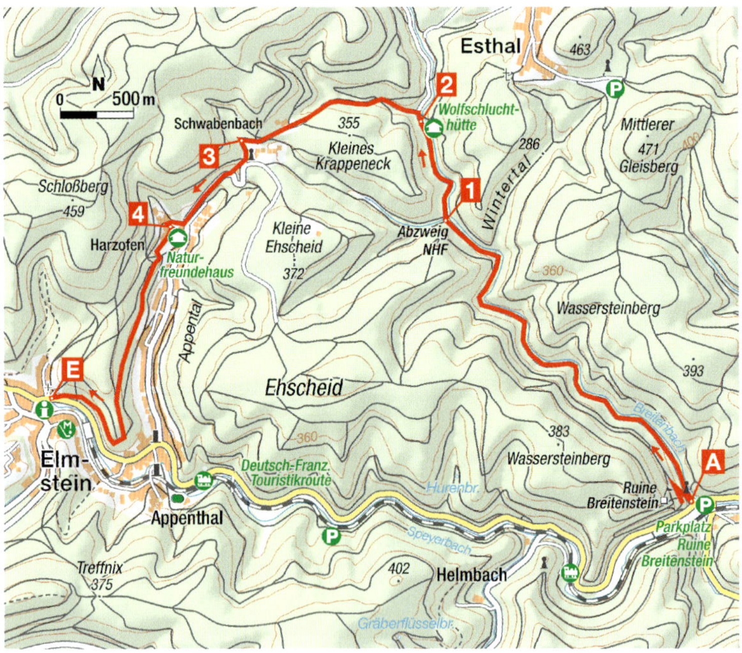

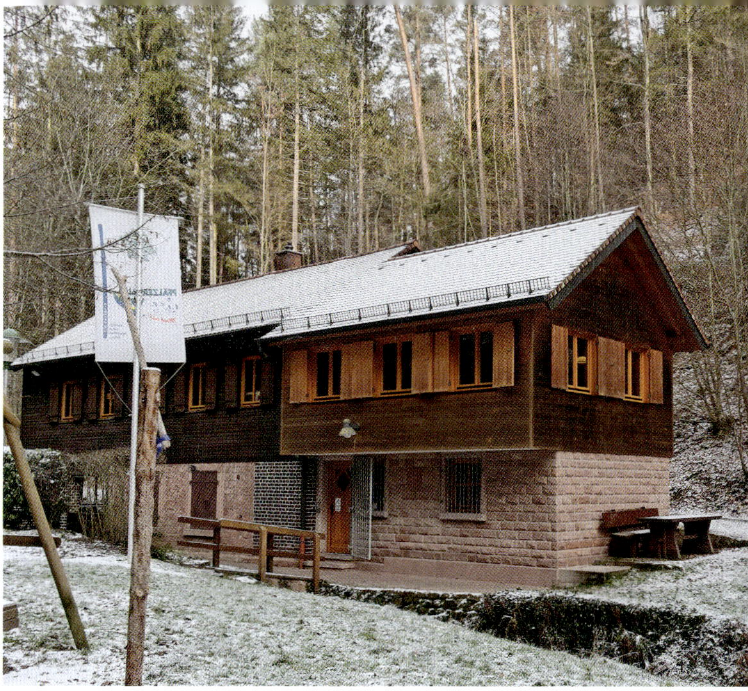

können, unterbrechen den geradlinigen Weg. Oben, am Talschluss an einer ausladenden Tanne, biegen wir links ab und begleiten weiter das Flüsschen in Richung Esthal. Zehn Minuten darauf weist ein Schild am **Abzweig NFH** ❶ nach links zum Naturfreundehaus. Wer in der Wolfsschluchthütte nicht einkehren möchte, kann auch hier dem Weg zum Naturfreundehaus folgen. Er trifft in Schwabenbach wieder mit der hier beschriebenen Route zusammen. Zehn Minuten darauf weitet sich das Tal und wir erreichen die von der PWV Ortsgruppe Esthal betriebene gemütliche **Wolfsschluchthütte** ❷.

Die Wolfsschluchthütte ist auch im Winter ein schönes Ziel.

Naturfreundehaus Elmstein Hinter der Hütte wechseln wir die Talseite und gehen an der Kreuzung links den schmalen Pfad hoch (Brunnenweg). Nach kurzem Anstieg treffen wir auf einen breiteren Wanderweg, auf dem mit Gelb-Rot unser Ziel Elmstein ausgeschildert ist. Auch der Pfälzer Jakobsweg hat sich inzwischen dazugesellt. Der Pfad überquert die Asphaltstraße und führt links davon parallel weiter. Oben auf der Höhe passieren wir ein Forsthaus und gehen linker Hand davon weiter auf dem angenehmen Pfad. Vor dem abgelegenen Weiler **Schwabenbach** ❸, einer ehemaligen Waldarbeitersiedlung, überqueren

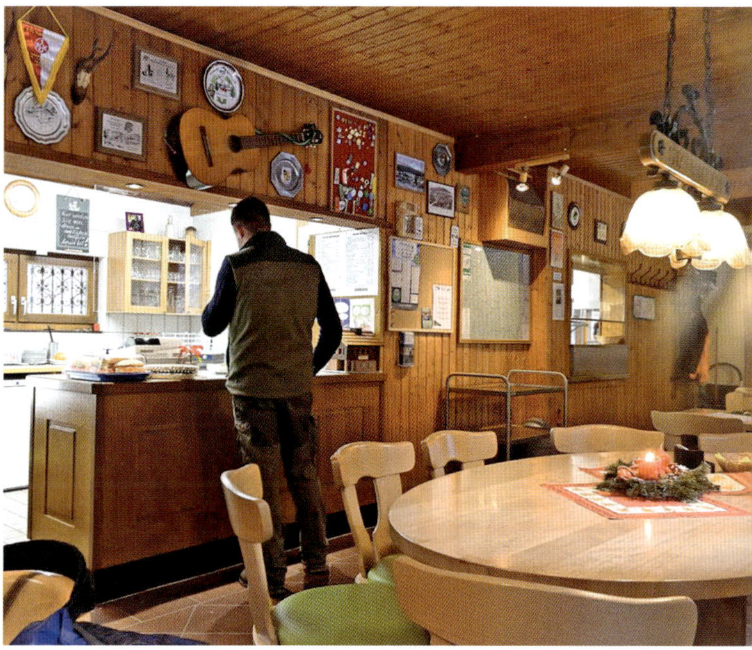

Behagliche Gemütlichkeit in der Wolfsschluchthütte

Rechte Seite: Nur einige Mauerreste sind von der Burg Breitenstein noch vorhanden.

wir die Teerstraße und umrunden die wenigen Häuser auf dem Wanderpfad. Der Pfad trifft auf die Straße, verlässt sie aber sofort wieder in der Kurve.

An der großen Kreuzung oberhalb der Ortschaft haben wir zwei Möglichkeiten; entweder weiter dem Jakobsweg und Gelb-Rot folgen, oder wir entscheiden uns für das grüne N, den Weg der Naturfreunde. Da dieser kürzer und romantischer ist, beschreiten wir den links hinabführenden Pfad. Nach den ersten Häusern gehen wir rechts am Wohnmobilstellplatz vorbei und schreiten links um die Kurve zum roten Klinkerbau des **Naturfreundehauses** 4, in dessen Biergarten man im Sommer herrlich unter schattigen Bäumen verweilen kann. Draußen wie drinnen warten deftige Pfälzer Spezialitäten darauf, verkostet zu werden.

Elmsteiner Geschichte(n)

Eine neu gestaltete Audiotour führt ausgehend vom Bahnhof bis zur Alten Schmelz auf einem historischen Spaziergang durch die Geschichte des Ortes. Dort, am Wanderparkplatz, beginnt der Trifterlebnispfad, ein weiterer informativer Themenweg, der die früher bedeutende Holzdrift des Pfälzerwaldes auf zahlreichen Schautafeln erläutert.

Elmstein Nach der zünftigen Stärkung finden wir hinter dem Haus, neben dem Biergarten, ein Schild, das in Richtung Elmstein Bahnhof weist. Wir passieren einen Schuppen des Naturfreundehauses, verlassen nach einer Links-rechts-Kehre den Forstweg und folgen rechts dem gelb-roten Mountainbikeweg mit der Nummer 5 bergauf. Der Pfad verläuft auf der Talschulter und stößt nach einiger Zeit an einer Kreuzung auf einen breiten Forstweg, wo wir auf dem linken unteren Weg weitermarschieren (gelber MTB-Pfeil). Kurz vor dem Mobilfunkmast steigen wir links ein paar Stufen hinab (grünes N). Ein herrlicher Pfad führt uns hinab ins Tal. Auf dem geteerten Weg setzen wir die Richtung fort und gehen nach 20 Metern fast in entgegengesetzter Richtung zurück und auf gepflastertem Weg nach **Elmstein** E, wo sich an der Durchgangsstraße 20 Meter nach links die Bushaltestelle für den Rückweg befindet.

Wer Lust hat, geht nach rechts bis zur Kirche in Ortsmitte und macht noch auf dem Burgweg einen Abstecher zur Burgruine Elmstein, die man allerdings nur aus der Distanz betrachten kann. Sie ist in Privatbesitz und nicht zugänglich. Elmstein ist auch Endstation des Kuckucksbähnels, das sonntags im Sommer durch das Tal des Speyerbaches zuckelt (s. Tour 23).

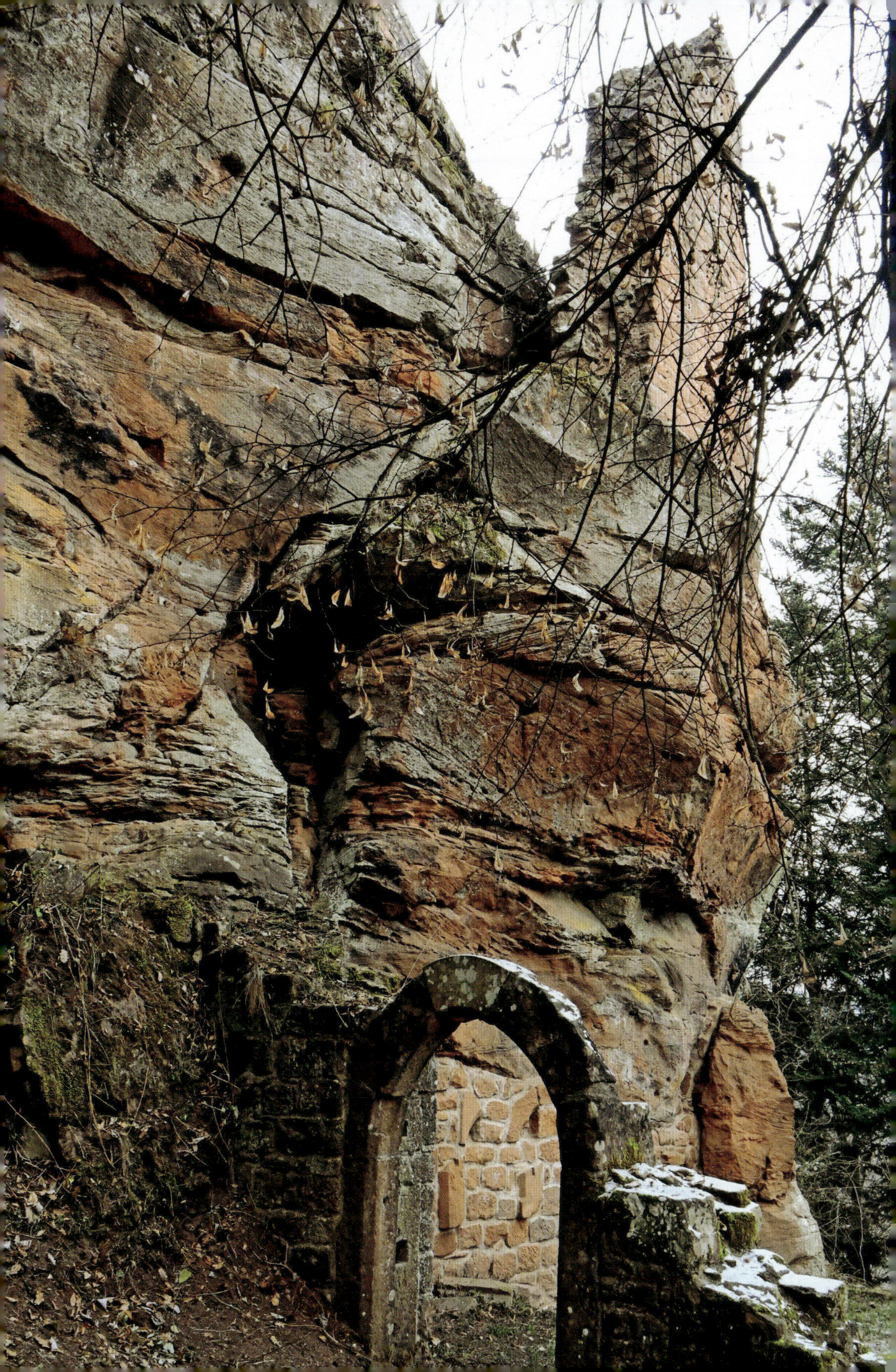

25 Zur Deidesheimer Hütte

Wald- und Panoramarunde bei Königsbach

Mittel | 6,2 km | 220 Hm | 2.30 Std.

Tourencharakter
Typisch für Pfälzer Touren, mit Einkehr in der Hütte, geht es erst mal etwas mühsam über den Berg, bevor man sich die Schorle verdient hat. Breite Waldwege, die ohne Probleme zu meistern sind

Ausgangs-/Endpunkt
Wanderparkplatz Königsbach 200 m

Höchster Punkt
Russenhütte, 390 m

Anfahrt
GPS 49.3906, 8.1601
Bus/Bahn: Von Neustadt an der Weinstraße fährt Bus 512 nach Königsbach, Ausstieg Winzer.
Auto: Von der A65 an Ausfahrt Neustadt Weinstraße über die B38 in Richtung Neustadt. Dann über Mussbach nach Königsbach zum Waldparkplatz bis zum Ende der Kapellenstraße fahren

Einkehr
Deidesheimer Hütte, Mi, Fr, Sa, So 11–18.30 Uhr; Waldgaststätte Pfalzblick, Mi–So 11–17 Uhr

Beste Jahreszeit
Ganzjahrestour

Karte
Pfälzerwald 4, Blatt 43-548, 1:25 000, NaturNavi

Information
Pfalz.Touristik
Neustadt an der Weinstraße, Martin-Luther-Straße 69, Tel. 06321/391 60, www.pfalz.de

Auf der waldreichen Runde um das Kupferbrunnertal haben wir die Qual der Wahl. Eine Einkehr unter dem grünen Blätterdach inmitten des Waldes, oder mit herrlichem Panoramablick ins Rheintal. Wie soll man sich da nur entscheiden?

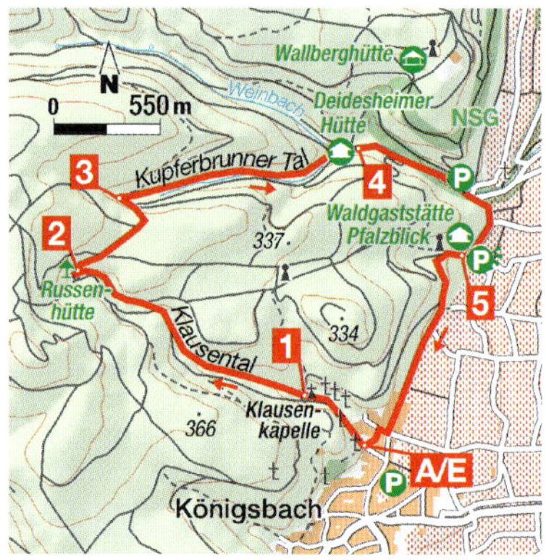

Klausenkapelle Vom Parkplatz in **Königsbach** Ⓐ/Ⓔ geht es hinein in den Wald. An den zwölf Stationen eines Kreuzweges entlang geht es hoch zur **Klausenkapelle** ❶, die auch als »Kapelle der heiligen vierzehn Nothelfer« bezeichnet wird. Am tief eingeschnittenen Zeiselbach stand schon Mitte des 14. Jahrhunderts eine erste Kapelle, die bis heute als Wallfahrtsort verehrt wird. Nach der Kapelle gehen wir geradeaus weiter und folgen dem Wanderweg Nummer 3 durch hochstämmigen Mischwald aus Edelkastanien, Buchen und Kiefern. Am schönsten ist die Tour Anfang Oktober, wenn die braunen stachligen Früchte von den Bäumen fallen und man kaum umhinkommt, sich zu bücken und den Rucksack zu füllen. Und wenn ihnen zu dieser Zeit im Wald Menschen mit Stoffbeuteln oder Körbchen begegnen, handelt es sich meist um Keschde- oder Pilzsammler. An der Verzweigung, wo Wanderweg 3 nach rechts führt, gehen wir geradeaus weiter das Tal hoch. Leider hat auch hier das Baumsterben zugeschlagen und der Wald lichtet sich etwas. Am Linksknick des Weges finden wir eine eingefasste Quelle. Kurz darauf an der Kreuzung bietet sich am Wegpunkt **Russenhütte** ❷ eine Möglichkeit zum Verschnaufen. Statt einer Hütte finden wir allerdings nur eine Ruhebank.

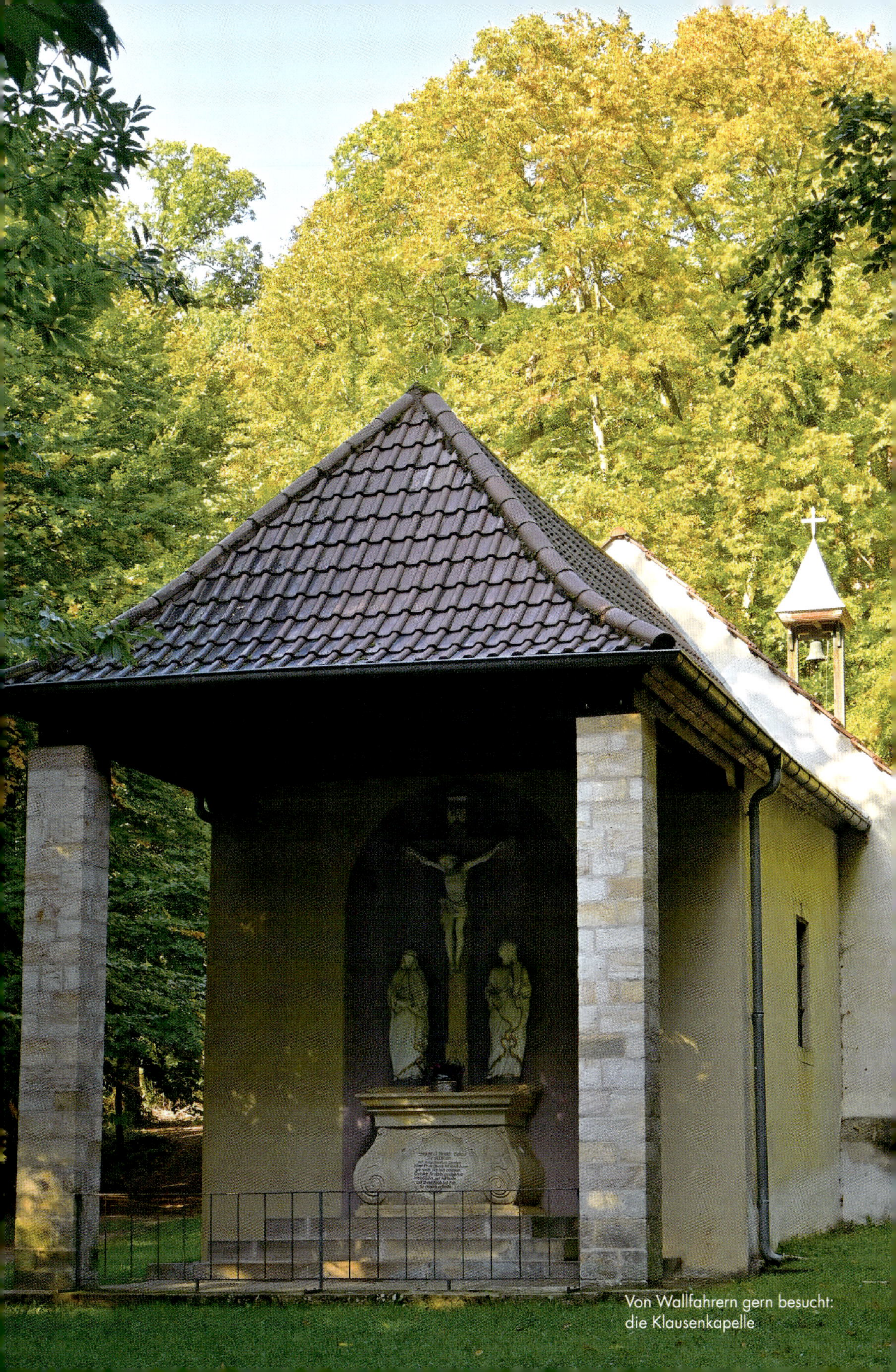

Von Wallfahrern gern besucht:
die Klausenkapelle

Deidesheimer Hütte Wir haben den größten Teil des Anstiegs hinter uns und wandern in spitzem Winkel nach rechts auf breitem Forstweg weiter (Wanderweg schwarze 4), der etwas gemütlicher verläuft. Nach Überquerung eines Forstweges setzen wir geradeaus im Mischwald die Richtung fort. Achtung, nicht verpassen: Etwa an der Stelle, wo es in reinen Kiefernwald übergeht und der Weg eine Rechtskurve beschreibt, nehmen wir den unmarkierten, links bergab führenden ruppigen Wurzel- und Steinpfad. Er mündet auf einen Forstweg, auf dem wir nach links fortsetzen, sofort wieder rechts um die Kehre marschieren und den ersten bergab führenden Weg einschlagen (Wanderweg 6). Weiß-Blau würde uns zwar auch zur Hütte bringen, aber der Wanderweg auf weichem Blätterwerk auf der linken Talseite ist deutlich uriger als der geschotterte Forstweg. Unser Weg verläuft auf der linken Hangschulter des tief eingeschnittenen **Kupferbrunnertals** ❸. Die Route führt uns direkt in die **Deidesheimer Hütte** ❹, wo man es sich auf urigen und geselligen Holzbänken gemütlich machen und der Lieblingsbeschäftigung Pfälzer Wanderer frönen kann.

Kunst mit Pfalzblick Wir könnten nun auf dem breiten, auch für Fahrräder ausgeschilderten Forstweg weiter das Tal hinabziehen.

Rast im schattigen Gastgarten …

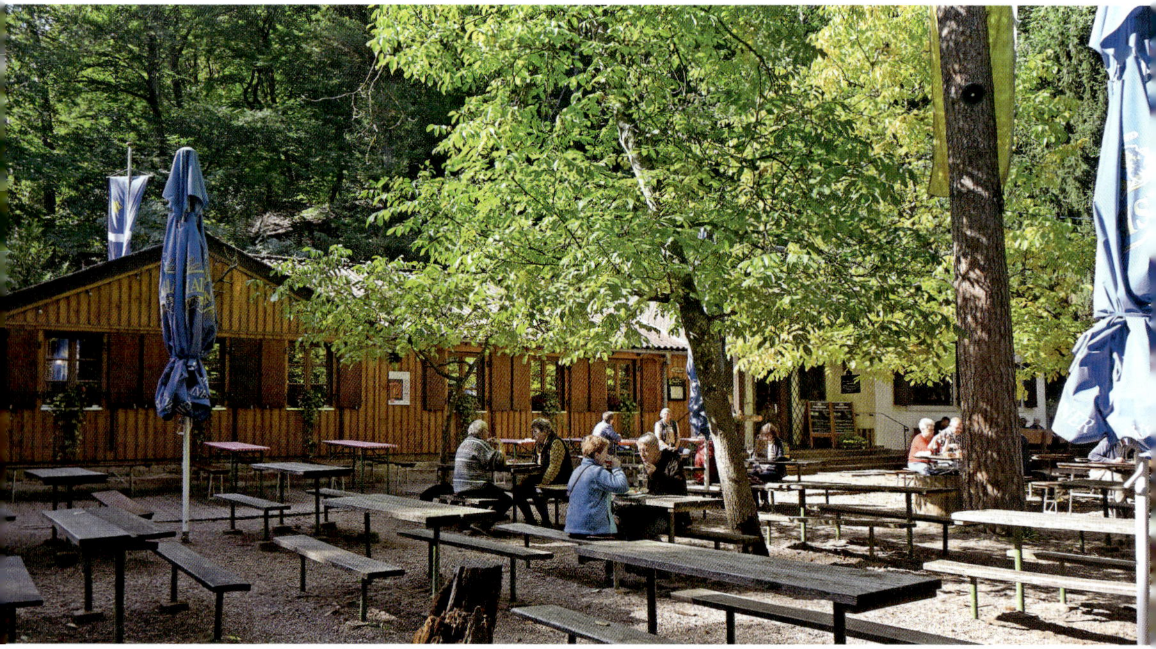

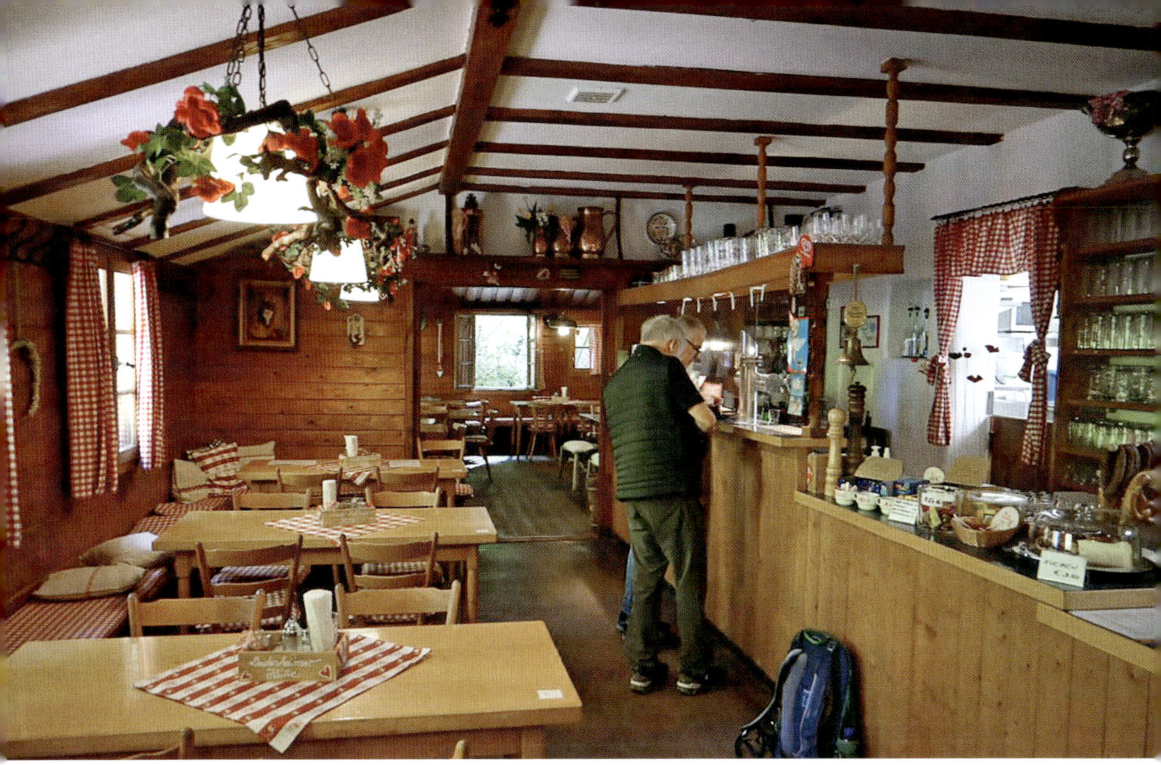

… oder im hübsch geschmückten Innenraum der Deidesheimer Hütte

Romantischer jedoch ist der nach dem Teich links abgehende Fußweg direkt am plätschernden Rinnsal entlang, der durch das üppige Grün direkt neben dem Gewässer entlangmäandert. Am Ende des Pfades am Parkplatz Mühltal weisen die Wanderwegszeichen rechts hoch. Nachdem wir bis jetzt nur Wald gesehen haben, beginnt jetzt der gemütliche und aussichtsreiche Panoramateil der Runde. Ein Teesträßchen führt uns rechts bergauf. Nach der beliebten **Waldgaststätte Pfalzblick** 5 halten wir uns rechts und wandern auf dem Pfälzer Weinsteig am Ehrenmal der Gebirgsjäger vorbei in Richtung Königsbach. Um weiter die Aussicht ins Rheintal zu genießen, nehmen wir nach der Stützmauer an der Verzweigung den Wanderweg Deutsche Weinstraße mit der grünen Weindolde, der nach links zeigt. An heißen Tagen ist der schattige, nach rechts führende Pfälzer Weinsteig vermutlich die bessere Wahl. Beide Wege führen zurück nach Königsbach. Dort, nach den ersten Häusern, passieren wir das **Weinstraßenatelier Ludwig Fellner**. Im ehemaligen Wohnhaus des Pfälzer Künstlers gibt es von April bis Oktober wechselnde Ausstellungen, die man nach einer Tasse Kaffee auf der herrlichen Terrasse besichtigen kann. Danach gehen wir nach rechts in die Straße Im Falkenhorst, wo nach 50 Metern ein weißer Pfeil nach links zeigt und ein schmaler Pfad oberhalb der Siedlung zurück zum Wanderparkplatz führt.

26 Rund um Deidesheim

Flurkreuze und Bildstöcke im Weinberg

Leicht | 7,9 km | 170 Hm | 2.45 Std.

Tourencharakter
Gemütliche Weinbergstour, die meist auf asphaltierten Weinbergswegen verläuft. Mit Abkürzungen (im Text erwähnt) ist die Tour auch mit Rollstuhl befahrbar. Kein Schatten

Ausgangs-/Endpunkt
Bahnhof Deidesheim, 110 m

Höchster Punkt
Bismarckhöhle, 200 m

Anfahrt
GPS 49.4085, 8.1920
Bus/Bahn: Deidesheim ist von Neustadt aus mit der Regionalbahn zu erreichen.
Auto: Über die Pfalzautobahn A 65 bis Ausfahrt Deidesheim. Über die B 271 bis zum Kreisel vor dem Ort. Parken am Bahnhof Deidesheim

Einkehr
Thomas Waldweinstube, Mi, Sa, So von 10–18 Uhr

Beste Jahreszeit
Ganzjahrestour. Sehr schön ist die Runde im Spätherbst, wenn die Weinblätter sich rötlich verfärben.

Karte
Pfälzerwald 4, Blatt 43-548, 1:25 000, NaturNavi

Information
Tourist Service GmbH Deidesheim, Bahnhofstraße 5, Tel. 06326/96770, www.deidesheim.de

Von manchen Heiligen erhoffte man sich früher Schutz für den Weinbau. Zeugnisse dafür treffen wir auf dieser angenehmen und bequemen Weinbergstour zuhauf. Bänke und Sitzgruppen laden immer wieder ein zum Verweilen und die himmlische Aussicht zu genießen.

Forster Pechstein Am Bahnhof von **Deidesheim** Ⓐ/Ⓔ beginnen wir die Weinbergstour und wandern die von Platanen gesäumte Straße hoch zum Ortszentrum. Linkshaltend treffen wir auf den Marktplatz mit dem berühmten Deidesheimer Hof, wo unser verstorbener Kanzler gerne seine Staatsgäste zu Pfälzischem Saumagen einlud. Wir ziehen rechts die Weinstraße hoch und überqueren am Weingut von Winning die Straße nach links. Im Übergang zu den Weinbergen dürfen wir den

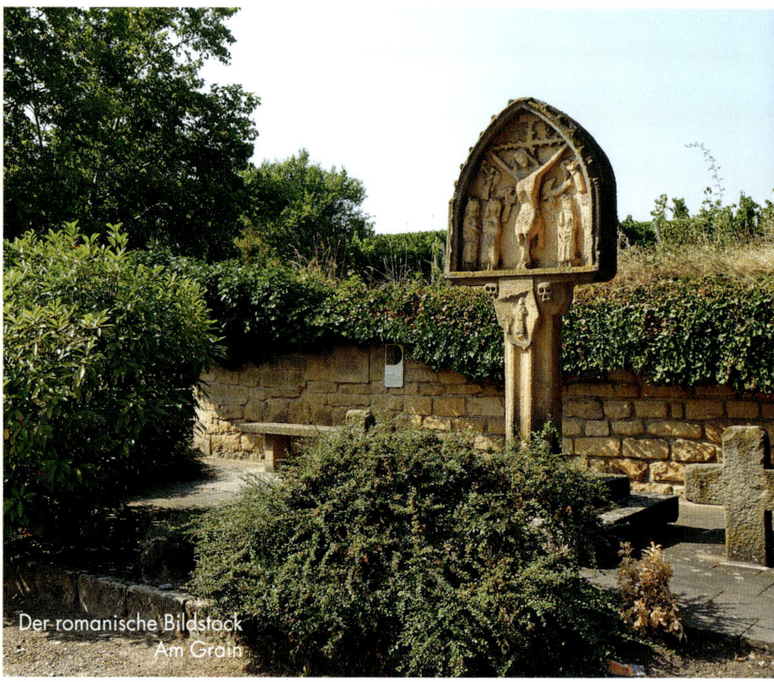
Der romanische Bildstock Am Grain

wunderbaren romanischen **Bildstock am Grain** ❶ aus dem 15. Jahrhundert bewundern, der von zwei mittelalterlichen Steinkreuzen flankiert wird. Dahinter halten wir uns rechts und wandern zwischen den bis zu drei Meter hohen Weinbergsmauern über die Große Hohl bergan. Am nächsten Bildstock mit dem Antlitz Jesu geht es im Rechts-links-Schwenk weiter. Und wieder passieren wir mit einem Feldkreuz ein Zeugnis pfälzischer Religiosität im Pfälzer Rebenmeer. Eine Sitzgruppe neben einem alten steinernen **Wingerthäuschen** ❷ lädt ein zur ersten Rast. Am Schild über die Forster Weinlagen halten wir die Richtung bei und machen am Anbaugebiet **Forster Pechstein** ❸ einen kleinen Abstecher nach links zu einem wunderbaren Relief neben einer Sitzgruppe. Der Name Pechstein stammt vom ehemaligen Basaltabbau am Pechsteinkopf, der auf vulkanische Tätigkeit im Tertiär zurückgeht.

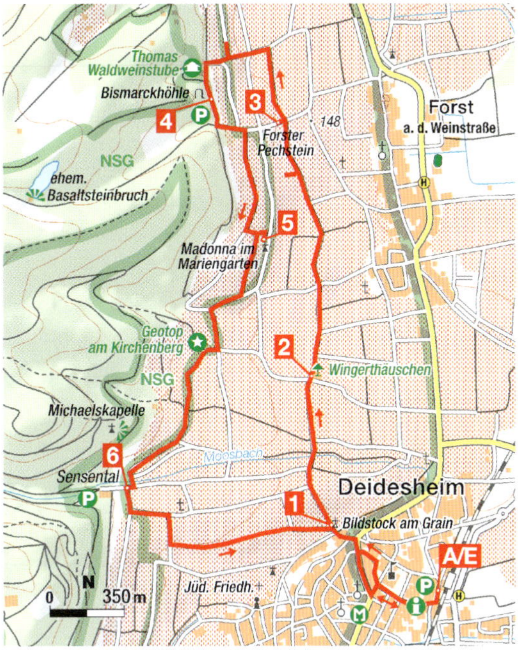

Rastplatz am Wingerthäuschen

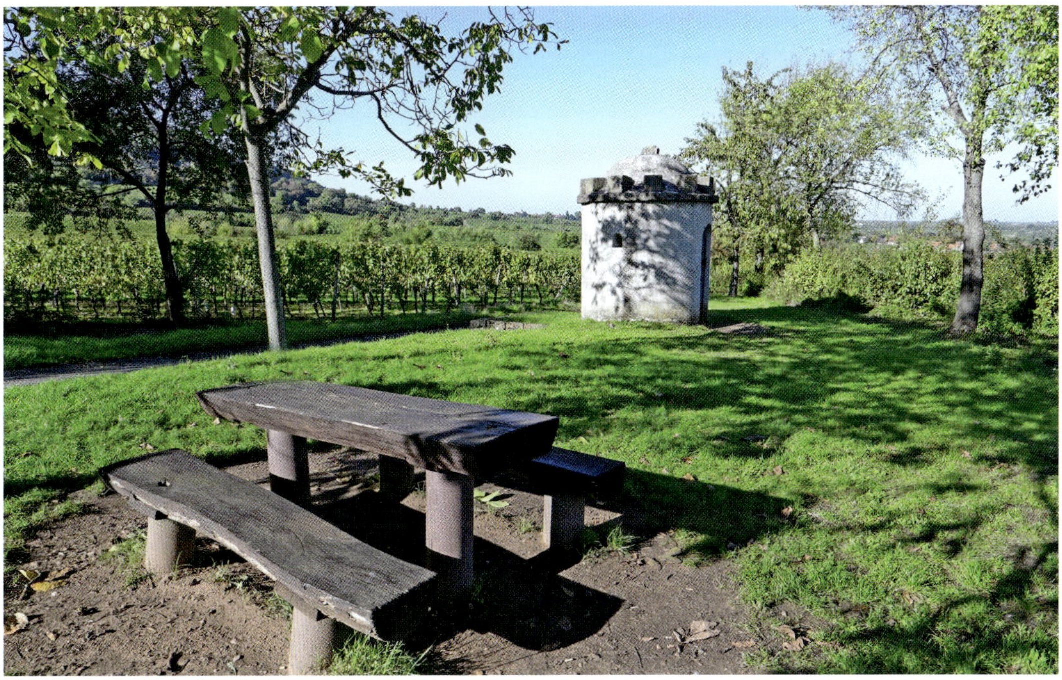

Madonna im Weingarten Zurück am Weg setzen wir die vorherige Richtung fort und blicken bald auf die Wachenburg, die links hinter dem Wald hervorlugt. An der T-Kreuzung am Ende des abschüssigen Weges halten wir uns links, überqueren eine Kreuzung und steigen ein kurzes Stück steil bergauf. Rollstuhlfahrer biegen davor links ab. Der Weg führt erst hangparallel und schließlich nach einer Kehre über Weinbergstreppen eine Etage höher. Oben am Waldrand biegen wir an der Infotafel links ab. Nach wenigen Metern passieren wir **Thomas Waldweinstube** und wandern nun auf herrlichem Panoramaweg oberhalb der Weinberge zurück. Ein Pfad führt zur originellen **Bismarckhöhle** 4**,** die wenige Meter oberhalb des Weges liegt. Hier lässt es sich mit herrlichem Panoramablick unter dem Felsen sitzend picknicken. Eine lohnenswerte Alternative, falls die Weinstube geschlossen hat. Am Wanderparkplatz Forst gehen wir links den Kopfsteinweg hinab und biegen an erster Möglichkeit am Anbaugebiet mit dem entzückenden Namen **Forster Musenhang** rechts ab. Nach dem nächsten aussichtsreichen Picknickplatz weist eine kleine Tafel mit der Aufschrift »Madonna« nach links. Den ersten Rechtsabzweig ignorierend, gehen wir noch etwas weiter hinab und finden nach 50 Metern rechts im Gebüsch versteckt die Aussichtsterrasse mit der **Madonna im Mariengarten** 5. An Madonnen und religiösen Bildstöcken wurde früher göttliche Hilfe für die Arbeit im Weinbau erbeten, um Blitz, Donner und Hagelschlag fernzuhalten.

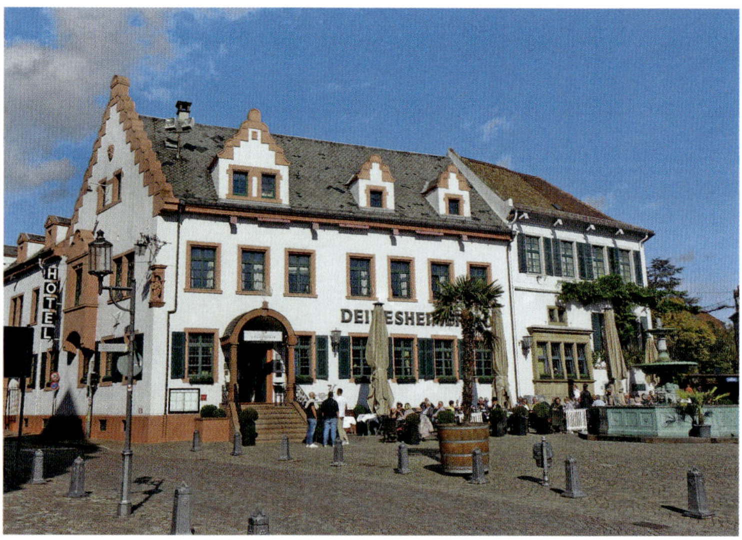

Deidesheimer Hof: Wo Helmut Kohl gerne weilte.

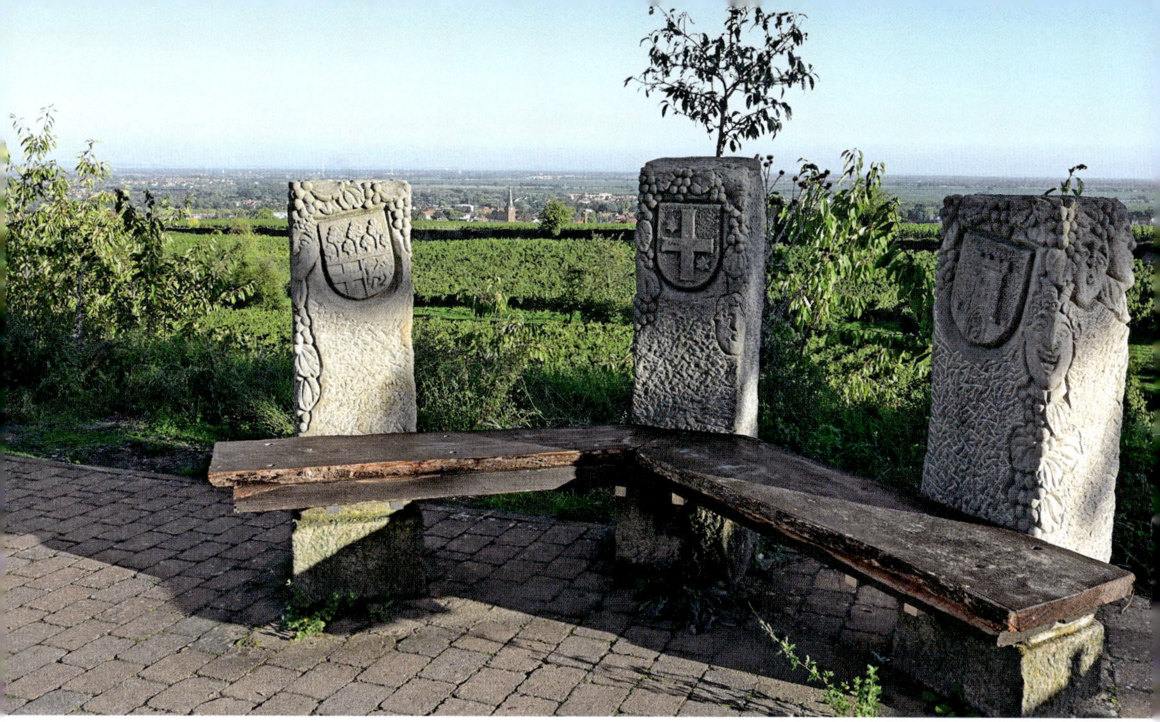

Sitzgruppe für Winzer und Wanderer

Bildstock in der Kehr Neben der Madonna steigen wir die Stufen hinab und wenden uns nach rechts. Auf gepflastertem Weg geht es nun an Weinbergsmauern entlang zur nächsten Picknickgruppe mit gehissten Fahnen. Am Ende des Pflasterweges steigen wir auf der Weinbergstraße rechts hoch und vertrauen uns dem Wanderweg Deutsche Weinstraße mit der grünen Traube an. Geologisch Interessierte dürfen einen Abstecher zum **Geotop am Kirchenberg** machen, wo die Rheingrabenverwerfung anschaulich erklärt wird. Weiter geht es in einigem Zickzack durch die Weinberge an herrlichen Sitzgruppen und Aussichtsplätzen vorbei. Im darauffolgenden **Taleinschnitt** 6 führen die Wanderwege nach rechts. Wir biegen stattdessen links ab und lassen uns vom Pfälzer Weinsteig mit der rot-weißen Welle die Richtung weisen. Rollstuhlfahrer fahren auf dem befestigten Weg nach links wieder zurück. Am **Bildstock in der Kehr** vorbei, der uns eher an fränkische Bildstöcke erinnert, ziehen wir mit herrlichem Ausblick wieder zurück zum berühmten Weinort Deidesheim. Von Helmut Kohls Werbung angetriggert, lassen wir uns in einer der zahlreichen Weinstuben oder Straußwirtschaften nieder und frönen dem Pfälzer Nationalgericht.

Deidesheimer Geißbockversteigerung

Sollten Sie am Dienstag nach Pfingsten in Deidesheim sein, versäumen Sie nicht, an der historischen Geißbockversteigerung teilzunehmen. Nach altem Brauch ist die Stadt Lambrecht zur Abgeltung von Weiderechten verpflichtet, jährlich einen Geißbock »gut gehörnt und wohl gebeutelt« an Deidesheim zu liefern. Das Historienspiel zieht jährlich zahlreiche Besucher an.

27 Burgen im Hochspeyertal

Wo Mennoniten einst Zuflucht suchten

Mittel | 9,7 km | 210/190 Hm | 3.15 Std.

Tourencharakter
Mit Ausnahme der kurzen Kraxelei zur Burg Frankenstein hoch, eine gemütliche, kontemplative Waldrunde auf gut begehbaren Waldwegen und -pfaden. Größtenteils schattig

Ausgangspunkt
Bahnhof Frankenstein, 250 m

Endpunkt
Hochspeyer

Höchster Punkt
Zwei Bänke, 390 m

Anfahrt
GPS 49.4391, 7.9694
Bus/Bahn: Von Neustadt an der Weinstraße verkehrt die Linie S 1 und S 2 nach Frankenstein bzw. Hochspeyer (für die Rückfahrt).
Auto: Von Neustadt an der Weinstraße über die B 39 nach Frankenstein. Parken an der Hauptstraße oder neben dem Bahnhof

Einkehr
Frankenstein, Landgasthof Schloßberg, Di–Sa ab 17, So ab 12 Uhr; Hochspeyer, Kaninchenheim, Mi–So ab 12 Uhr

Beste Jahreszeit
Ganzjahrestour

Karte
Pfälzerwald 4, Blatt 43-548, 1:25 000, NaturNavi

Information
Rathaus Enkenbach-Alsenborn, Hauptstraße 18, Tel. 06303/91 30, www.enkenbach-alsenborn.de

Zwei Burgen schützten das Hochspeyertal zwischen Bad Dürkheim und dem karolingischen Königshof, dem heutigen Kaiserslautern. Ihre Ruinen erinnern an die kriegerische Vergangenheit. Nach deren Eroberung wandern wir auf beschaulichen Waldwegen nach Hochspeyer.

Ruine Frankenstein Vom Parkplatz in Ortsmitte von **Frankenstein** Ⓐ am Kiosk führt ein ausgeschilderter blau-gelb markierter Pfad über ein paar Kehren hoch zur **Burg** ❶. Wir umrunden die mächtige Schildmauer und finden dahinter einen Holzpavillon mit Zeichnungen und Plänen der Burg, die offensichtlich eine wechselvolle Vergangenheit hinter sich hat. Eine Sandsteintreppe führt hoch zu einer Aussichtsplattform über dem Gemäuer, die einen prächtigen Blick über das Tal des Hochspeyer-

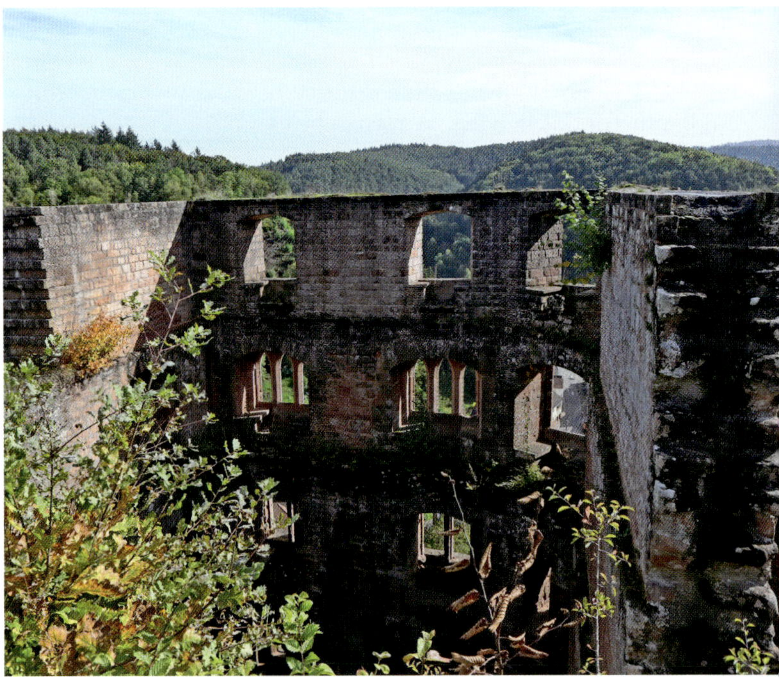

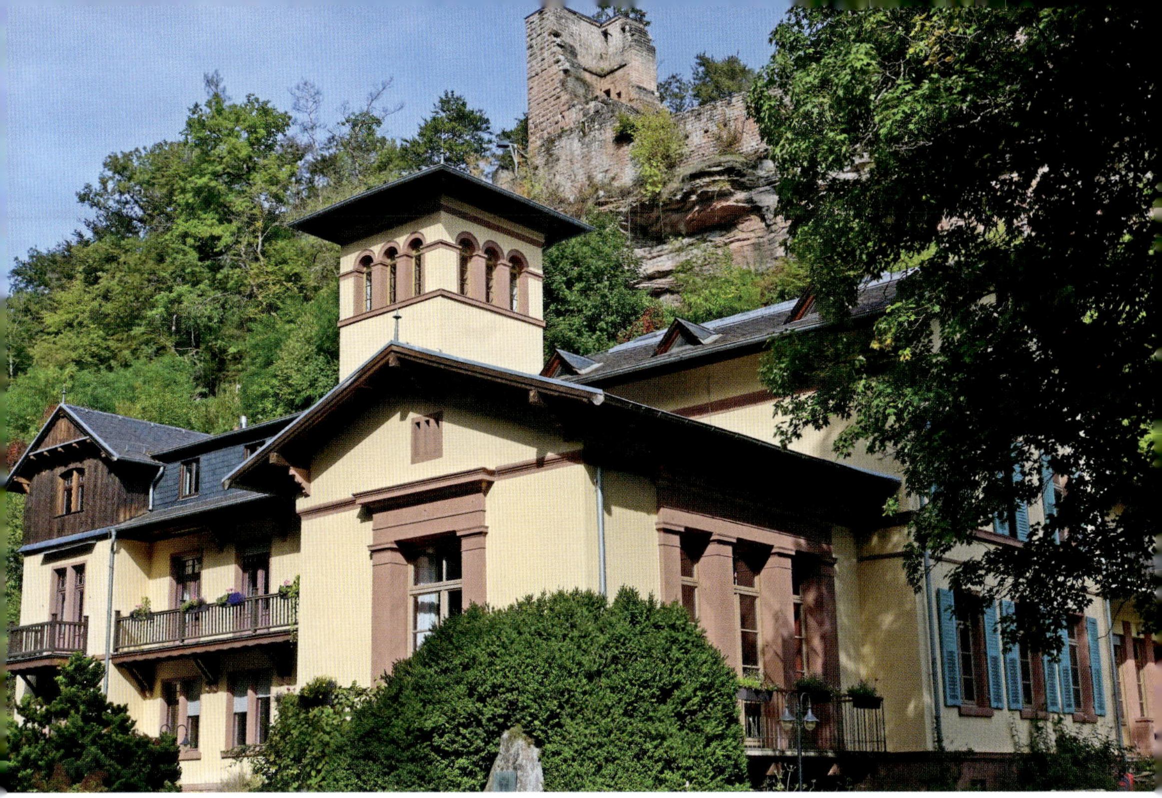

baches gewährt. Auf demselben Weg geht es zurück in den Ort in Richtung Bahnhof. Viel Platz für die Häuser gab es nicht im Tal. So musste sich auch die Kirche mit wenigen Metern begnügen, eingequetscht zwischen den Häusern an der Talstraße.

Villa des Eisenbahnpioniers Paul Camill von Denis

Linke Seite: Palasmauer der Ruine Frankenstein

Ruine Diemerstein Nach dem Bahnhof überqueren wir die Straße und wenden uns vor dem Landgasthof nach rechts. Mehrere Wanderwege führen ins Tal und schon bald erspähen wir die nächste Burg, die vermutlich die andere Talseite absichern musste. Darunter die einzigartige **Villa Denis** (siehe Kasten). Wir gehen vor dem schmucken Gebäude rechts durch den wunderschönen Park die Stufen zur Terrasse hoch und von dort weiter hinauf (Durchgang erlaubt). Oben vor dem Fels machen wir zuvor einen Abstecher nach rechts zum versteckten Waldfriedhof der mennonitischen Gemeinde. Dafür streifen wir rechts unterhalb der Burg vorbei, passieren einen gewaltigen runden Steintisch und wandern nach rechts bergab. Nach wenigen

Villa Denis

Die hübsche Villa war Landsitz des Eisenbahnpioniers Paul Camill von Denis, der die erste deutsche Eisenbahn von Nürnberg nach Fürth gebaut hatte. Er hatte das Grundstück nach dem ebenfalls von ihm erstellten Bau der Pfälzischen Ludwigsbahn von Ludwigshafen nach Bexbach erworben und 1849 darauf die Villa errichtet. Heute gehört das Gebäude mitsamt der Burg einer Stiftung der TU Kaiserslautern.

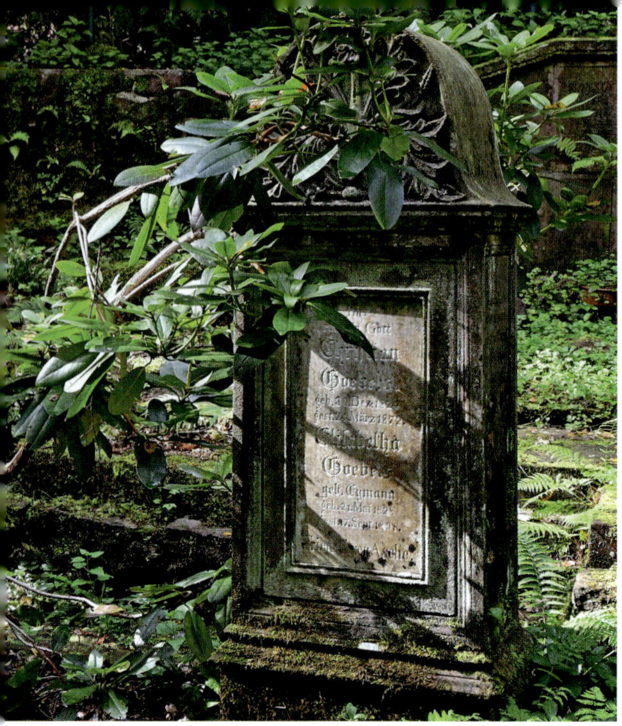

Minuten sind wir im Tal am alten idyllischen **Mennonitenfriedhof** ❷ der im 17. Jahrhundert aus der Schweiz zugewanderten Familie Göbels. Zurück am Steinernen Tisch geht es ein paar Stufen hoch zur **Burgruine Diemerstein** ❸, die leider nicht betreten werden kann. Etwa unterhalb des runden Bergfrieds finden wir einen Felsdurchbruch, den wir durchschreiten und uns dahinter rechts halten. Auf grasbewachsenem Pfad geht es nun talwärts.

Grabstein im Mennonitenfriedhof

Zwei Bänke Auf dem Teersträßchen setzen wir die Richtung fort, an einem alten Täuferhaus vorbei. Gegenüber steht ein sehenswerter alter Dreiröhrenbrunnen. Unter mächtigen Tannen und Douglasien geht es jetzt sanft das Tal hoch. Etwa 100 Meter nach Ende des gepflasterten Weges links zum überwachsenen **Hungerbrunnen** ❹. Der Name rührt von Hungersnöten, die früher meist nach Wasseraustritt aus der Quelle infolge zu feuchter Sommer folgten. Kurz vor der Stromleitung knickt unser Weg nach links. Nun heißt es etwas aufpassen. Nach einem Leitpfosten, der etwas verloren links am Wegesrand steht, biegt unser weiß-grüner Wanderweg in spitzem Winkel nach rechts ab auf einen Waldpfad. An der Kreuzung **Zwei Bänke** ❺, dem höchsten Punkt unserer Tour, lichtet sich der Wald. Wir überqueren einen Forstweg und verschnaufen erst mal unter den vier mächtigen Buchen.

Kaninchenheim Die grün-rote Markierung weist uns nun den Weg. Nach einem Hohlweg knickt der Weg nach links, wo uns die Wanderwege hinunter nach Hochspeyer leiten. Achtung, in der Rechtskehre des Weges gehen wir geradeaus weiter und folgen jetzt dem weiß-blauen Wanderweg. Nach Unterquerung einer Straße biegen wir an der nächsten rechts ab. Leider müssen wir ein Stück an der Autostraße entlangmarschieren. Am Parkplatz linkshaltend treffen wir auf einen Fußgängerweg, der uns am Bach entlangführt. Nachdem uns das Gewässer verlässt, beschreiten wir links die düstere Bahnunterführung. Große Menschen sollten etwas den Kopf einziehen. Wer ohne Einkehr direkt

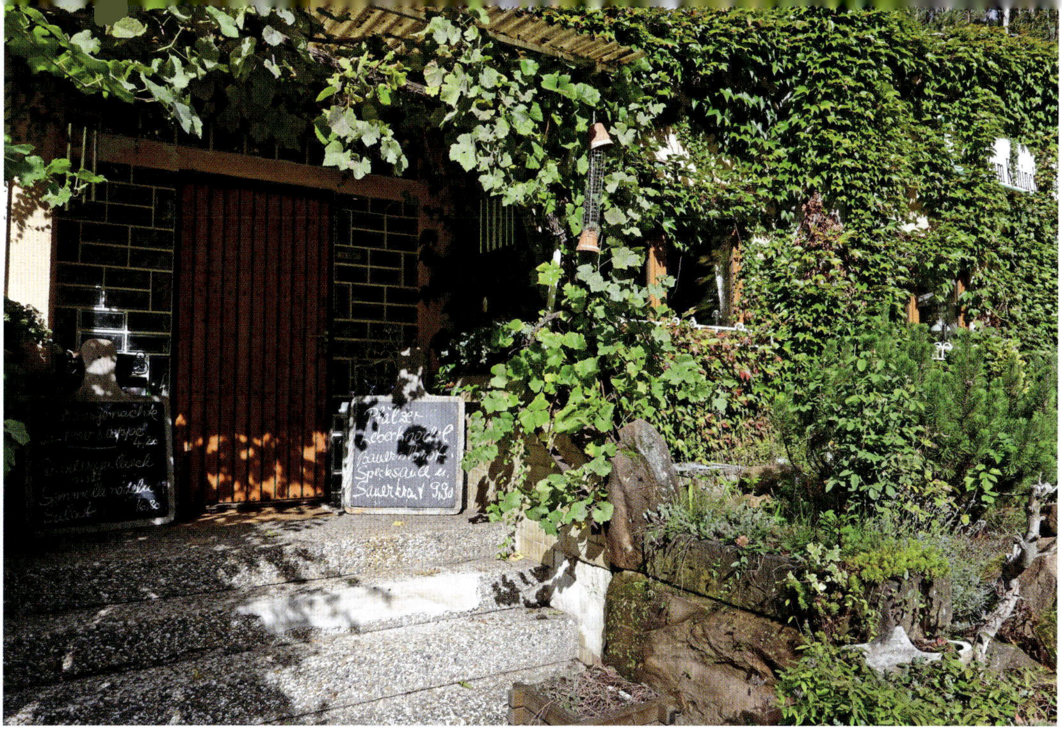

zum **Bahnhof** Ⓔ gehen möchte, geht hier geradeaus weiter. Der Fußweg trifft auf ein Siedlungssträßchen, auf dem wir geradeaus fortsetzen und an erster Möglichkeit nach links abbiegen. Nach der Sandsteinscheune eines Gehöfts gibt es gegenüber dem Hoftor einen kaum wahrnehmbaren Pfad durch den Wald. Er führt uns direkt zur originellen Gaststätte **Kaninchenheim** ⑥. Auf dem Rückweg gehen wir am selben Hof nach links bis zur **Obstmühle**. Dahinter rechts Richtung Spielplatz und linkshaltend finden wir nach dem Gebüsch die Beschilderung zum S-Bahnhof.

Pfälzer Spezialitäten im Kaninchenheim

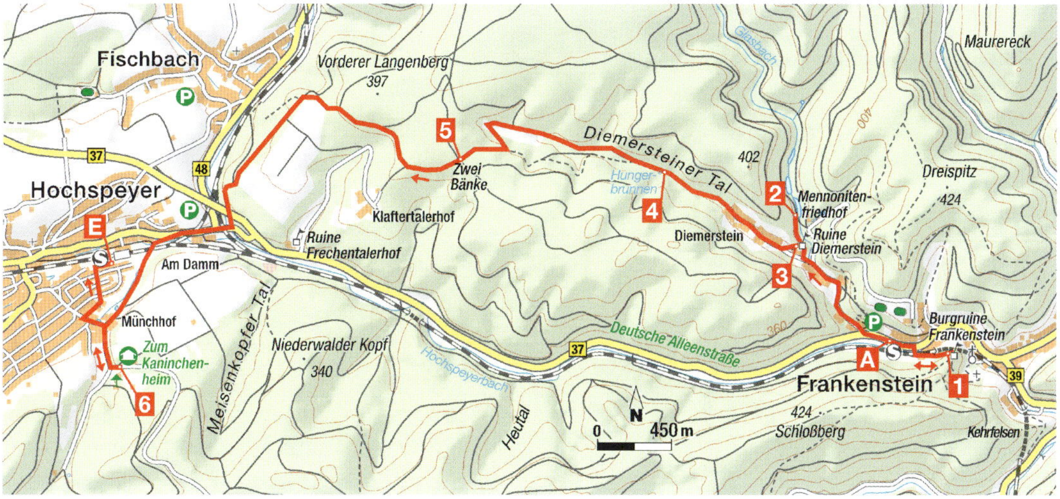

28 Heidenmauer bei Bad Dürkheim

Auf den Spuren von Kelten und Römern

Leicht | 8 km | 230 Hm | 2.45 Std.

Tourencharakter
Zu Beginn kräftiger Anstieg. Danach gemütliche Runde auf weichen, angenehmen und schattigen Wanderwegen

Ausgangs-/Endpunkt
Bahnhof Bad Dürkheim, 130 m

Höchster Punkt
Kurz vor Wegekreuz Schlagbaum, 320 m

Anfahrt
GPS 49.4660, 8.1701
Bus/Bahn: Bad Dürkheim ist sowohl mit Regionalbahn von Neustadt an der Weinstraße aus zu erreichen, als auch mit der Straßenbahn von Mannheim aus.
Auto: Von Mannheim/Ludwigshafen aus über die A 650 und B 37 nach Bad Dürkheim. Parken am großen Wurstmarktparkplatz, oder Parkhaus am Obstmarkt hinter dem Bahnhof

Einkehr
Waldgaststätte Zum Schützenhaus, Mi–So ab 10.30 Uhr

Beste Jahreszeit
Ganzjahrestour

Karte
Pfälzerwald 4, Blatt 43-548, 1:25 000, NaturNavi

Information
Tourist Information Bad Dürkheim, Kurbrunnenstraße 21c, Tel. 06322/935 45 00, www.bad-duerkheim.de

Rund um Bad Dürkheim gibt es zahlreiche Spuren im Wald, wo Römer und Kelten einst werkelten. Wir machen uns auf die Suche und finden in den prächtigen Kiefern- und Kastanienwäldern manche Zeugnisse der Vergangenheit neben einmaligen Panoramaplätzen.

Römische Steinbrecher Auf dem Bahnhofsplatz in **Bad Dürkheim** Ⓐ/Ⓔ, nach dem originellen Wurstmarktbrunnen, halten wir uns links und folgen der Beschilderung des Pfälzer Weinsteigs in die Fußgängerzone. Man sagt, dass echte Bad Dürkheimer nur zwei Zeiten kennen, die vor dem Wurstmarkt, und jene danach. Über den lebhaften Stadtplatz schlendern wir weiter, bis nach rechts die Gartenstraße abgeht. Dahinter, nach Unterquerung der Bundesstraße, finden wir die rot-weiße Welle des Pfälzer Weinsteigs, die uns vorerst weiterleitet. An der Weinstube Zur Keschdedell führt unser Weg nach rechts über Stufen bergauf. Nachdem wir zwei Straßen überquert haben, locken uns die

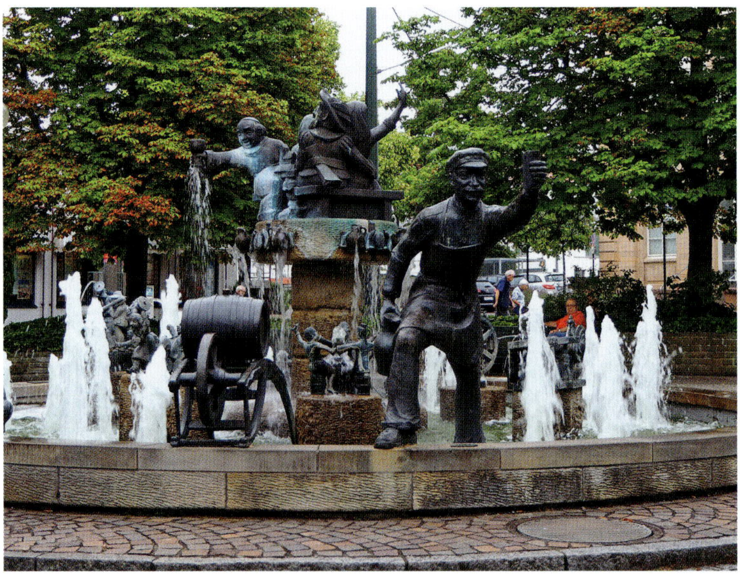

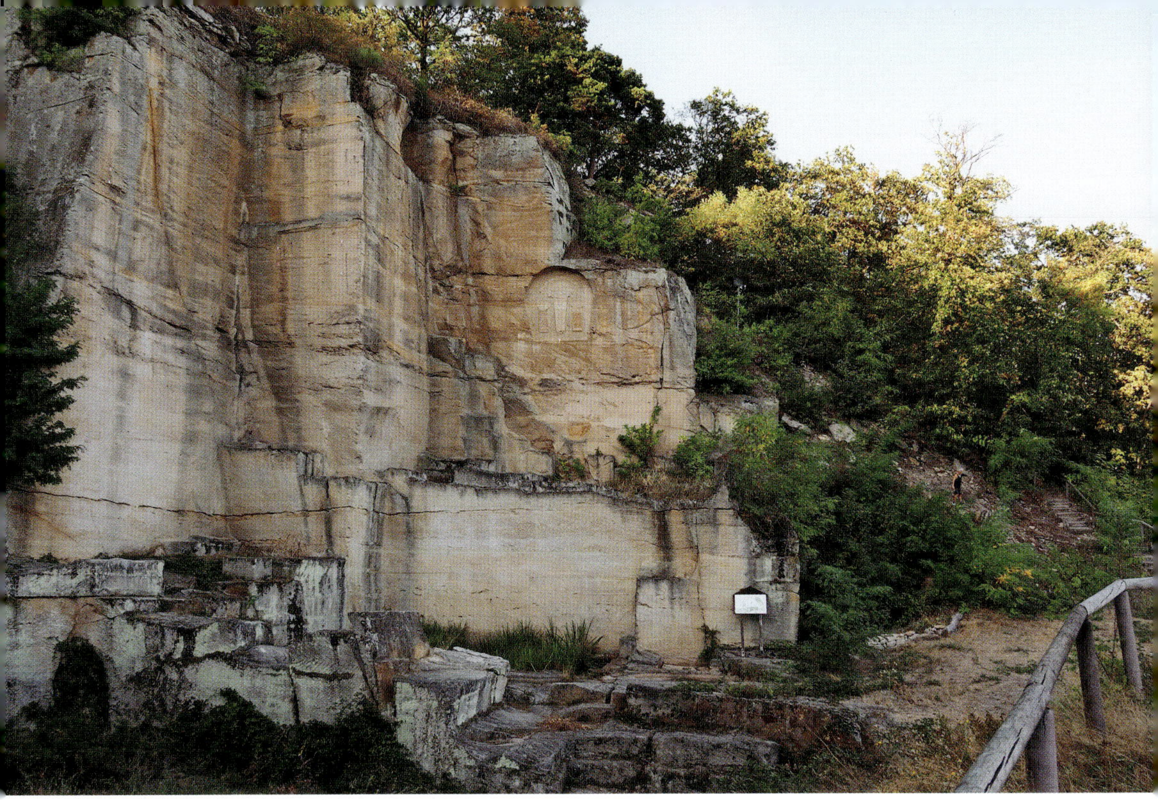

Wanderwege am Schild »Naturkundlicher Lehrpfad« in den Wald, wo es unmittelbar nach rechts weitergeht. Nach zehn Minuten machen wir an der Gabelung einen kurzen Abzweig zum Aussichtspunkt **Schäferwarte** (1) mit Ausblick über Stadt und Rheinebene. Am Wegweiser »Nördlich Schäferwarte« biegen wir links ab und gehen dahinter rechts hoch. Der Weinsteig lotst uns über einige Wurzeln weiter durch üppigen Kastanienwald. Kurz nach der kleinen Steingrotte treffen wir auf den römischen Steinbruch **Kriemhildenstuhl** (2). Im Mittelalter verband man den Steinbruch mit den Nibelungen, daher der Name.

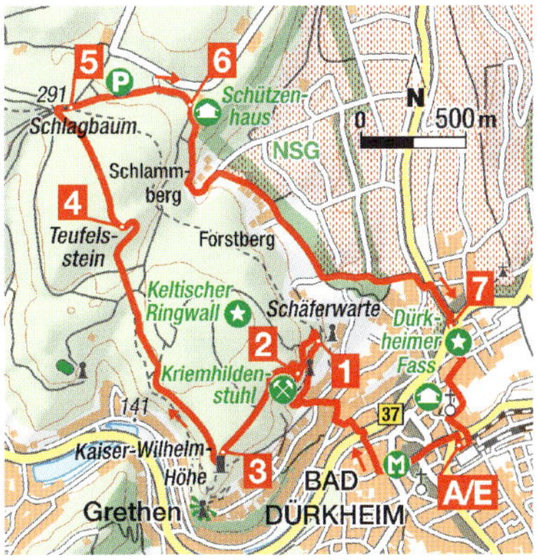

Keltische Wallerbauer Nachdem wir ausführlich auf den Steinblöcken herumgekraxelt sind und einige der römischen Steinmetzzeichen gefunden haben, steigen wir vor der Anlage rechts die Stufen hoch zur Aussichtsterrasse oberhalb der Steinwand mit bombastischem Ausblick. Von dort geht es an den um 500 v. Chr. erbauten Anlagen eines keltischen Ringwalls entlang auf herrlichem Waldpfad weiter zur **Kaiser-Wilhelms-Höhe** (3). Von oben blicken wir auf die mächtige Klosterruine Limburg auf der gegenüberliegenden Talseite und im Westen auf die Ruine Hardenburg. Weiter geht es in Richtung Teufelsstein. Der Weg

Im römischen Steinbruch Kriemhildenstuhl

Linke Seite: Wurstmarktbrunnen in Bad Dürkheim

gabelt sich und wir folgen dem rechten Zweig, wo es ebenfalls mächtige Wallbauten der keltischen **Heidenmauer** gibt. Wir achten sorgfältig auf das rot-weiße Logo des Weinsteigs, das uns nach einer Weile vom Wall weg lotst und uns durch einen lichten Kiefernwald leitet. An der Weißen Bank ziehen wir geradeaus weiter. Nach Umrundung der Bergkuppe und kurzem Anstieg erreichen wir den mysteriösen **Teufelsstein** 4 mit seinen seltsamen, von Menschen gemachten Stufen, die zu einer Vertiefung an höchster Stelle führen. War es eine keltische Opferschale oder vielleicht nur eine Futterstelle für Waldtiere? Wir lassen der Fantasie freien Lauf und ziehen weiter, am kultischen Natur- und Kulturdenkmal vorbei.

Pfälzische Schobbepetzer An der großen Wegespinne **Am Schlagbaum** 5 nehmen wir den rechts abgehenden Waldpfad in Richtung Schützenhaus (gelb-roter Zubringerweg des Weinsteigs). Nach 50 Metern ignorieren wir den Rechtsabzweig und gelangen zu einem Wanderparkplatz. Zehn Meter vor dessen In-

Am mysteriösen Teufelsstein

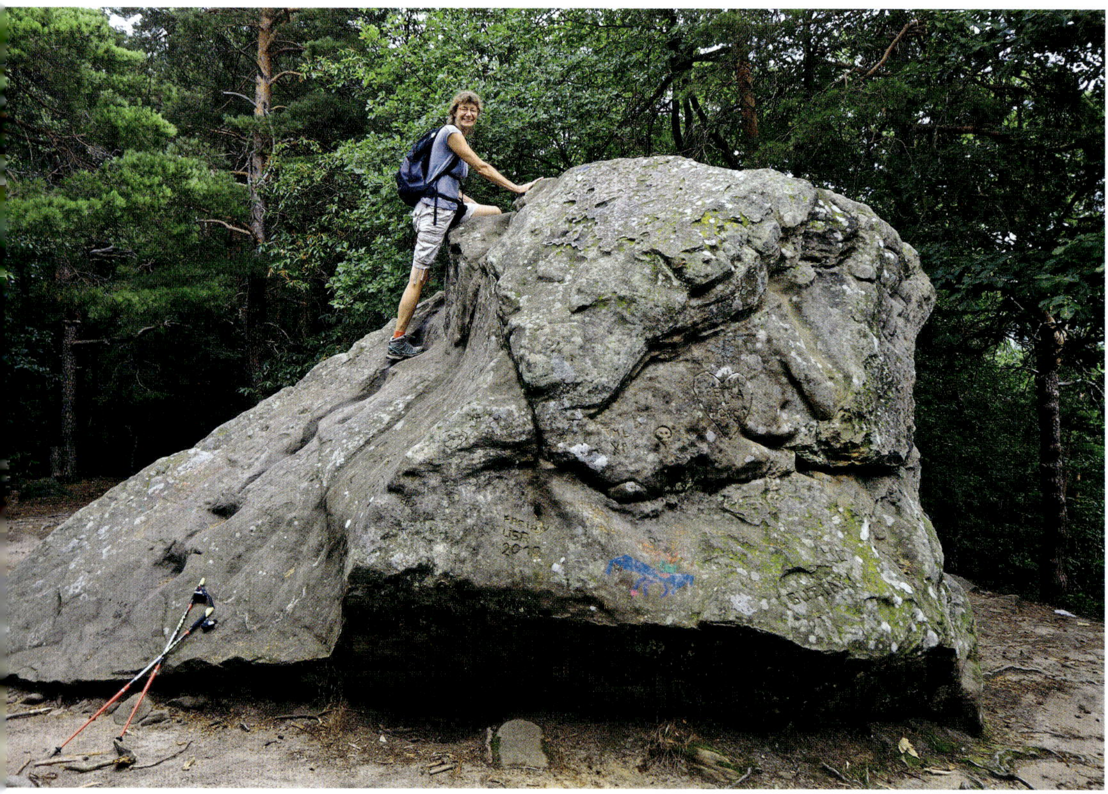

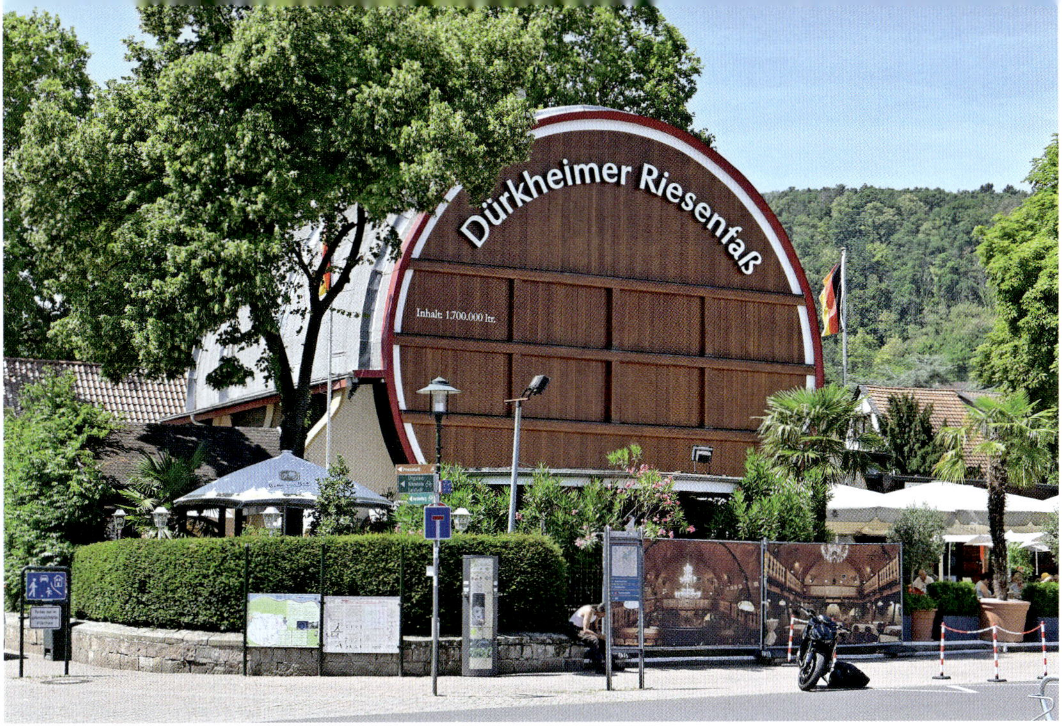

Das Dürkheimer Riesenfass

fotafel biegen wir rechts ab und lassen uns vom roten Strich weiterleiten, der uns nach links weist (Rundweg Teufelstein-Kriemhildenstuhl). Der Pfad stößt auf ein Teersträßchen, auf dem wir die Richtung fortsetzen und am Ende die Waldgaststätte **Schützenhaus** 6 mit herrlicher Aussichtsterrasse finden. Bei diesem Ausblick schmeckt natürlich der »Pfälzer Schobbe« doppelt so gut. Wir gehen rechts an der Gaststätte vorbei und folgen dem roten Strich nach rechts in den Kastanienwald. Nach ein paar Wohnhäusern am Waldrand biegen wir am Wegweiser Forstberg rechts ab in Richtung Steinbruch. Zwischen Wald und Weinberg geht es nun wieder mit wunderschönem Panoramablick in die Rheinebene zurück zur Stadt. An der Abzweigung beim Wegweiser ziehen wir linkshaltend den gepflasterten Hohlweg hinab (Bad Dürkheim 1,7 km). Am Ende des Pflasterweges halten wir uns rechts und wandern nach der Kreuzung neben der Autostraße wenige Meter bis zum Kreisel. Dort setzen wir geradeaus die Richtung fort über den Parkplatz und steuern das berühmte **Dürkheimer Fass** 7 an. Links daran vorbei schlendern wir durch den Kurpark zurück zur Innenstadt und zum Bahnhof.

Dürkheimer Wurstmarkt

Rund um das größte Weinfass der Welt findet das gesellige und größte Weinfest der Welt statt – das »Oktoberfest der Pfalz«. Alljährlich am zweiten und dritten Septemberwochenende frönt man der Weinleidenschaft an den kommunikativen Schubkarchständen und kann die köstlichen Tropfen aller regionalen Winzer durchprobieren. Anreise mit dem ÖPNV empfohlen.

29 Kallstädter Rieslingweg

Wo schon die alten Römer zechten

Leicht | 6,9 km | 140 Hm | 2.15 Std.

Tourencharakter
Einfache Rundwanderung, die fast ausnahmslos auf asphaltierten Weinbergswegen verläuft. Rollstühle mit Schiebehilfe (wegen Anstieg) empfohlen. Kein Schatten

Ausgangs-/Endpunkt
Kallstadt Rathaus, 150 m

Höchster Punkt
Leistädter Sonnenkreisel, 230 m

Anfahrt
GPS 49.4927, 8.1746
Bus/Bahn: Von Neustadt an der Weinstraße mit Regionalbahn nach Bad Dürkheim, oder von Mannheim mit der Straßenbahn nach Bad Dürkheim. Von dort verkehrt die Buslinie 453 nach Kallstadt.
Auto: A 6 bis Ausfahrt Grünstadt, dann B 271 bis Kallstadt. Oder von Mannheim/Ludwigshafen über die A 650 und B 271 nach Kallstadt. Parkplatz vor dem Rathaus

Einkehr
Halbersbacher Schubkarchstand, Fr ab 14, Sa, So ab 12 Uhr. Diverse Weinlokale und Straußwirtschaften in Kallstadt

Beste Jahreszeit
Ganzjahrestour

Karte
Pfälzerwald 4, Blatt 43-548, 1:25 000, NaturNavi

Information
I-Punkt Kallstadt, Weinstr. 111, Tel. 06322/667838
www.urlaubsregion-freinsheim.de

Wer schon immer wissen wollte, wo die berühmten Kallstädter Weinlagen gedeihen, erfährt es hier. Mitten durch das Rebenmeer geht es mit herrlichen Ausblicken um den berühmten Traditionsort, dessen amerikanische Nachkommen von Auswanderern teils zu zweifelhaftem Ruhm gelangten.

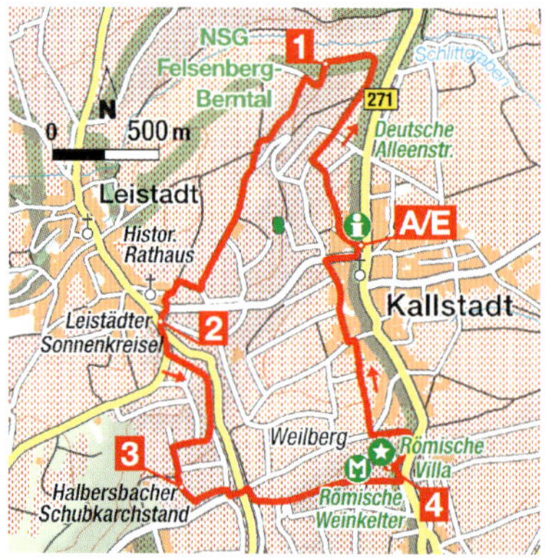

Kallstädter Weinlagen In der Ortsmitte von **Kallstadt** Ⓐ/Ⓔ finden wir an der rechten Ecke des Rathauses das Wegelogo des **Rieslingweges** mit dem Weinglas, dem wir uns anvertrauen. Auf halber Höhe des Anbaugebiets Kallstädter Saumagen biegen wir an der blauen Stahlstele – meistens finden

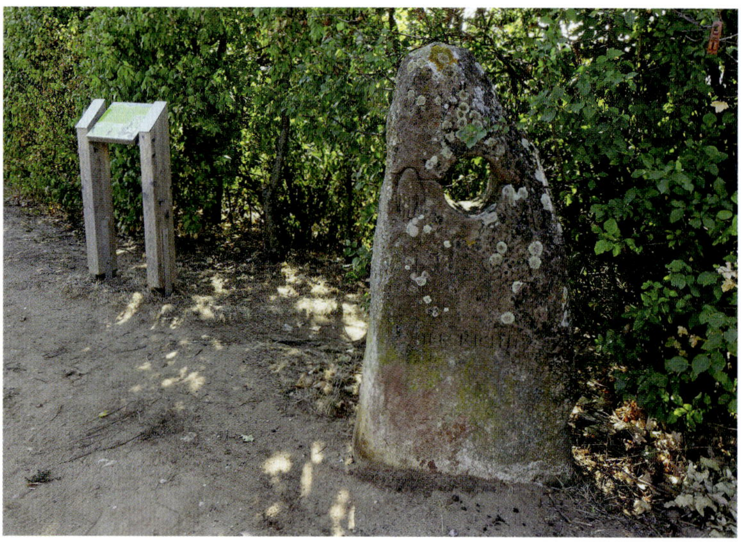

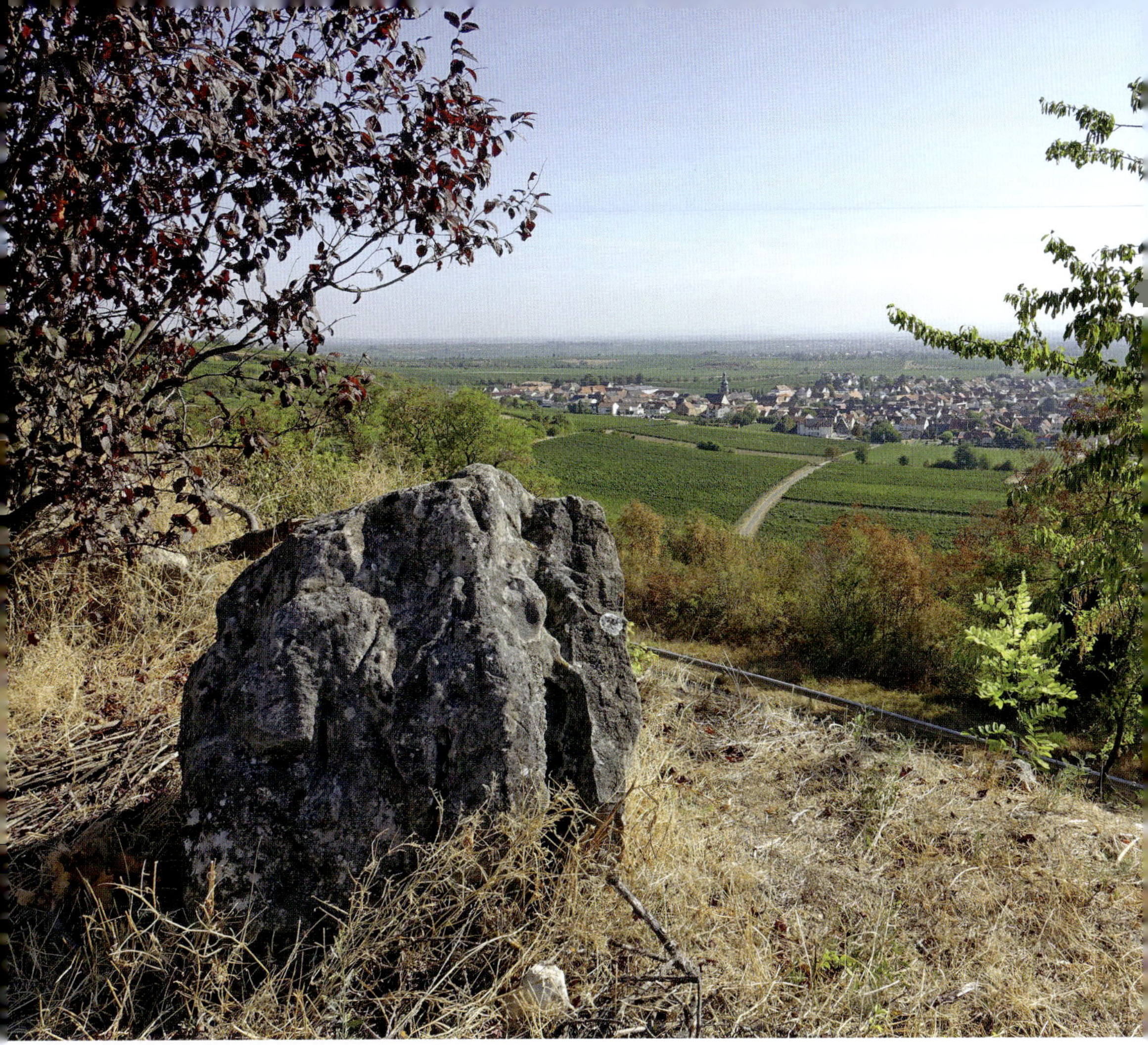

wir das Symbol auf solchen Pfosten – rechts ab und schwenken am Weiher nach links bergauf. Auf dem leicht ansteigenden Weinbergsweg treffen wir auf halbem Weg nach Herxheim auf ein Rückhaltebecken, an dem wir nach links schwenken. Nun gilt es eine kurze kräftige Steigung zu meistern. Oben rechts geht es in das **Naturschutzgebiet Felsenberg-Berntal** 1. Der Name leitet sich ab von Bärental, da in den ausgewaschenen Hohlräumen der Karstfelsen einst Bären Unterschlupf fanden. Archäologische Funde in der Herxheimer Kalkhöhle bezeugen eine steinzeitliche Besiedlung des Areals. Wer fit zu Fuß ist, durchquert das einmalige Areal und stößt in Leistadt wieder auf die Tour, muss dort aber dann 500 Meter auf der Hauptstraße bis zum Kreisel zurücklegen. Der bequemere Weg führt nach links durch die Weinlage Kallstädter Steinacker, mit herrlichen Ausblicken ins Rheintal. Zur Rechten auf dem Kamm der

Ausblick auf Kallstadt und die Rheinebene

Linke Seite: An der alten Hinrichtungsstätte

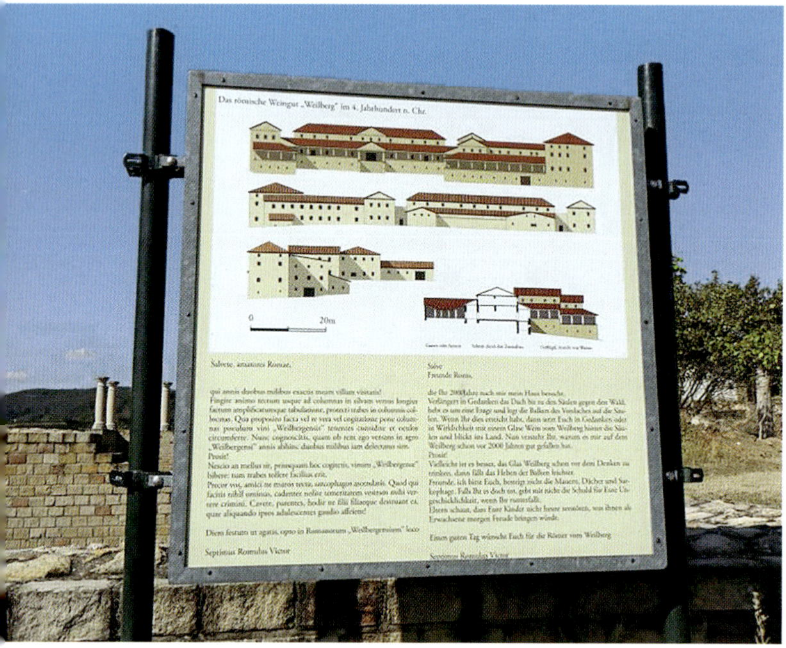

So könnte das Römische Weingut ausgesehen haben.

Haardthöhen lugt in der Ferne der Bismarckturm an der Lindemannsruhe (s. Tour 30) über die Baumwipfel. Etwa 75 Meter vor der Leistädter Straße biegen wir rechts ab (die Wegmarkierung leitet hier geradeaus weiter, führt allerdings dann über einen Grasweg am Rand des Weinberges, was für einen Rollstuhl beschwerlich wäre). Wir halten uns an der Ruhebank links. Vor den ersten Häusern finden wir einen sehr kurzen unbefestigten Weg, auf dem wir nach wenigen Metern zwischen zwei Pfosten hindurch zum **Leistädter Sonnenkreisel** **2** gelangen.

Halbersbacher Schubkarchstand Wir umrunden den Kreisel, ziehen kurz bergauf in Richtung Höningen/Lindemannsruhe und verlassen die Straße 50 Meter danach auf einen Wirtschaftsweg nach links. Auf einer herrlichen Sitzbank unter einem schattigen Ahorn dürfen wir auf der schönsten Ausblickstelle der Tour den Blick ins Rheintal mit dem »Saumagen-Ort« im Vordergrund genießen. Die blauen Pfosten leiten uns hinab zu einem Pflasterweg, an dessen Ende der **Halbersbacher Schubkarchstand** **3** zur Einkehr lädt. An der urgemütlichen »Schorlestation« mit Blick auf Bad Dürkheim halten wir uns links und überqueren die Weinstraße.

Römisches Weingut Nun verlassen wir den Rieslingweg, halten uns kurz rechts und biegen links ab (Römische Villa). Ein alter Richtplatz erzählt eine schaurige Geschichte. Die Delinquenten sollten bei ihrer Hinrichtung an erhöhten Plätzen noch einmal als Sühne einen Blick auf die schöne Welt haben, der ihnen mit dem Tod nun vorenthalten wurde. Ob dabei auch ein Glas Kallstädter Wein kredenzt wurde, ist nicht überliefert. Mitten durch

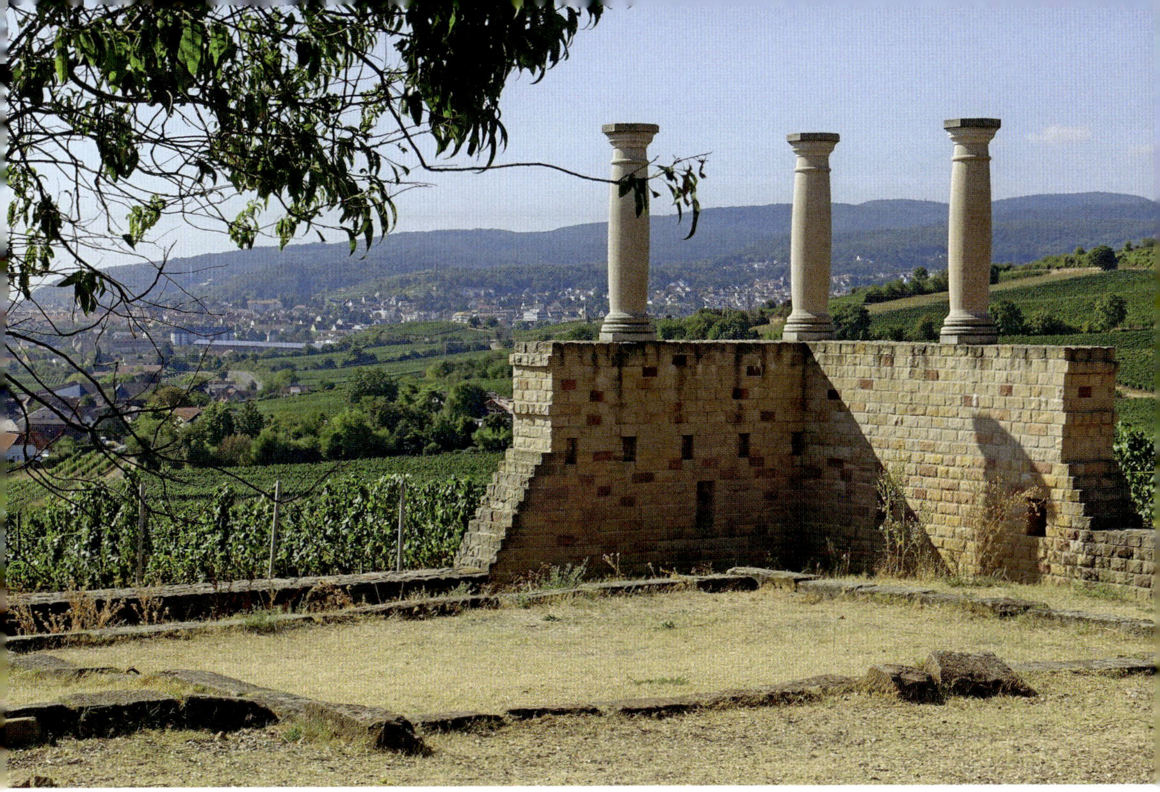

die berühmte Weinlage Kallstädter Saumagen treffen wir auf das **Römische Kelterhaus** bei Ungstein. Hinter den Gittern ist die Rekonstruktion der einstigen Tretbecken zu sehen. Am Ende gehen wir links hoch zur Ausgrabungsstätte einer **Römischen Villa** 4. Das einstige Herrenhaus mit bis zu 150 Metern Länge hatte 15 Räume mit Badetrakt, Speichern und Fuhrparkgebäude. Mindestens acht Nebengebäude gehörten zu der imposanten Anlage, die zu geringen Teilen rekonstruiert wurde. Am beliebten »Weinfest an der Römerkelter« kann man im Sommer das Lagerleben einer Römerkohorte kennenlernen. Das Motto des Festes frei nach Horaz lautet *nunc vino pellite curas* (nun vertreibt mit Wein die Sorgen). Wir umrunden das Gebäude und orientieren uns an erster Möglichkeit nach rechts in Richtung Kallstadt. Entgegen der Beschilderung wandern wir nach dem Entwässerungsweiher geradeaus weiter, biegen an der Gaststätte Saumagenstube links und sofort wieder rechts ab. Über die Backhausgasse – mit etwas Glück hat eine Straußwirtschaft geöffnet – kehren wir zurück zur Leistädter Straße und unserem Ausgangspunkt.

Antike Säulen der Römischen Villa

Saumagen im Glas und auf dem Teller

Mit diesem Slogan wirbt die berühmte Weinbaugemeinde. Am ersten Wochenende im September bei der »Saumagenkerwe« kann man in Kallstadt den Gaumen mit Saumagen-Gerichten und Kallstädter Wein aus eben dieser Lage verwöhnen.

30 Zur Lindemannsruhe

Auf dem Ganerbenweg zum Ungeheuersee

Leicht | 6,5 km | 130 Hm | 2.15 Std.

Tourencharakter
Einfache Waldwanderung auf gut begehbaren Wegen und Pfaden mit leichtem Anstieg nach dem Ungeheuersee. Viel Schatten

Ausgangs-/Endpunkt
Forsthaus Lindemannsruhe, 470 m

Höchster Punkt
Forsthaus Lindemannsruhe, 470 m

Anfahrt
GPS 49.4794, 8.1201
Bus/Bahn: Von Bad Dürkheim/Bahnhof aus fährt der Bus 488 in Richtung Lindemannsruhe.
Auto: A 6 bis Ausfahrt Grünstadt, dann B 271 bis Kallstadt. Oder von Mannheim/Ludwigshafen über die A 650 und B 271 nach Kallstadt. Im Zentrum links über die Leistädter Straße hoch zum Forsthaus

Einkehr
Forsthaus Lindemannsruhe, Mi–So 11–17.30 Uhr; Weisenheimer Hütte, So 11–17, Mai–Okt. auch Mi 11–16 Uhr

Beste Jahreszeit
Ganzjahrestour

Karte
Pfälzerwald 4, Blatt 43-548, 1:25 000, NaturNavi

Information
Tourist Information Bad Dürkheim, Kurbrunnenstraße 21c, Tel. 06322/935 45 00, www.bad-duerkheim.de

Allerlei merkwürdige Sehenswürdigkeiten warten auf dem Ganerbenweg auf uns. Nach Stärkung in der urigen Hütte am Ungeheuersee geht es an den »Sieben Waldwundern« zurück zum Forsthaus Lindemannsruhe. Wer Lust hat, stattet noch dem Bismarckturm einen Besuch ab.

Ungeheuersee Gegenüber dem traditionsreichen Forsthaus **Lindemannsruhe A/E**, das wir uns schon mal als Belohnung für die Tour vormerken, überqueren wir der Länge nach den gesamten Parkplatz. Am Ende halten wir uns links und folgen

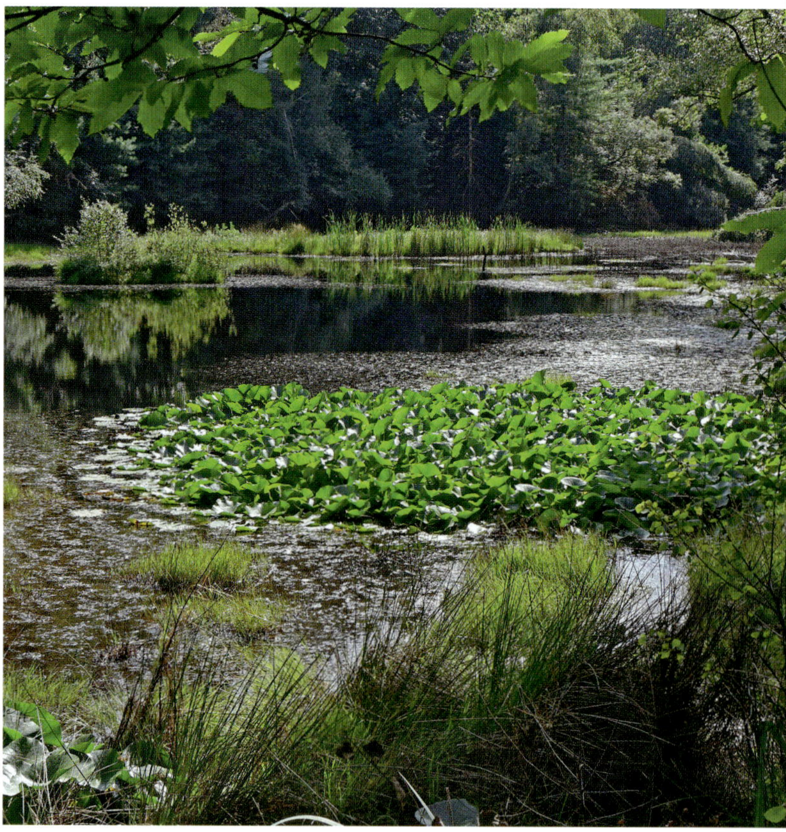

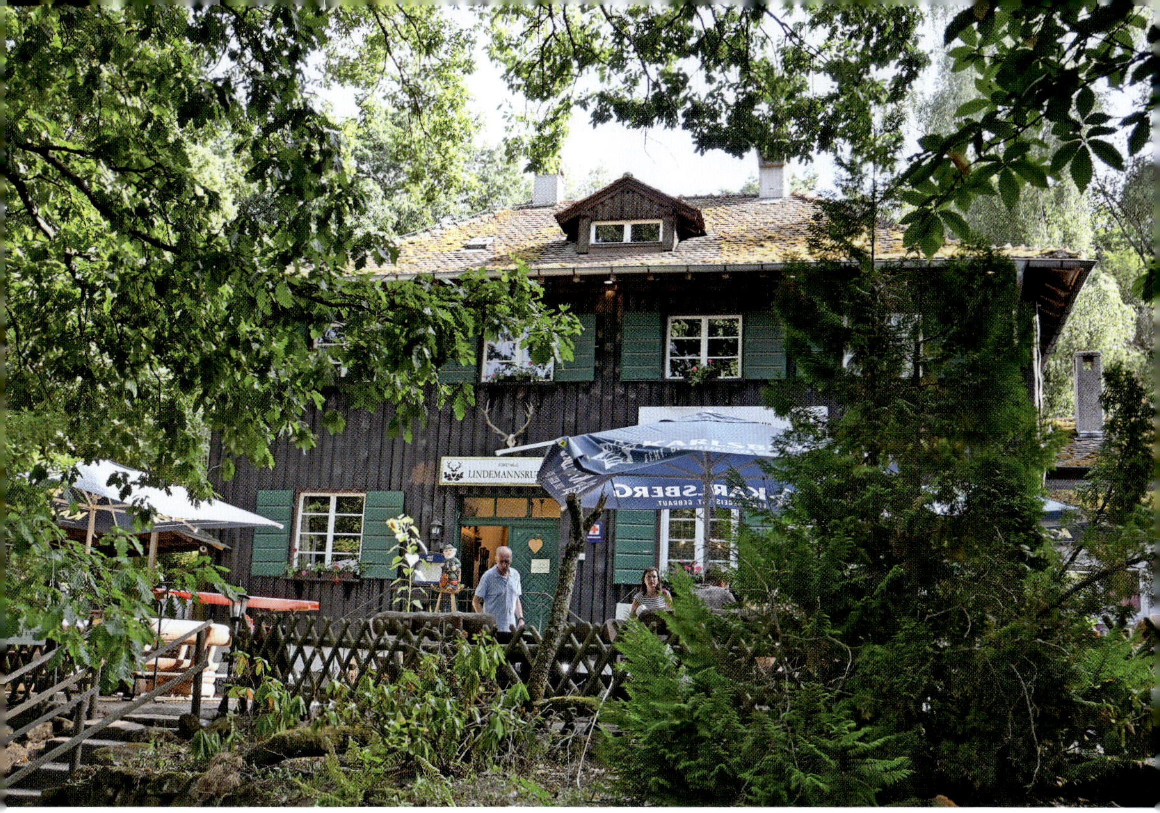

dem Pfälzer Weinsteig und dem Schild des neu ausgewiesenen **Ganerbenweges** mit schwarzer Streitaxt auf gelbem Grund. Am Abzweig beschreiten wir nach rechts den Weg in Richtung Ungeheuersee. Auf samtweichem Waldboden geht es nun kurvenreich durch üppigen Wald unter Kiefern, Kastanien und Buchen. Nach einer Weile senkt sich der Pfad ab und wir queren einen Forstweg. Die Beschilderung bis zum Talgrund ist hier etwas spärlich. Dort, nach dem Linksabzweig, wandern wir auf fast vermoderten Holzbohlen über dem sumpfigen Grund am **Herxheimer Brunnen** (1) vorbei, wo der Krumbach entspringt, der in den Ungeheuersee entwässert. Bunte Tafeln informieren über die Tiere des Waldes. Am Ende des Feuchtgebiets im Tal taucht die gemütliche **Weisenheimer Hütte** (2) auf, in der wir es uns unter den schattigen Bäumen gemütlich machen dürfen. Der erstmals 1599 erwähnte **Ungeheuersee** diente bis ins 20. Jahrhundert als Viehtränke für Kühe, die früher auch im Wald weideten. Trotz seines Namens ist bis heute kein Pfälzer »Nessy« im

Einkehr auf der Lindemannsruhe

Linke Seite: Der mystische Ungeheuersee

Die Legenden vom Ungeheuersee

Mehrere Legenden ranken sich um den idyllischen See im Wald. Eine davon besagt, dass um Mitternacht Waldgeister ihr Unwesen um den See treiben würden. Eine andere berichtet von Mönchen eines nahegelegenen Klosters, die im See ihre Silberglöckchen versenkt hätten, die nie wieder gefunden wurden.

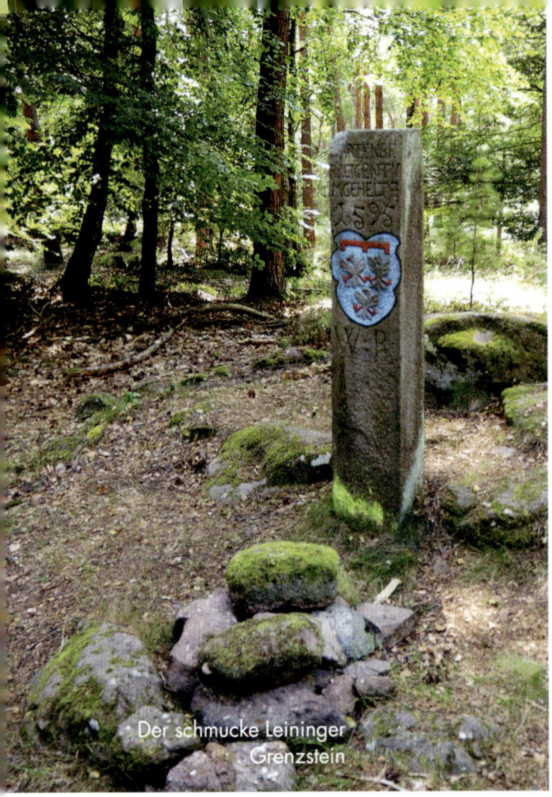

Der schmucke Leininger Grenzstein

See aufgetaucht. Nach ausgiebiger Stärkung auf den urigen Holzbänken am Seeufer sind wir in der Lage, den Anstieg des Rückweges zu meistern.

Zum Kanapee bei der Suppenschüssel Wir folgen weiter dem Ganerbenweg auf dem rechten der drei Wege bergauf. An der großen Kreuzung am **Ziegenkäseplatz** – der Name reiht sich ein in die Merkwürdigkeiten dieser Tour –, gehen wir in spitzem Winkel nach rechts in Richtung Lindemannsruhe. Nach 100 Metern verzweigt unser Wanderweg nach links. Allerlei interessante Sehenswürdigkeiten – auch als »**Sieben Waldwunder**« bezeichnet – gibt es auf der folgenden Etappe zu bestaunen, die zum Teil auf dem Historischen Rundwanderweg von Leistadt verläuft. Als Erstes treffen wir auf den **Krummholzer Stuhl** 3. Der in Form einer Sitzbank ausgearbeitete Felsblock wurde vermutlich schon von den Römern bearbeitet. Dahinter haben wir den größten Teil des Anstiegs hinter uns gebracht. In munterem Auf und Ab geht es weiter auf sandigem Boden unter

Links: Rast auf dem steinernen Kanapee

Rechts: Weisenheimer Hütte am Ungeheuersee

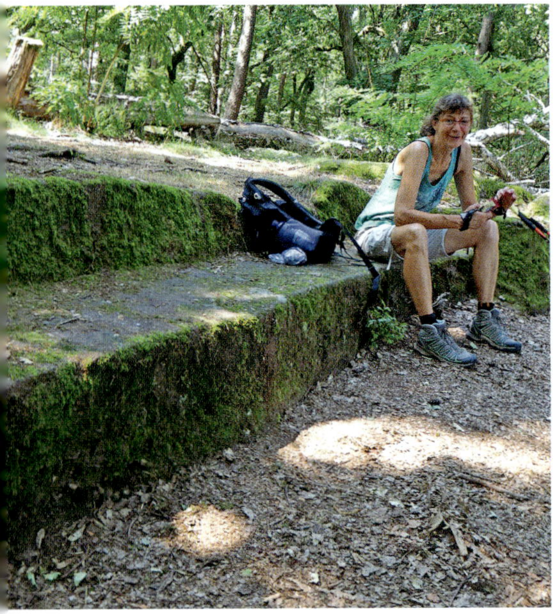

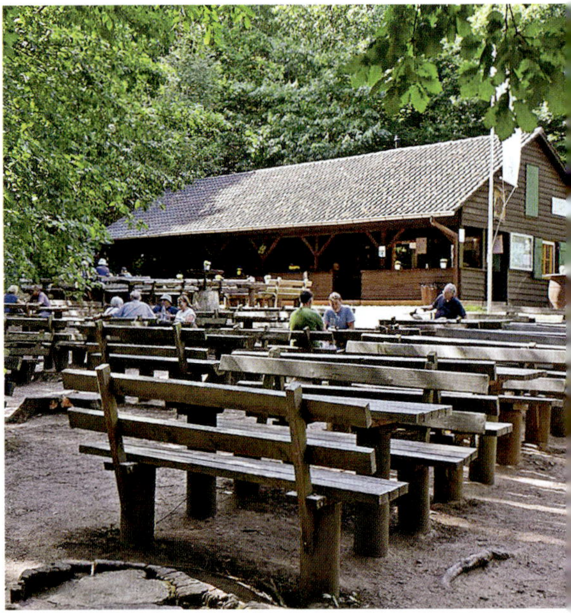

Mischwald. Als nächste Attraktion wartet die **Suppenschüssel** auf uns. Der Stein diente schon im Mittelalter als Gemarkungsstein und war über Jahrhunderte Treffpunkt für fröhlichen Umtrunk bei Grenzbegehungen. An der nächsten Kreuzung geht es nach links. Am **Leininger Grenzstein** von 1595 dürfen wir die nächste Pause einlegen. Aber auch das steinerne **Kanapee** ❹, das kurz darauf am Wegesrand liegt, bietet sich dafür an. Eine Sitzunterlage für den Allerwertesten wäre nützlich. Ein Einsiedler im 14. Jahrhundert bettete sich hier zur Nacht. Rechts abgehend führt ein steiler Pfad hinab zum originellen Aussichtspunkt an **Lauras Hütte**. Der Abstecher ist zwar lohnenswert, aber nur etwas für konditionsstarke Wanderer.

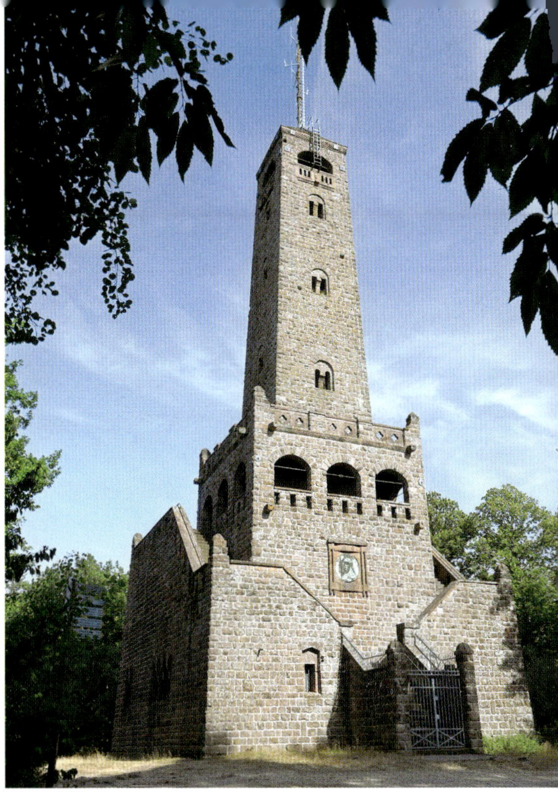

Bismarckturm auf dem Peterskopf

Wo der Teufel gerne saß Am Schild, das nach Leistadt weist, machen wir einen kurzen Abstecher nach links und freuen uns über den einzigen Panoramablick auf dieser Tour, der auch von der steinernen **Teufelsbank** ❺ aus genossen werden kann. Etwas im Unterholz versteckt findet man einen weiteren sehenswerten Leininger Grenzstein. Kurz nach dem Sendeturm passieren wir noch das Steinlabyrinth der **Teufelsmauer**. Wenige Schritte danach werden wir auf **römische Wagenspuren** ❻ hingewiesen. Auch im links abgehenden Weg findet man die deutlichen Rinnen auf dem steinigen Weg. Achtung, etwa 200 Meter danach den Linksabzweig nicht versäumen. Zwischen den Baumkronen können wir immer wieder Blicke ins Rheintal erhaschen. Zurück an der Lindemannsruhe bietet es sich an, noch einen Gang zum 700 Meter entfernten 36 Meter hohen **Bismarckturm** auf dem Peterskopf zu machen, der einen gigantischen Rundumblick ermöglicht. Erkundigen Sie sich aber zuvor in der Gaststätte, ob der Turm geöffnet ist.

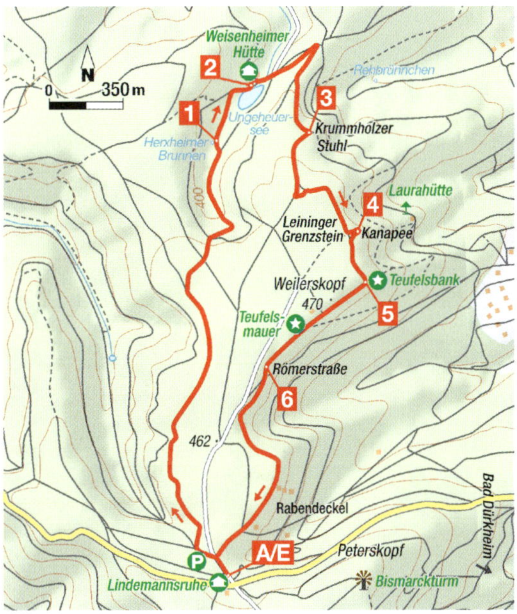

31 Runde um Neuleiningen

Zum schönsten Bergdorf der Pfalz

Leicht | 7 km | 230 Hm | 2.45 Std.

Tourencharakter
Gemütliche Wald- und Weinbergstour mit fantastischen Ausblicken. Gut begehbare Wege und Pfade, die teils schattig, teils sonnig sind. Vorsicht, bei Nässe besteht Rutschgefahr im Abstieg von Battenberg.

Ausgangs-/Endpunkt
Bushaltestelle Neuleiningen Kreuz, 260 m

Höchster Punkt
Battenberg, 310 m

Anfahrt
GPS 49.5431, 8.1359
Bus/Bahn: Regionalbahn nach Grünstadt. Von dort verkehren die Buslinien 454 und 457 nach Neuleiningen Kreuz.
Auto: Auf der A 6 fahren wir bis Grünstadt. Dort Richtung Ortsmitte und links nach Sausenheim und Neuleiningen

Einkehr
Gutsschenke Burg Battenberg, Mi–Fr ab 16, Sa, So ab 12 Uhr. Diverse Restaurants in Neuleiningen

Beste Jahreszeit
Ganzjahrestour

Karte
Pfälzerwald 4, Blatt 43-548, 1:25 000, NaturNavi

Information
Tourist Information Grünstadt, Hauptstraße 84, Tel. 06359/929734, www.leiningerland.com

Viele verpassen auf dem Weg ins Saarland diese Sehenswürdigkeit an der nördlichen Weinstraße. Auf Treppen und schmalen Gässchen erkunden wir das mediterran anmutende Burgdorf Neuleiningen und genießen die bombastische Aussicht auf der nahen Burg Battenberg.

Burgdorf Neuleiningen Neben der hölzernen Bushaltestelle am Ortseingang von **Neuleiningen** Ⓐ/Ⓔ, gegenüber dem Weingut, ziehen wir die Friedrich-Ebert Straße hinab und finden nach wenigen Metern in der Kurve einen Hinweis auf den **Stadtmau-**

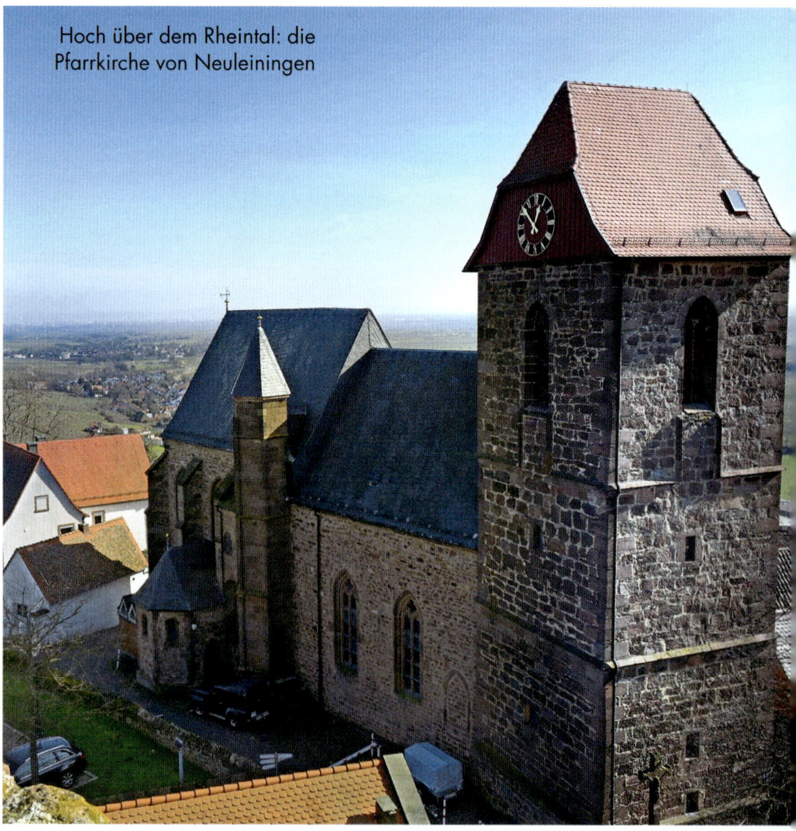
Hoch über dem Rheintal: die Pfarrkirche von Neuleiningen

erweg nach links, zu dem ein paar Stufen hinab führen. Die mächtigen Grafen von Leiningen mit der Stammburg in Altleiningen bauten im 13. Jahrhundert Burg und Ort auf dem Bergsporn am Ausgang des Eckbachtales. Der Ort bekam bald die Stadtrechte verliehen und galt im 15. Jahrhundert als eine der bestbefestigten Städte im Reich. Eine Legende erzählt, dass durch die List der Burgherrin die Anlage selbst in den Bauernkriegen verschont blieb. Sie versorgte die anrückenden bewaffneten Bauern reichlich mit Speis und Trank, sodass diese glückselig vom Alkohol unverrichteter Dinge wieder abzogen. Erst im Pfälzischen Erbfolgekrieg wurde die Burg zerstört und der Ort geplündert.

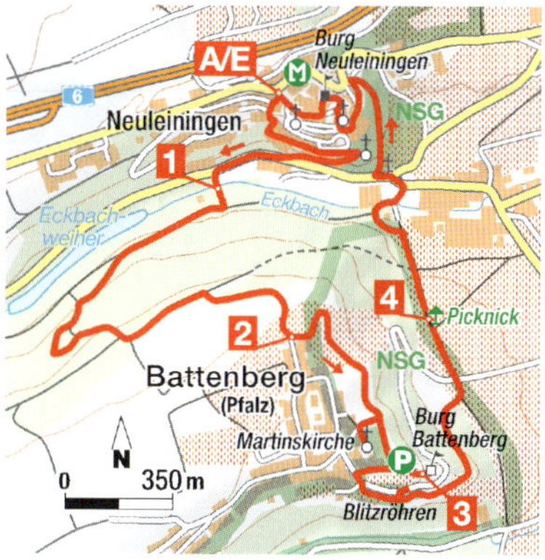

Schmucke Häuser im Bergdorf Neuleiningen

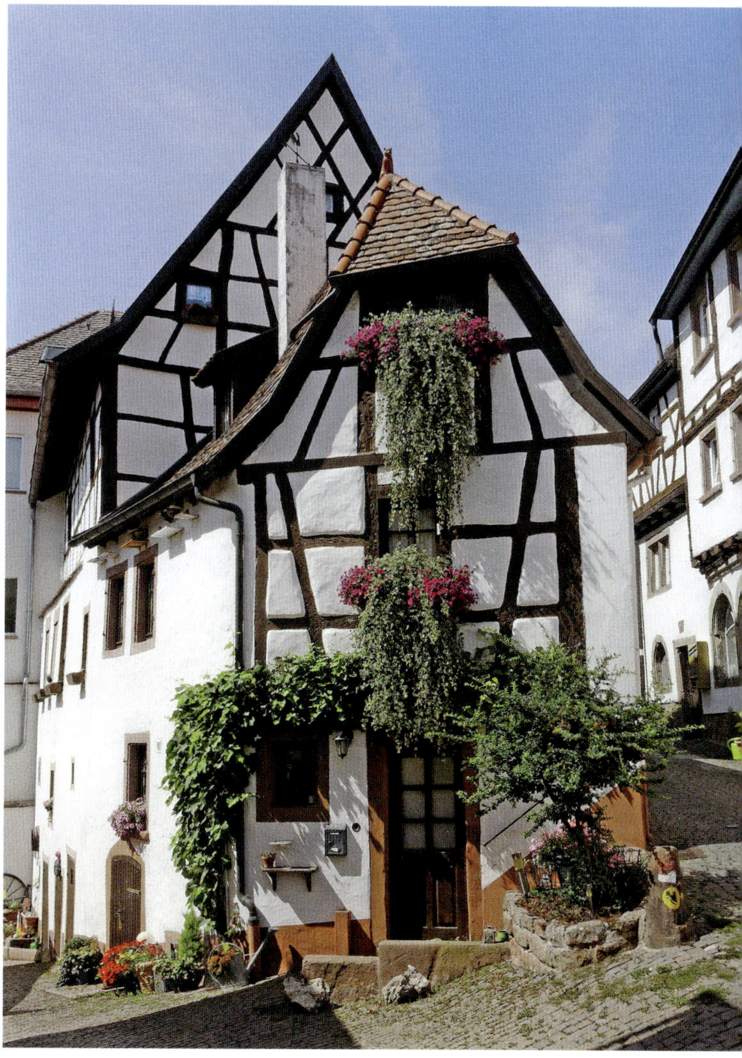

Durch das Eckbachtal Wir ziehen um die Ecke der eindrucksvollen Mauern und wandern bis zum mächtigen Wehrturm am östlichen Ende. Dort folgen wir rechtshaltend dem Treppenweg. Einen Abzweig ignorierend, gehen wir hinab bis zur Talstraße und verlängern dort die Richtung. Kurz nach dem Ortsschild biegen wir links ab in den Talgrund, überqueren den **Eckbach** 1 auf

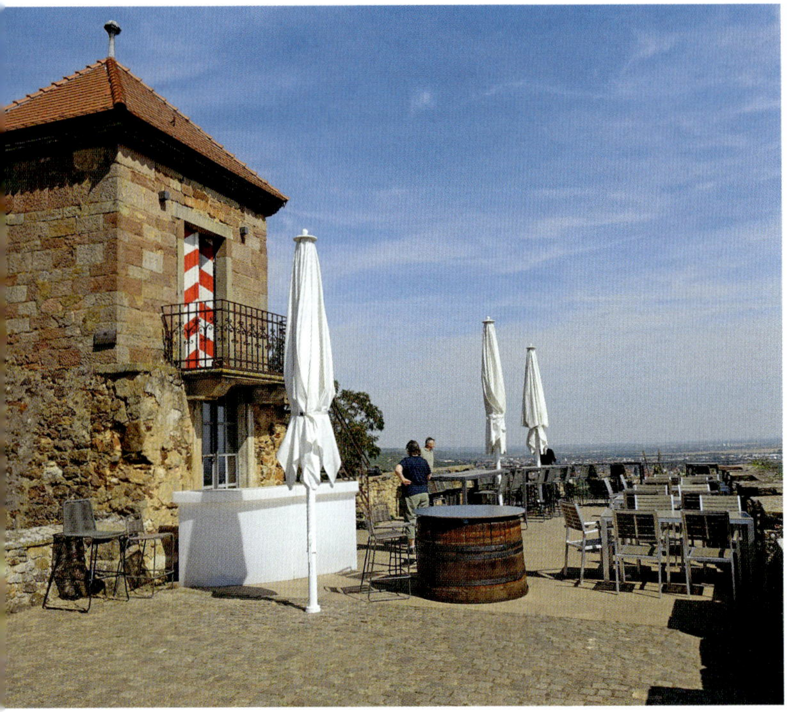

Aussichtsterrasse auf Burg Battenberg

einer alten Betonbrücke und steigen rechts bergauf (nicht dem Mühlenweg im Talgrund folgen). Bald liegt uns der aufgestaute Eckbachweiher zu Füßen. An der Kreuzung halten wir uns links, folgen zunächst dem bergauf führenden Forstweg und wenden uns an nächster Gabelung nach links, wo es auf fast ebenem Niveau weitergeht. Nach 200 Metern finden wir rechts des Weges einen Pfad mit dem Wegzeichen des Leininger Burgenweges. Der Fußsteig schlängelt sich durch ein dschungelartiges Wäldchen und nimmt noch mal Höhe auf. Am Waldaustritt passieren wir einen Mobilfunkmast und halten uns am Wegweiser vor den Häusern links, wo uns ein prächtiger Panoramaweg erwartet.

Burg Battenberg Genüsslich, mit fantastischer Aussicht, wandern wir längs des Weinberges nun bergab und ändern nach einer Kehre die Richtung. Durch Streuobstwiesen und wilden Hangbewuchs führt der schmale Pfad abwechslungsreich weiter. Nach einer Weile lugt rechts die alte frühgotische Martinskirche über die Häuser vom Höhendorf **Battenberg** 2. Wer Interesse hat, macht den kleinen Abstecher. Gleich um die Ecke treffen wir auf **Burg Battenberg** 3. Vermutlich zeitgleich zum Ausbau von Neuleiningen errichteten die Leininger Grafen auf der anderen Seite des Eckbachtales die Burg Battenberg, von der ein Teil der Ringmauer und ein Geschützturm noch erhalten sind. Wer der gehobenen Pfälzer Küche frönen möchte, lässt sich im Burggarten nieder. Auf jeden Fall sollte man der fahnengeschmückten Aussichtsterrasse einen Besuch abstatten. Zurück auf dem Zufahrtsweg wandern wir geradeaus in Richtung Battenberg und biegen nach dem Weingut links ab auf die Ortsstraße. Dem Wanderschild des Pfälzer Weinsteigs folgen wir in die Alte Straße.

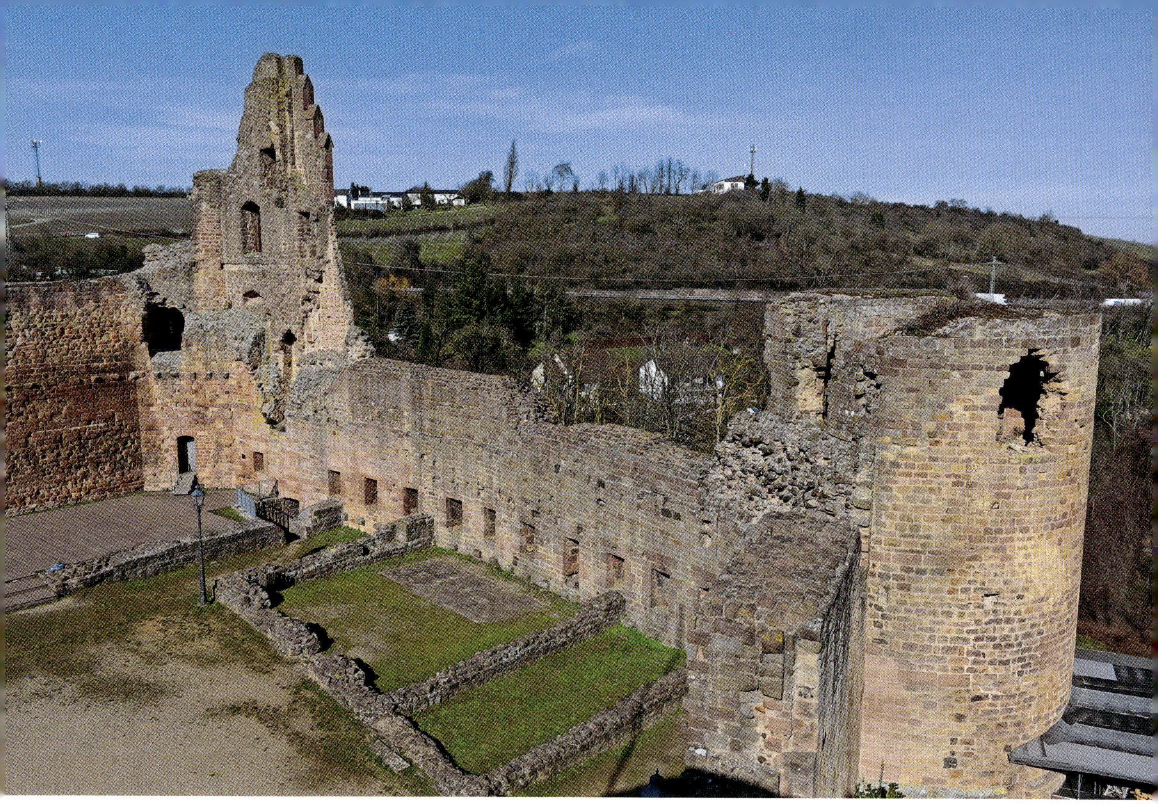

Mauerreste der Burg Neuleiningen

Burg Neuleiningen Geologisch Interessierte können am Schild den kurzen Abstecher nach links hoch zur Straße machen und dort die **Blitzröhren** besichtigen (siehe Kasten). Auf blankem Felsen (Vorsicht bei Nässe) geht es hohlwegartig bergab. Der Weg beschreibt in struppigem Wald einen lang gezogenen Linksbogen und führt uns ins Pfälzer Rebenmeer hinab. Eine gemütliche Sitzgruppe mit herrlichen Ausblicken ins Rheintal lädt ein zum **Picknick** 4. Vor dem Talgrund vollziehen wir einen kleinen Schlenker nach links. Nach dem Gelände einer Firma gehen wir links unter der Bahnunterführung hindurch, queren am Feldkreuz die Straße und ziehen den Hang hoch. Direkt am Restaurant Zum Burggraf treten wir in den alten Ortskern ein und steigen rechts hoch zu Burg und Kirche. **Burg Neuleiningen** war eine der ersten Kartellburgen auf deutschem Boden. Zuvor waren solche Anlagen mit mächtigen Außenmauern und Wehrgängen nur im Mittelmeerraum verbreitet. Über die Kirchengasse wandern wir schließlich zum Ausgangspunkt zurück.

Blitzröhren

Durch Ausfällung von Eisenlösungen entstanden im ockerfarbenen Sandstein röhrenartige, bis zu zwei Meter hohe Sinterbildungen. Das Naturdenkmal ist eine außergewöhnliche geologische Rarität. Früher wurde die Gesteinsformation auf Blitzeinschlag zurückgeführt, daher der Name Blitzröhren.

32 Adolf-von-Nassau-Weg

Über das einstige Schlachtfeld zur Kriegsberghütte

Leicht | 8,6 km | 110 Hm | 2.45 Std.

Tourencharakter
Gemütliche Rundwanderung, die nach Ortsausgang auf Wald- und Wiesenwegen mit geringem Gefälle um den Ort führt. Rund um die Kriegsberghütte ist auch ein Weg für Rollstuhlfahrer ausgeschildert.

Ausgangs-/Endpunkt
Göllheim Rathaus, 250 m

Höchster Punkt
Ludwigshalle, 330 m

Anfahrt
GPS 49.5939, 8.0526
Bus/Bahn: Regionalbahn bis Eisenberg. Von dort mit Bus 920 nach Göllheim/VG-Verwaltung
Auto: A 6 Richtung Saarbrücken bis Ausfahrt Wattenheim. Über B 47 nach Göllheim. Parken in der Freiherr-vom-Stein-Straße nahe Rathaus

Einkehr
Kriegsberghütte, So von 9–18, im Winter bis 17, Mai–Okt., auch Mi 13–17 Uhr (ohne warme Speisen)

Beste Jahreszeit
Ganzjahrestour

Karte
Pfälzerwald 2, Blatt 42-550, 1:25 000, NaturNavi

Information
Verbandsgemeinde Göllheim, Freiherr-vom-Stein-Straße 1–3, Tel. 06351/49090, www.vg-goellheim.de/tourismus-kultur

Nur das Säbelgerassel und Schlachtgetöse fehlt. Auf der Kurzvariante des Adolf-von-Nassau-Wanderweges rund um den Kriegsberg bei Göllheim erfahren wir auf informativen Tafeln einiges über die letzte große Ritterschlacht auf deutschem Boden.

Kunst in Göllheim Kunst wird in Göllheim großgeschrieben und schmückt an vielen Ecken den öffentlichen Raum. Um einen kleinen Geschmack davon zu bekommen, starten wir am Rathaus von **Göllheim** Ⓐ/Ⓔ, vor dem eine steinerne Figur eine Allegorie zum behäbigen Donnersberg verkörpert. Am **Kerzenheimer Tor** betreten wir am Nachtwächter vorbei links den alten Ortskern und gehen über die Hauptstraße zum Alten Rathaus, wo wir dahinter in der Klostergasse gleich zwei Kunstwerke antreffen. Am Ende der Straße linkshaltend, verlassen wir durch

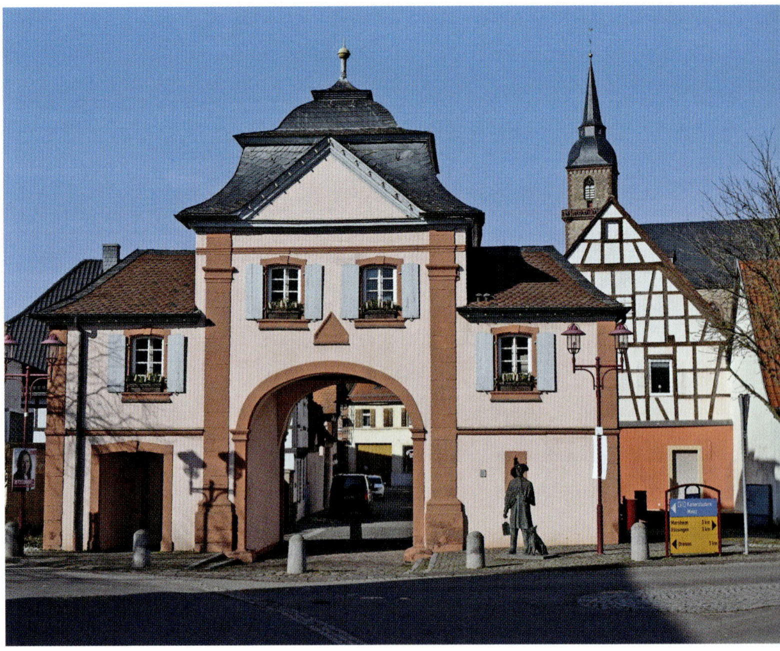

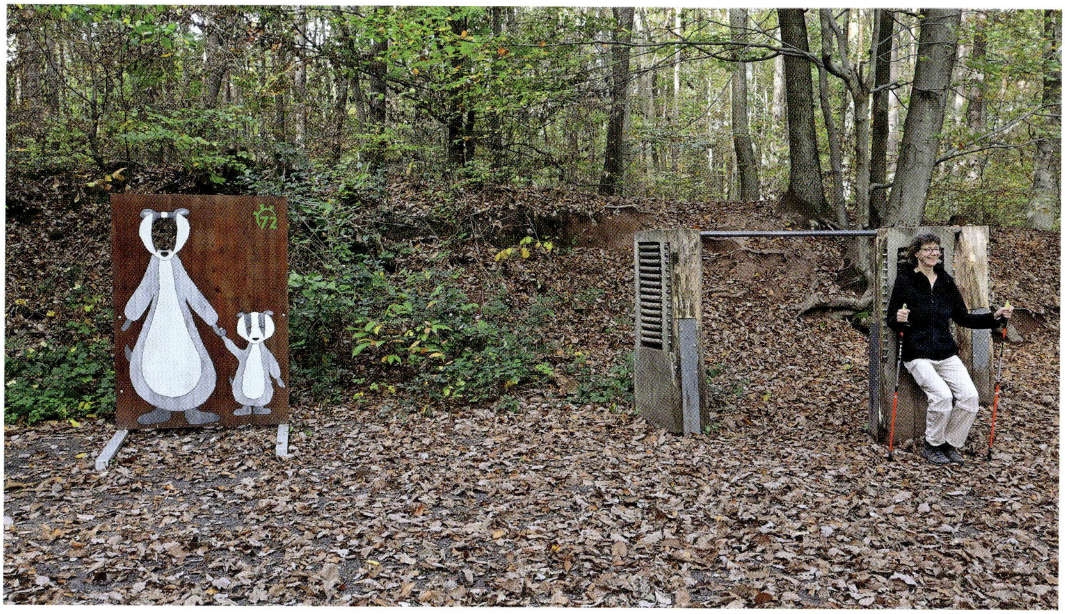

das barocke **Dreiserner Tor** den alten Ortskern. Wegweiser zeigen uns die Richtung zum **Königskreuz** ❶. Das seit Mitte des 19. Jahrhunderts von einer Kapelle geschützte älteste Flurkreuz Deutschlands erinnert an den Tod von Adolf von Nassau im Juli 1298. Vermutlich zehn Jahre danach wurde es von seinem Sohn Gerlach errichtet, als der Leichnam seines Vaters vom Kloster Rosenthal in den Speyerer Dom überführt wurde.

Rückenmassage tut auch Wanderern gut.

Linke Seite: Das klassizistische Kerzenheimer Tor in Göllheim

Schlacht am Hasenbühl Vom Königskreuz aus gehen wir weiter ortsauswärts und biegen an übernächster Möglichkeit rechts und sofort wieder links ab. Auf dem Woogweg schreiten wir unter der Bundesstraße hindurch ins Grüne. Am Schild über die **Ritterschlacht auf dem Hasenbühl** ❷ halten wir uns rechts und wandern längs des Zauns weiter, mit Ausblick auf das Donnersbergmassiv. Am Wegweiser Am Woog biegen wir in der Feldflur links ab und wandern im Zickzack hoch zum Waldrand, wo wir an der Ecke über den genauen Verlauf der Schlacht unterrichtet werden. Wegen seiner Politik gegen die Interessen einflussreicher

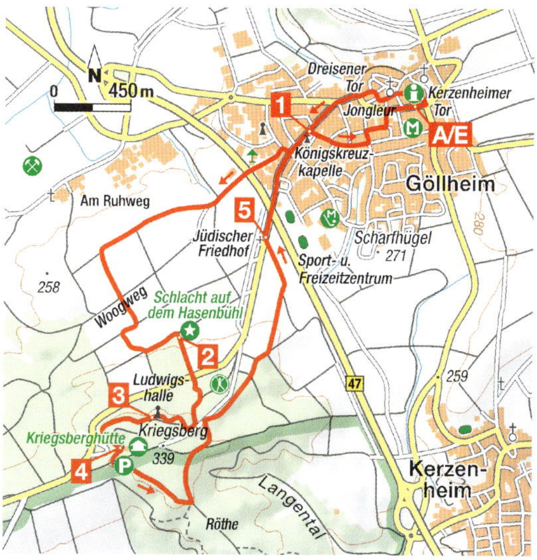

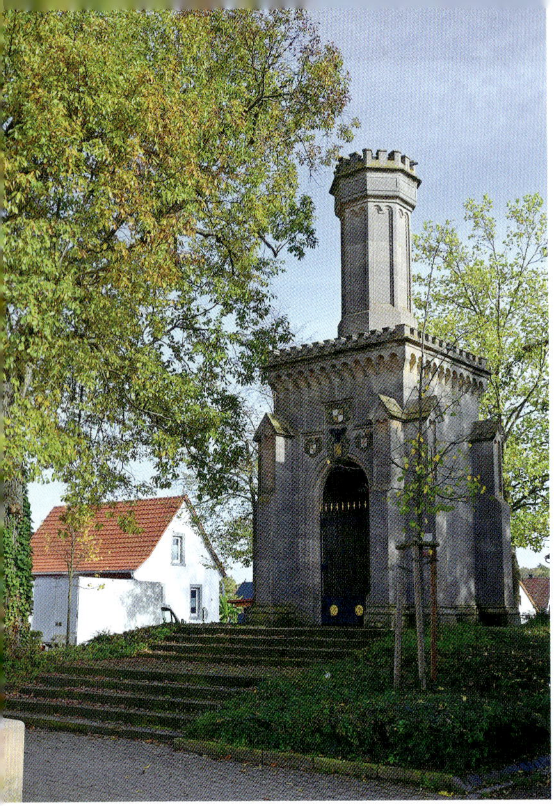

Fürstenhäuser wurde Adolf von Nassau, König des Heiligen Römischen Reiches, abgesetzt. Zwischen dem eingesetzten Gegenkönig, dem Habsburger Albrecht von Österreich, kam es zur entscheidenden Schlacht um die Reichskrone auf dem Hügel Hasenbühl bei Göllheim. Bei dieser Ritterschlacht kam Adolf ums Leben und der Habsburger übernahm die Regentschaft.

Kriegsberghütte Wir ziehen geradeaus am Waldsaum entlang, überqueren die Landesstraße und wandern auf dem Waldpfad weiter. An der Kreuzung der Wanderwege, wo auch der Jakobsweg dazustößt, geht es rechtshaltend weiter. Aber was ist das denn? Mitten im Wald finden wir an den zwei Ruhebänken einen Handfeger befestigt. Bei

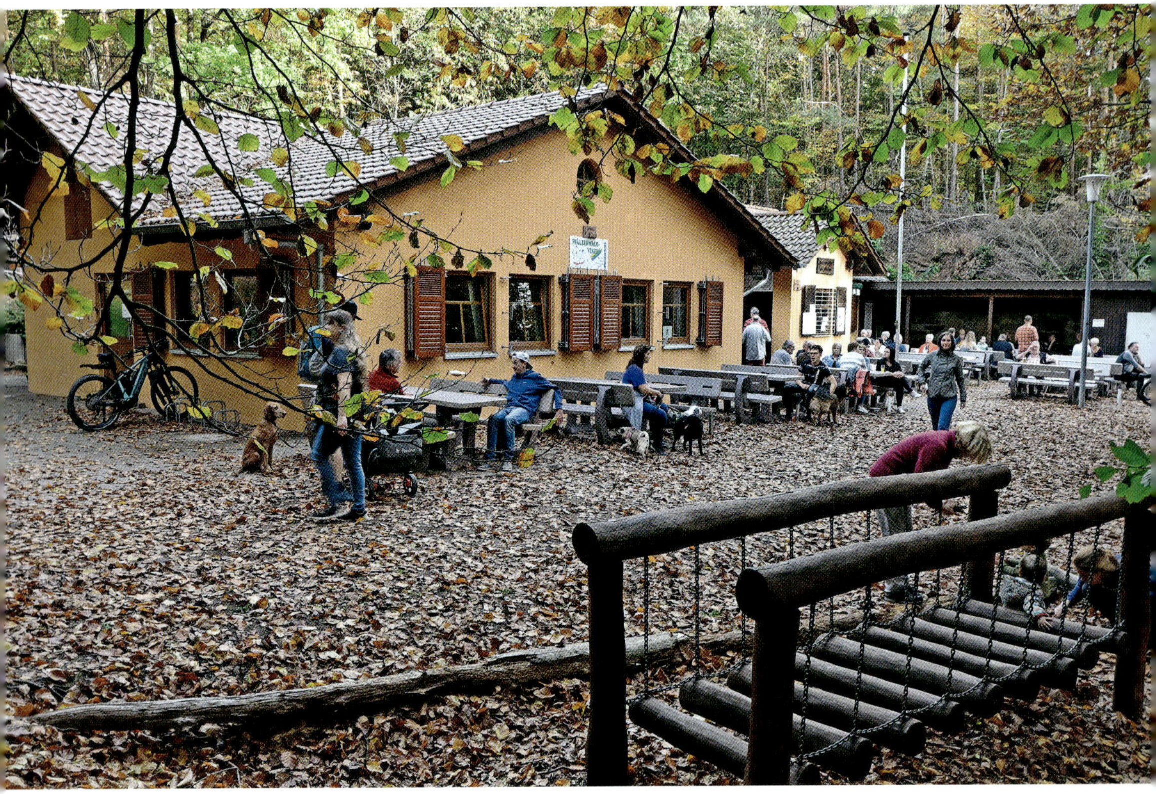

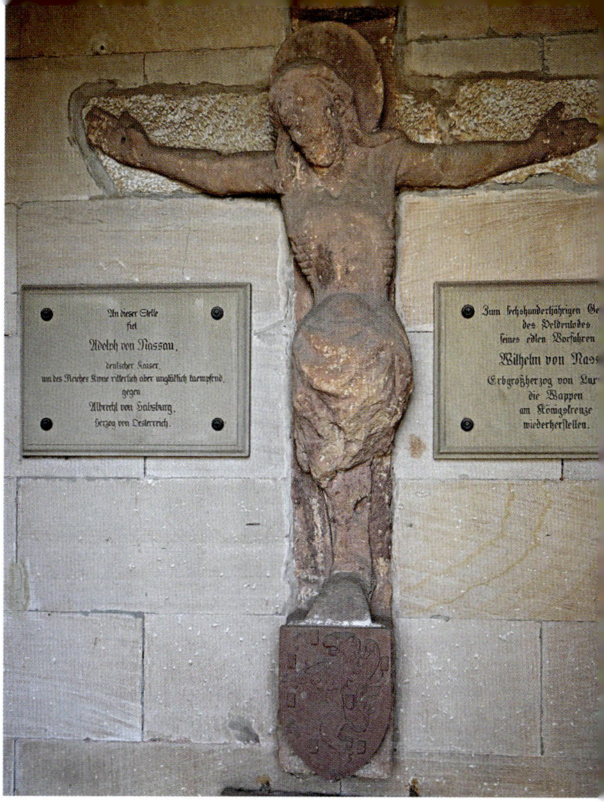

Das älteste Flurkreuz Deutschlands

Linke Seite oben: Kapelle am Königskreuz

Linke Seite unten: Einkehr in der Kriegsberghütte

diesem Angebot greifen wir natürlich zu, befreien ordentlich die Sitzfläche von Blättern und Zweigen, lassen uns nieder und wandern nach dem Päuslein wohl zufrieden mit sauberem Hosenboden weiter. War hier etwa ein »schwäbischer« Pfälzer der Wegwart? Unerwartet mitten im Wald taucht plötzlich ein Pavillon auf. Es ist die im Stil eines griechischen Tempels erbaute **Ludwigshalle** 3 auf dem Kriegsberg mit prächtigem Ausblick. Sie wurde 1890 zu Ehren des Königs Ludwig II. errichtet, der damals die Regentschaft über die Pfalz hatte. Wir achten sorgfältig auf die Wanderwegzeichen, die uns nach einigen Kurven zur **Kriegsberghütte** 4 geleiten. Und wenn wir (hoffentlich) sonntags unterwegs sind, dürfen wir es uns mitten im Wald an den rustikalen Tischen gemütlich machen und uns einen echten Pfälzer Saumagen einverleiben.

Jüdischer Friedhof Da wir nur eine verkürzte Version des Adolf-von-Nassau-Wanderweges absolvieren, biegen wir 50 Meter nach der Hütte links ab, wo auch die Dachsi-Wanderwegzeichen hinweisen (die Langversion mit 17 Kilometern geht geradeaus weiter). An der ersten Gabelung orientieren wir uns am roten Dachsi-Schild nach rechts. Kurz darauf, an der nächsten Kreuzung, gibt es wieder unser Wanderwegszeichen. Hier stößt der Adolf-von-Nassau-Wanderweg wieder hinzu und wir folgen ihm nun durch den lichten Buchenwald.
Achtung: Vor der Pferdekoppel nehmen wir den rechts abgehenden Weg an der Hütte vorbei. Über offene Acker- und Wiesenflächen mit Blick auf Göllheim und den Donnersberg erreichen wir den **Jüdischen Friedhof** 5, das einzige Zeugnis der einst großen jüdischen Gemeinde von Göllheim. Eine Synagoge wurde 1971 wegen Baufälligkeit abgerissen. Auf der Straße wandern wir ortseinwärts zu unserem Ausgangspunkt.

Kunst in Göllheim

Seit 2003 entstanden im Ortskern von Göllheim zahlreiche Kunstwerke aller Art. Traditionelle Kunst wechselt sich ab mit abstrakten Werken und Mosaiken zu unterschiedlichen Themen. Als Blickachsen und Blickpunkte schaffen sie einen bunten und lebenswerten Ort mit einigen Überraschungen.

Zugabe

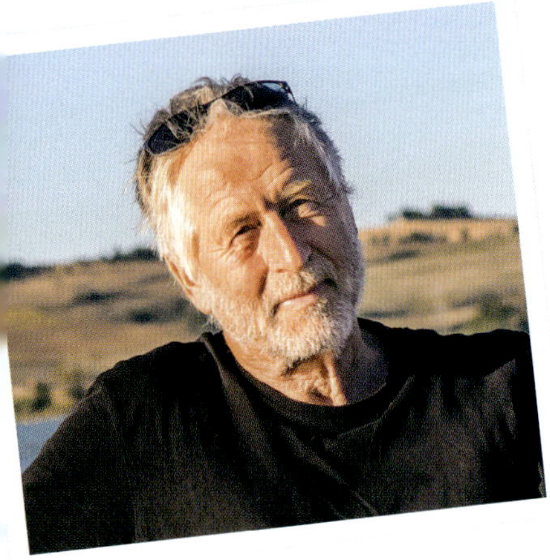

Albrecht Ritter

Wann immer es möglich ist, *bin ich auf den sandigen Pfälzer Pfaden unter Kiefern und Edelkastanien unterwegs und gönne mir meist als Belohnung eine Einkehr in einer der geselligen Hütten. Getreu nach dem »ersten pfälzischen Wandergebot: Nicht der Weg ist das Ziel, sondern der Schoppen« (Christian Habekost). Eine Auswahl meiner Lieblingstouren:*

Reben, Burgen und Panorama *Alles zusammen finden wir auf dem bezaubernden Panoramaweg in Klingenmünster (s. Tour 3). Rund um das Weindorf mit dem ehemaligen Kloster bieten sich traumhafte Ausblicke, mit Höhepunkt auf dem mächtigen Mauerring der Burg Landeck, wo die gesegnete Landschaft der Weinstraße zu Füßen liegt.*

Felsen und Seen *Abgesehen vom absoluten Höhepunkt, was die Pfalz an gigantischen Felstürmen und -klippen mit den Altschlossfelsen bei Eppenbrunn zu bieten hat (s. Tour 12), werden Sie auch im Dahner Felsenland aus dem Staunen nicht mehr herauskommen. Besonders am Nachmittag bei tief stehender Sonne ist das Farbspiel zwischen den bunten Sandsteinen einmalig. Nicht weit davon entfernt bietet sich mit der Wasgauer Seentour eine besinnliche Runde an, die an idyllischen Gewässern vorbeiführt (s. Tour 13). Im Hochsommer ein Traum. Beides auf einer Tour finden Sie in Hauenstein (s. Tour 18). Nach der Besteigung diverser Aussichtsfelsen lädt der idyllische Gasthof am Paddelweiher ein zur Rast.*

Wald und Kultur *Und wenn Sie wissen möchten, auf welchem Kanapee ein Eremit im Mittelalter lebte und welche Waldpfade schon die Römer mit ihren Karren befuhren, dann empfehle ich Ihnen den Ganerbenweg an der Lindemannsruhe, mit Einkehr in der urigen Hütte am Ungeheuersee (s. Tour 30).*

»Alla hopp«, wie man in der Pfalz sagt, machen Sie sich auf den Weg. Ich wünsche Ihnen viel Spaß und Geselligkeit auf den Pfälzer Wanderwegen.

Albrecht Ritter

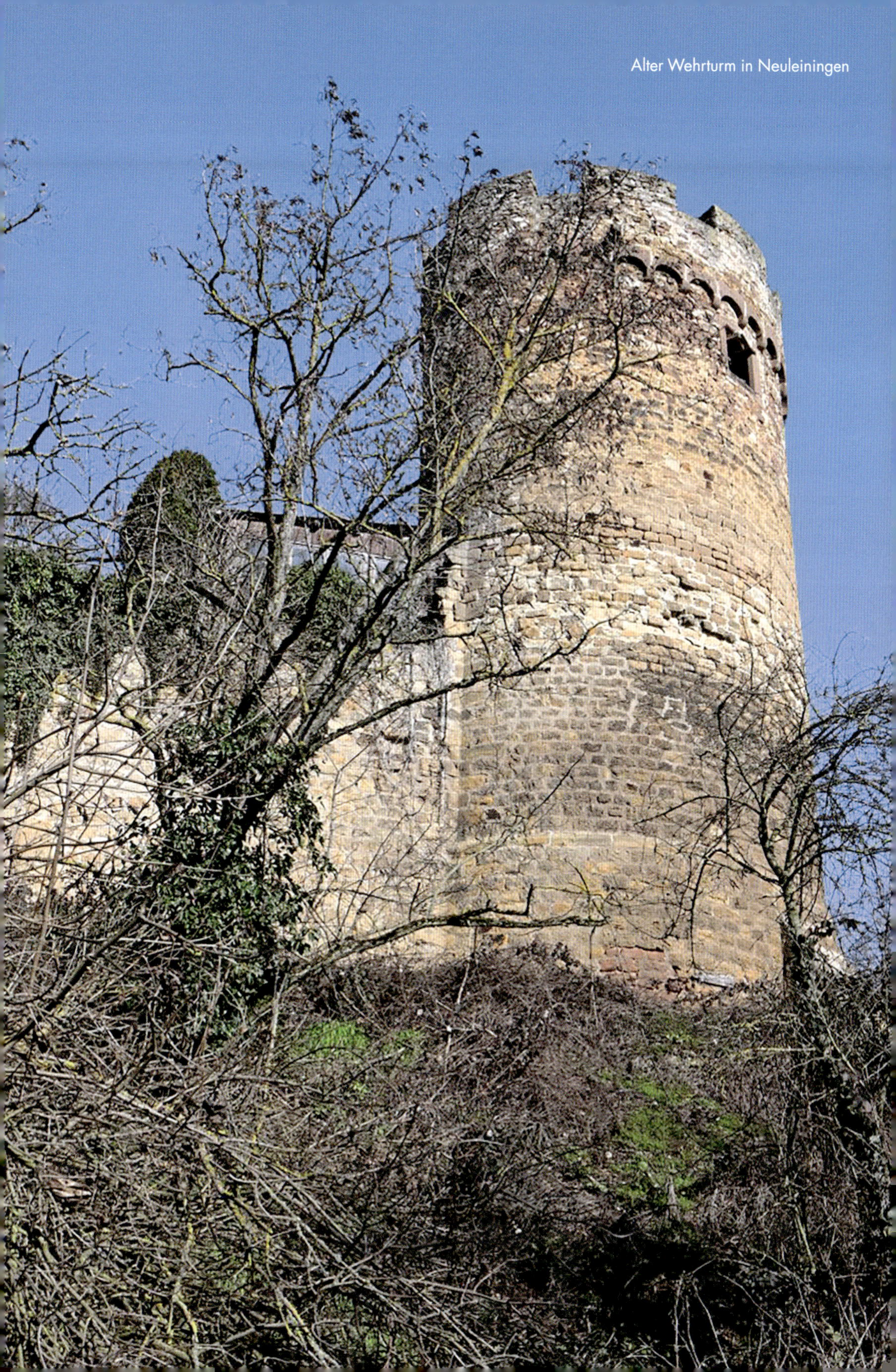

Alter Wehrturm in Neuleiningen

Register

Ebenfalls erhältlich ...

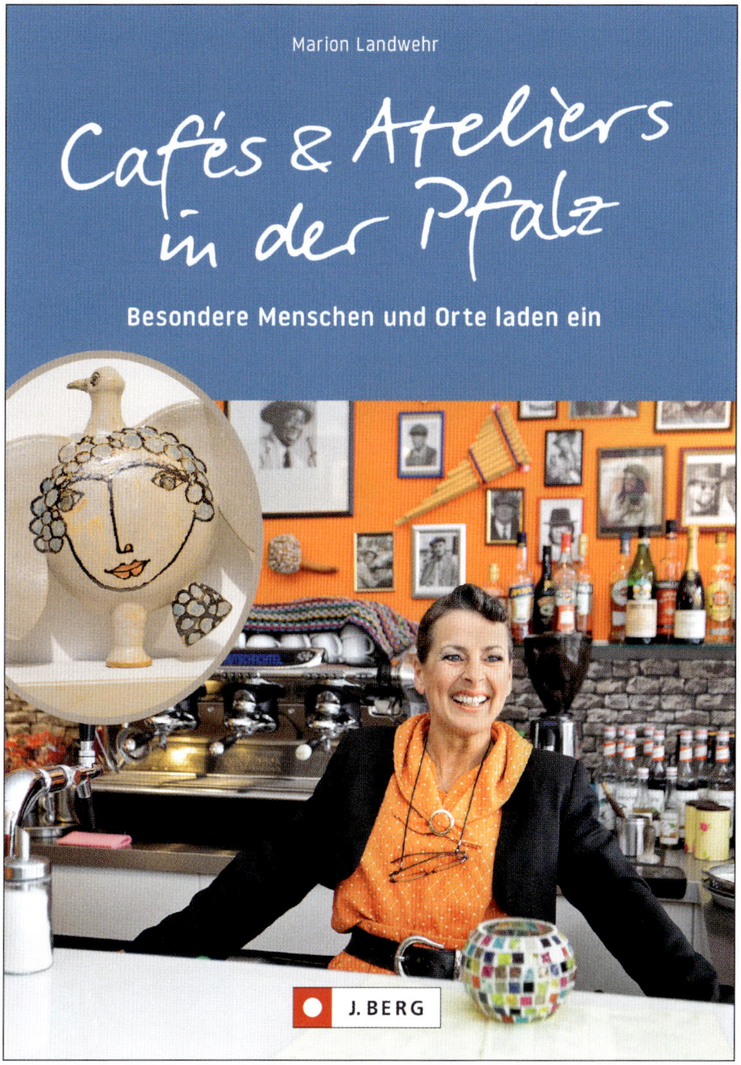

ISBN 978-3-86246-774-7

Mehr als Deutsche Weinstraße und Pfälzerwald: Die Pfalz kann auch originell, künstlerisch und besonders. Kreative Geheimtipps in der Pfalz.

Impressum

Verantwortlich: Sabine Klingan, Julia Vogl
Redaktion und Layout: mcp concept GmbH, Kolbermoor
Korrektorat: Ralf J. Klumb | The Wordworms
Repro: LUDWIG:media
Kartografie: Bruckmann Verlag, Heidi Schmalfuß
Herstellung: Bettina Schippel
Printed in Poland by CGS Printing sp. O.o.

★★★★★

Sind Sie mit diesem Titel zufrieden? Dann würden wir uns über Ihre Weiterempfehlung freuen. Erzählen Sie es im Freundeskreis, berichten Sie Ihrem Buchhändler, oder bewerten Sie bei Onlinekauf. Und wenn Sie Kritik, Korrekturen, Aktualisierungen haben, freuen wir uns über Ihre Nachricht an Bruckmann Verlag, Postfach 40 02 09, D-80702 München oder per E-Mail an lektorat@verlagshaus.de.

Unser komplettes Programm finden Sie unter www.j-berg-verlag.de

Alle Angaben dieses Werks wurden von den Autoren sorgfältig recherchiert und auf den neuesten Stand gebracht sowie vom Verlag geprüft. Für die Richtigkeit der Angaben kann jedoch keine Haftung übernommen werden, weshalb die Nutzung auf eigene Gefahr erfolgt. Insbesondere bei GPS-Daten können Abweichungen nicht ausgeschlossen werden. Sollte dieses Werk Links auf Webseiten Dritter enthalten, so machen wir uns die Inhalte nicht zu eigen und übernehmen für die Inhalte keine Haftung.

In diesem Buch wird aus Gründen der besseren Lesbarkeit das generische Maskulinum verwendet. Weibliche und anderweitige Geschlechteridentitäten sind dabei ausdrücklich mitgemeint, soweit es für die Aussage erforderlich ist.

Empfehlung der Redaktion
Sie möchten auch in anderen Regionen die Aussicht genießen? Dann empfehlen wir Ihnen unseren Titel *Panoramawege für Senioren Allgäu*. Oder Sie werfen einen Blick in die Zeitschrift *BERGSTEIGER*. Hier werden Sie bestimmt fündig.

Bildnachweis: Alle Bilder stammen vom Autor.
Umschlagvorderseite: Panorama von einer Bank mit Blick auf den Pfälzerwald (shutterstock/Achim Lammerts)
Umschlagrückseite: Wasgaublick vom Schniddelfels (Tour 14)

Die Deutsche Nationalbibliothek verzeichnet diese Publikation in der Deutschen Nationalbibliografie; detaillierte bibliografische Daten sind im Internet über http://dnb.d-nb.de abrufbar.

ISBN 978-3-86246-922-2